一种公共外交分析

CHINESE SOCIAL ORGANIZATION AND
THE GLOBAL GOVERNANCE IN NEW ERA

中国社会组织与新时代全球治理

周鑫宇 —— 著

国家社科基金青年项目"我国社会组织参与国际非政府组织活动路径研究"（项目编号：16CGJ009）

北京理工大学出版社
BEIJING INSTITUTE OF TECHNOLOGY PRESS

版权专有　侵权必究

图书在版编目（CIP）数据

中国社会组织与新时代全球治理 / 周鑫宇著. —北京：北京理工大学出版社，2019.6
ISBN 978-7-5682-7023-6

Ⅰ. ①中… Ⅱ. ①周… Ⅲ. ①社会组织管理–研究–中国②中外关系–研究　Ⅳ. ①D669.3②D822

中国版本图书馆 CIP 数据核字（2019）第 085639 号

出版发行 / 北京理工大学出版社有限责任公司
社　　址 / 北京市海淀区中关村南大街 5 号
邮　　编 / 100081
电　　话 / （010）68914775（总编室）
　　　　　（010）82562903（教材售后服务热线）
　　　　　（010）68948351（其他图书服务热线）
网　　址 / http://www.bitpress.com.cn
经　　销 / 全国各地新华书店
印　　刷 / 保定市中画美凯印刷有限公司
开　　本 / 710 毫米×1000 毫米　1/16
印　　张 / 17.5　　　　　　　　　　　　　　　责任编辑 / 潘　昊
字　　数 / 280 千字　　　　　　　　　　　　　文案编辑 / 潘　昊
版　　次 / 2019 年 6 月第 1 版　2019 年 6 月第 1 次印刷　责任校对 / 周瑞红
定　　价 / 76.00 元　　　　　　　　　　　　　责任印制 / 李志强

图书出现印装质量问题，请拨打售后服务热线，本社负责调换

2018年6月，泰国发生了一个全世界瞩目的事件。十多名少年足球队队员在年轻教练的带领下到山区郊游，被洪水困在山洞深处，生死未卜。当泰国政府发现情况并展开救援的时候，已经好几天过去了。经过国际媒体的报道，全世界都为此揪心。

泰国不缺救援的人力，但缺少洞穴救援方面的专家。很快，来自中国、美国、日本和澳大利亚的救援专家赶到了现场。在被困9天之后，这些少年被英国志愿者发现。十多天后，他们全部被救出。如果不是一位泰国海军特种兵在救援过程中不幸溺水殉职，这恐怕是世界上最完美、堪称奇迹的成功救援。全世界的媒体和公众都受到了鼓舞。它似乎再次向人类证明了我们生活在彼此需要、相互帮助的命运共同体中。

然而，命运共同体的背后，仍然有国家间的政治存在；就像在另一些领域，国家间尖锐的政治关系背后，我们总还能感到人类命运共同体存在一样。

就在救援开展的同时，中国和泰国的关系正处在一场舆论风波之中。一艘载满中国游客的轮船在泰国的旅游胜地遇到风浪沉没，造成了大量伤亡。中国国内有舆论质疑泰国救援不力，而泰国官员则对媒体揭露中国的旅行社违规操作，是中国人自己害死中国人。这个悲剧性的事件，包括它所引发的舆论对抗，可能都跟国家没有直接的关系，但最终会上升到国家政府的层面，影响国家间的政治关系。

一边是无私的援助，一边是武断的指责，都源于民间的突发事件，却都影响到国家。这反映了当代外交关系处于很复杂的局面中。

也许是为了不让两国的关系蒙上阴影，泰国政府对参与洞穴救援的中国志愿者给予了极高规格的感谢。在泰国王室亲自安排下，中国志愿者以总统般的待遇访问了泰国的名胜，还获得了泰国航空公司价格不菲的馈赠。

参与泰国洞穴救援的 7 名中国志愿者全部是平民。他们的救援行动没有中国政府的安排。他们像普通读者一样在媒体上看到新闻，然后像普通中国游客一样买了机票赶赴泰国。由于事发地处于泰国内陆山区，他们还像一个普通探险者一样寻找合适的交通地图。

由于担心前方队员不懂泰语，组织此次行动的民间组织"北京平澜公益基金会"在出发前联系我，希望我找人帮他们提供语言支持。当时我曾问他们："你们走这样的'野路子'，泰国政府会接纳吗？西方国家的专业团队会不会排斥你们？"他们告诉我说："这事很简单，就是专业对专业。中国人有没有救援能力，到现场就看出来了。"

这些中国志愿者自豪地认为，中国已经拥有了世界上一流的灾害救援能力。这在 10 年前还难以想象。2008 年四川汶川地震发生后，很多普通中国人怀着志愿服务的热情涌向灾区，却发现自己徒有爱心而已。政府甚至一度发布了禁止志愿者无序涌入的通告，成为那个热血时代的尴尬注脚。

2008 年也被许多中国的民间救援组织称为"民间公益元年"①。在中国政府和西方专业组织的支持和培训下，中国国内开始产生第一代走向专业化的民间救援志愿者，也孕育了大量缘起草根的民间公益组织。此后，中国的地方治理中开始频频出现这些组织的身影②。10 年后，这些组织甚至开始走向海外，骄傲地宣称自己的表现不逊于西方志愿者。

中国的社会组织正在快速走向世界。它们将继中国企业之后成为中国的一张张新名片。

---

① "冯元说，从 2008 年中国公益元年开始，一些社会组织已经开始将专注于公益项目的目标转变为专注于社会组织的自身发展，用不同方式推动着公益行业的发展。"参见：张明敏. 公益元年后资助型基金会的"八年之道"[EB/OL].（2016-05-18）. http://www.gongyishibao.com/html/yaowen/9748.html.

② 2008 年汶川大地震以来，许多民间公益救援力量在有关部门的统一指挥和调遣下，表现得越来越专业、越来越高效。他们装备齐全、技术过硬、训练有素。他们有的擅长山地救援，有的擅长水中救援，还有的擅长城市搜救，甚至配备了专业的冲锋舟、无人机、潜水设备乃至水下声呐。其中，蓝天救援队是专业化的民间公益紧急救援机构，总部位于北京，目前在各地有 223 支分队，共有成员 3 万余名。其救援范围不仅包括地震、洪水、泥石流等自然灾害，还包括山林火灾、大型意外事故及各种户外安全事故。参见：中国青年志愿者网. 民间公益救援队：救灾中一抹亮丽的色彩[EB/OL].（2016-08-17）. http://zgzyz.cyol.com/content/2016-08/17/content_13639743.htm.

想象一个类似这样的场景：台风在菲律宾引发洪水，正在当地民众面对狂风暴雨快要绝望的时候，看到的不止是坐着直升机和冲锋舟的美国大兵，还有设备相对简陋的中国志愿者。与此同时，国际媒体正在批评中国出于领土争端的政治原因缩减了对菲律宾的捐助①。在更大的背景下，美国正在"回归亚太"，南海问题即将愈演愈烈。这种微观的公益活动与宏观的政治关系交织的情景，和在泰国、缅甸和其他地方发生的情景都相似。

无论是在菲律宾风灾、厄瓜多尔地震中还是在泰国的洞穴救援中，中国的民间组织都得到当地人热情的欢迎。但按照中国志愿者的说法，世界各国的人们见惯了西方人的面孔，很少见过中国人。他们见到中国人出现在救灾的现场，感到新鲜，也充满期待。

英国 BBC 拍过一个关于中国企业在非洲的纪录片，叫作《中国人来了》。而在对社会组织的采访和研究中，我很多次看到了另一种版本的"中国人来了"。

在西方，对中国社会组织的期待和怀疑同时存在。但无论如何，中国社会组织的国际公益活动符合西方的价值观，能够激发西方民众的情感共鸣，哪怕放到意识形态中去审视，也符合西方的"政治正确"，难以指摘。中国的国际志愿活动，跟中国在世界上的经济活动一样，既在国际政治关系的影子中，又能在一定程度上超越政治意识形态——可能比经济活动超脱得更多。

所以，社会组织的加入，正在为中国的国际力量补充一块关键短板。中国有强大的政府外交能力，中国的企业能够开展很好的经济合作和基础设施援助，而中国的社会组织，能够帮助其把在政治和经济层面营造的"利益共同体"向社会层面的"命运共同体"跃升。

---

① 2013 年 11 月 12 日，《纽约时报》中文网在"时报看中国"栏目刊发题为《救援菲律宾台风灾民中国为何不大方》的文章，认为中国将提供 10 万美元（约合 61 万元人民币）救助遭受台风"海燕"重创的菲律宾数额不够大，在南海持续紧张的局势下，中国对菲律宾援助与以往灾难援助相比还是少一些。然而，在中国外交部 11 月 14 日宣称将追加价值 1 000 万元的物资援助后，外媒又称菲律宾恐怕不会领情。外交部发言人秦刚表示，中国援助菲律宾不是一锤子买卖，将视灾情对菲展开人道主义救援。
参见：观察者. 外媒称中国救援菲律宾台风灾民不大方[EB/OL].（2013-11-13）. https://www.guancha.cn/Neighbors/2013_11_13_185368.shtml.
观察者. 中国追加 1 000 万援助菲律宾又引外媒议论[EB/OL].（2013-11-15）. https://www.guancha.cn/politics/2013_11_15_185827.shtml.

对有的读者来说，中国社会组织开展国际公益活动的故事令人向往；对有的读者来说，中国外交的大开大合和国际秩序的深刻变化激动人心。而这本书则要把微观和宏观的叙事联系起来，说明中国的社会组织是在什么样的背景下走向世界的，又会对世界、中国和社会组织本身带来什么影响。我力图用严密细致的学术分析来回答这些问题，包括在导论中提出了一个用于分析的理论框架。有兴趣的读者可以从导论开始阅读全书。

而对实践更感兴趣的读者，可以直接从第六章开始阅读。如果你是一名社会组织的管理者，或者对参与国际公益活动感兴趣，那么你会看到许多系统性的方法和有趣的实例。当然，其实你也应该回过头读一读前面的内容，了解联合国全球治理的新趋势、西方非政府组织和中国社会组织的发展历史和体制比较，甚至跟随我一起思考一下民间外交的理论。这些内容会为优秀的实践者提供他们不容易获得的宏观视野。

这本书可能只有有限的读者，但它所触及的问题却值得我们无限的关注。

第一章 导论 …………………………………………… 001
一、主要难题 …………………………………………… 003
二、三种关系的研究 …………………………………… 006
1. 国家政府与联合国的关系 ………………………… 006
2. 联合国与国际非政府组织的关系 ………………… 007
3. 国家政府与国际非政府组织的关系 ……………… 009
4. 现有研究的问题 …………………………………… 010

三、理论方法 …………………………………………… 011
1. 权力与功能视角 …………………………………… 011
2. 结构性假设 ………………………………………… 013
3. 功能性假设 ………………………………………… 015

四、核心观点 …………………………………………… 018
1. 对权力格局的影响 ………………………………… 018
2. 对全球治理体制的影响 …………………………… 021
3. 对中国体制的影响 ………………………………… 024

五、逻辑框架 …………………………………………… 026

第二章 新时代的民间外交 …………………………… 031
一、民间外交的概念辨析 ……………………………… 033
1. 新时代民间外交的提出 …………………………… 033

2. "公民外交"……………………………………………………035
　　3. "公共外交"……………………………………………………037

二、中国民间外交的发展……………………………………………041
　　1. 中华人民共和国的人民外交…………………………………041
　　2. 改革开放后的转型……………………………………………044
　　3. 公共外交概念的引入…………………………………………045

三、社会组织与新民间外交…………………………………………048
　　1. 新时代民间外交的特征………………………………………048
　　2. 全球治理的新任务……………………………………………051
　　3. 社会组织参与民间外交的挑战………………………………053

第三章　新时代的全球治理……………………………………057

一、全球治理的转型…………………………………………………059
　　1. 全球治理进入新阶段…………………………………………059
　　2. 全球治理的困境………………………………………………060
　　3. 新议程的提出…………………………………………………065

二、新时代全球治理的特征…………………………………………066
　　1.《2030年可持续发展议程》中的新思路……………………066
　　2. 联合国全球治理的新结构……………………………………070

三、中国的机遇………………………………………………………074
　　1. 理念上的接近…………………………………………………074
　　2. 中国优势的发挥………………………………………………076
　　3. 合作和对接渠道………………………………………………077

第四章　西方非政府组织的矛盾与挑战………………………079

一、西方国际非政府组织的传统基因………………………………081
　　1. 宗教组织的思想传统…………………………………………081
　　2. "公民社会"背后的跨国利益团体……………………………084

  3. 西方外交的权力工具 …………………………………… 086

 二、全球治理时代的机遇与矛盾 …………………………………… 090

  1. 全球治理的蓬勃发展 …………………………………… 090

  2. 新的自我定位 …………………………………………… 094

  3. 旧传统与新角色的矛盾 ………………………………… 097

 三、国际环境变化带来的挑战 ……………………………………… 100

  1. 全球治理议程的变化 …………………………………… 100

  2. 西方国家逆全球化浪潮 ………………………………… 103

  3. 发展中国家社会组织的崛起 …………………………… 104

第五章　中国社会组织的改革与发展 ……………………………… 107

 一、中国社会组织体制的起源与演变 ……………………………… 109

  1. 结社传统：农业社会中的国家与社会 ………………… 109

  2. 革命传统：社会组织与国家关系的变化 ……………… 113

  3. 体制传统：中华人民共和国社会团体的角色 ………… 115

 二、群团组织改革与新型民间组织兴起 …………………………… 116

  1. 改革开放与社会组织管理政策改革 …………………… 116

  2. 新时代的群团组织改革 ………………………………… 120

  3. 多元化民间组织的兴起 ………………………………… 122

 三、中国社会组织的国际化 ………………………………………… 125

  1. 中国社会组织国际化的现状 …………………………… 125

  2. 中国社会组织国际化面临的挑战 ……………………… 127

第六章　全球治理中的社会组织机制改革 ………………………… 131

 一、改造组织管理与文化 …………………………………………… 133

  1. 非营利组织文化 ………………………………………… 133

  2. 企业式的管理制度 ……………………………………… 135

  3. 媒体式的传播能力 ……………………………………… 139

二、透明化和可问责 ································· 144
  1. 资金管理的规范与透明 ······················ 144
  2. 项目进程的公开与反馈 ······················ 148
  3. 项目效果保障机制 ·························· 151

三、适应国际化的管理架构 ··························· 154
  1. 总部机构 ·································· 154
  2. 本地化机构 ································ 159
  3. 人事管理 ·································· 163

第七章　贡献来自中国的全球治理项目 ················ 167

一、选择治理项目 ··································· 169
  1. 符合全球治理的重点方向 ···················· 169
  2. 发挥中国优势与特色 ························ 174

二、筹集项目资金 ··································· 177
  1. 筹资渠道多样化 ···························· 177
  2. 筹资方式的改进 ···························· 180

三、搭建项目利益相关方网络 ························· 187
  1. 识别利益相关方 ···························· 187
  2. 平衡各方的诉求 ···························· 189
  3. 解决合作中的问题 ·························· 193

第八章　影响全球治理的议程设置 ···················· 197

一、中国社会组织的国际交流 ························· 199
  1. 国际交流的类型 ···························· 199
  2. 双边交流的效果 ···························· 205

二、参与国际组织活动 ······························· 208
  1. 与联合国的合作 ···························· 208
  2. 提升影响多边议程的能力 ···················· 215

三、创建新的国际机制 …………………………………………218
　　　　1. 举办国际会议 ……………………………………………218
　　　　2. 成立国际性组织 …………………………………………219

第九章　推动总体外交的转型 …………………………………223

　　一、提升外交统筹能力 …………………………………………225
　　　　1. 对社会组织国际活动的政治声援 ………………………225
　　　　2. 多边外交中的立体配合 …………………………………227
　　　　3. 驻外使馆的支持网络 ……………………………………229
　　二、对外援助体制的改革 ………………………………………230
　　　　1. 专门管理机构的建立 ……………………………………230
　　　　2. 对外援助管理模式的市场化 ……………………………233
　　　　3. 对外援助管理理念的现代化 ……………………………236
　　三、社会组织管理的进一步开放 ………………………………237
　　　　1. 社会组织与全面开放新格局 ……………………………237
　　　　2. 规范在华国际非政府组织的管理 ………………………239
　　　　3. 社会组织走出去相关管理中的问题和挑战 ……………243

结论：几点公共外交理论分析 …………………………………247

致谢 …………………………………………………………………249

参考文献 ……………………………………………………………250

第一章

导 论

一、主要难题

中国的社会组织[①]正在增加全球治理领域的国际活动。跟21世纪以来的中国企业"走出去"一样，我们正观察到中国社会组织"走出去"的浪潮。这一现象背后的原因看似并不难找：中国的发展自然导致了社会力量的发育，中国的社会组织不断转型和改革，自身有开展国际活动的愿望。同时中国政府制定了中国特色大国外交的新目标，希望社会组织加入总体外交的方阵。由此我们甚至可以简单推断这个现象带来的影响：有了社会组织的帮助，中国能够更好地展开全方位、多层次、立体化的外交布局，推动人类命运共同体的建设。中国社会组织也可以帮助联合国和国际非政府组织开展全球治理活动，为人类命运共同体的建设贡献力量。

但是，如果我们进一步分析上述问题，难题就会出现。

第一难题是民间外交的悖论。由政府推动的民间外交活动，往往会陷入理论争议。对于中国政府来说尤其如此。在西方的公民社会理论中，社会组织与政府存在微妙的关系。非政府组织的国际活动，也因此往往标榜超国家的中立态度。至少在表面上看来，西方的非政府组织和本国政府在对外活动中是两条并行不悖的线路，相互交叉配合，有时候也出现矛盾[②]。而中国社会组织的国际活动，与政府在理论上是什么关系？当我们用西方的概念来说中国的情况的时候，总会感觉不太适应，因为中国的观念和制度并不完全跟西方一样。这不意味着我们不能使用这些通行的学术概念。但在前面所说的背景之下，我们需要说明这些概念代表着什么。

理论上的争议还会影响到实践层面。西方始终在质疑中国社会组织的国际活动是否服务于政府的政治目标，比如对受援国进行政治经济控制，

---

① 从下文开始，除非在特殊的上下文中另作说明，本书用"社会组织"来通指中国国内语境下的人民团体、社会组织和民间组织。

② Walter P, Richard S. The Nonprofit Sector A Research Handbook [M]. 2nd ed. New Haven: Yale University Press, 2006.
Schermers H G, Blokker N M. International Institutional Law [M]. 4th ed. Boston: Martinus Nijhoff Publishers, 2003.

或者在文化交流活动中试图扩大意识形态影响。由于西方掌握国际舆论话语权，这些声音也增加了受援国国内的疑虑①。"走出去"的中国社会组织和"走出去"的中国企业一样，面对"身份证明"的问题：我们是谁？我们是利己主义的还是利他主义的？我们是有政治倾向的，还是中立的？我们的活动为什么不但是有益的，而且是无害的？今天，走出国门的中国企业和社会组织，都在面临这些拷问。

第二个难题是，我们需要更清晰地解释中国社会组织的体制特征。中国的社会组织是中国特殊政治体制的产物。中国的社会组织大规模参与国际活动的时代，我们可能更有必要深刻地理解社会组织所根植的体制。共产党的政治力量扎根于群众。工人、农民、青年、妇女和知识分子的革命运动是中国革命的力量基础。因此不是中国的政治体制创造了社会组织，而是在马克思主义指导下的社会群体革命运动塑造了新中国的政治体制。所以，社会组织的改革，是中国政治改革的一个部分；体制外民间组织的大量出现，也是中国社会治理变化的一个注脚。体制内社会组织的改革、体制外民间组织的兴起，是中国社会组织参与国际活动的前提。

中国社会组织更开放地参与国际活动，势必也将反过来推动自身体制的改革和发展。国际合作会引入新的组织体制和文化。社会组织需要把资源集中于完成全球治理项目，为此必须提升围绕项目的筹资、管理和公共关系等方面的业务能力。中国的社会组织将变得更加专业化，更有能力服务于实际的治理工作，这也将有助于推动中国国家治理能力的现代化。因此，在社会组织体制问题上，我们可以看到一个双向影响过程：体制的改革推动了社会组织的国际化，社会组织的国际化又反过来推动体制的改革。

第三个难题是在国际层面上，全球治理和西方非政府组织已然发生新的革命性变化，而我们对全球治理的理解还有待与时俱进。从外部来看，中国的社会组织开展专业性的国际活动，正好处在国际秩序的大调整、大变革时期。当前，全球化面临着前所未有的挑战，反全球化的浪潮在西方兴起，传统国际秩序受到冲击。联合国颁布了《2030年可持续发展议程》，

---

① 例如，《纽约时报》以"中国式新殖民主义"为题，在5月4日和5月5日连续做了2篇系列报道。这2篇报道分别以"全天候的朋友"和"新的边疆"为主题，通过中国工程师、中国餐饮店主、中国矿主等角度，浓墨重笔地描绘了中国企业在纳米比亚的投资和建设，并将中国的做法与美国"二战"后的马歇尔计划相比较。参见：Brook L. Is China the World's New Colonial Power? [N]. New York Times, 2017-05-02.

重新调整和定位了国际秩序发展的方向，为中国的社会组织参与全球治理活动创造了新的机遇。与此同时，西方的非政府组织也在进行调整。如何开展与国际组织、国际非政府组织的合作，是中国的社会组织参与全球治理的核心路径。过去许多年，中国社会组织的国际活动大多是在政府间双边合作的框架下进行的。未来，对中国社会组织的挑战包括怎样把自身活动变得更加符合国际标准、更加开放、更加多边主义，并更能影响全球治理的议程设置。

最后，我们需要一个能解释这一系列变化的理论框架。通过思考前面的问题，会在我们的头脑中组成一幅图景：中国政府、中国的社会组织、国际组织、国际非政府组织，这些主体围绕着中国社会组织参与全球治理的问题构成一个关系网络。它们各自的变化，构成了中国社会组织加快国际活动的背景。在中国国内，国家外交方针的推动和社会管理的改革，形成了自上而下的动力。社会组织的改革和民间组织的发展产生了自身的动力。在国际上，联合国的新议程推动了全球治理的变化，国际非政府组织和活动面临新挑战，为中国国际组织的活动提供了空间。

而反过来，中国社会组织参与全球治理活动，就像一颗石子投入湖面，在这个关系网络中引发关联的影响。无论在微观的治理活动层面，还是在宏观的国际秩序层面，中国的社会组织会参与塑造全球治理的新格局，中国的治理方式、理念和道路，会为全球治理带来新的方法，注入新的力量。另外，如前文所说，中国的社会组织在开放中提升治理能力，会反过来增强中国的国家治理能力，增强中国外交的力量，塑造新型的国际关系。

我们需要一个理论方法来解释以上多个方面的双向影响。如果我们把中国的社会组织参与国际全球治理活动比作一个球，我们称这个球为"A"。中国的对外政策推动了A的滚动，A反过来也牵引中国对外政策的变化；新的全球治理和西方非政府组织的变化给了A新的活动空间，A的活动也会改变全球治理的内容和格局；中国的社会管理体制改革为A创造了条件，A反过来也会影响相关改革的进程。西方原有的关于国际政府、国际组织和非政府组织的关系的研究，并不能直接用来解释这多个方面的双向影响关系。为此我需要建立一个更适合的思维工具。

这本书会在分析的过程中尝试解决以上几个难题。这是这本书希望做出的创新贡献。但这本书显然不是一个纯粹的理论著作。它的内容除了会给读者带来智识的乐趣，也会对实践工作产生价值。社会组织和政府相关部门的管理者，包括有志于从事国际公益事业的普通人，可以通过这本书认识到哪些变化趋势是必然的，如何明智地采取行动和制定政策，在关键性的矛盾中寻求最佳的妥协方案。

二、三种关系的研究

1. 国家政府与联合国的关系

在本书的前半部分，我们会分析中国社会组织加快参与全球治理的背景，在其后的章节中，我们会分析这一现象带来的影响。但在这里，我首先尝试建立一种理论工具，以更清晰地把原因和结果连接起来。打个比方说，中国社会组织参与全球治理就像一个棋局，中国、联合国、西方非政府组织、中国社会组织都是棋子，当每一颗棋子都移动位置的时候，棋局当然不同。但问题是局面会走向何方？要回答这个关键的问题，要求我们不但要了解各个角色的变化，还要有合适的框架来分析不同角色之间的关系。这里主要包括国家政府、国际组织和非政府组织/社会组织之间的关系。

国际政治理论非常关注国家与国际组织之间的关系。从国际政治现实主义理论的视角来看，国际组织不过是国家角逐权力和争夺利益的舞台[①]。这方面最经典的批判性著作是爱德华·卡尔在第一次世界大战之后撰写的《20年危机》。众所周知，第二次世界大战后联合国的出现仍然是以美苏为代表的战胜国重构世界秩序的结果。自此以后，联合国的活动始终依赖国家提供资金和政策支持；它要继续合法存在，或者进行重要的变革，都依赖于国家的政治共识。现实主义的预言在相当程度上再次被冷战时期的历史所证实：联合国的活动严重依赖于美苏两个超级大国的关系和互动。

---

① 卡尔. 20年危机（1919—1939）：国际关系研究导论[M]. 秦亚青，译. 北京：世界知识出版社，2005.

在同样的国家中心主义视角下，以罗伯特·基欧汉为代表的"自由制度主义"提出了一种补充性的分析：不只是联合国依赖于国家，国家也会依赖于国际组织。国际组织可以为国家的外交政策赋予合法性，也让国家在稳定和可预测的合作中获得利益①。约瑟夫·奈从权力性质的角度切入这一问题，认为国家需要通过影响国际组织来发挥"设置议程"的权力②。但这些分析也等于承认，国家依然会为了争夺国际组织的"合法授权"或者特殊设置议程的权力而开展竞争，在国际组织的活动中，国家一方面开展合作、实现共赢，一方面还希望比别的国家赢得更多③。

在前面这些学说中，国家在与国际组织的关系中都是强势的、自主的。但学者们还从另外一种视角说明国际组织为什么不可或缺。戴维·米特兰尼早在联合国成立之前就指出，现代国家政府无法独立处理经济和技术发展问题。这种基于实现"功能"而不是发挥国家权力的思维方式深入影响了联合国、欧共体等国际组织④。在贸易、技术、环境、疾病、网络安全等问题上，国家的能力是有限的。而联合国和专业性国际组织则恰恰专长于这些领域的研究和决策。国际组织不只是国家意志的产物，也是全球治理需求的产物。全球治理正是国际组织的王国，国家至少在技术层面上需要尊重和依赖于国际组织。当然，反过来，联合国在全球治理问题上的决策，也需要得到国家政策的配合才能有效实施。在这个视角下，国家和联合国也是相互依赖和互惠的。

2. 联合国与国际非政府组织的关系

如果说联合国把全球治理视作自己的王国，那么非政府组织则是开发和捍卫这片领域的天然盟友。首先，联合国需要非政府组织在各个专业领域的智力支持。尽管联合国及其下属国际组织机构已经相当庞大，但是相比起全球治理的复杂性来，联合国的力量还远远不够。因此，从联合国成立开始，国际非政府组织就在影响联合国的机构、功能和政策方向。甚至

---

① 基欧汉. 霸权之后：世界政治经济中的合作与纷争[M]. 苏长和，信强，何曜，译. 上海：上海人民出版社，2012.
② 奈. 权力大未来[M]. 王吉美，译. 北京：中信出版社，2012.
③ 鲍德温. 新现实主义和新自由主义[M]. 肖欢容，译. 杭州：浙江人民出版社，2001.
④ 王杰，张海滨，张志洲. 全球治理中的国际非政府组织[M]. 北京：北京大学出版社，2004.

"许多政府间国际组织是国际 NGO 活动的结果"①。通过咨商制度、新闻联络制度、会议制度等,国际非政府组织持续地影响联合国在全球治理问题上的决策②。反过来,国际非政府组织也将影响联合国的政策作为自己的重要目标。

其次,联合国和国际非政府组织的这种同盟关系,甚至超越了"互惠"的层面,体现在共同价值观层面:比如一定程度上相信"没有政府的治理"的市民社会理论③,也包括超越国界的国际共同体意识。在这些观念上,联合国和非政府组织更加心意相通,和国家政府普遍持有的民族主义和国家利益优先的价值观则有着显著的区别。

最后,联合国与非政府组织还需要在治理实践中相互借力。联合国不是世界政府,缺乏强制力是联合国的阿喀琉斯之踵。尽管联合国在全球治理领域具有相当程度的理论权威,但在几乎绝大多数治理事务中,国家政府掌管着实际权力。国家还时常把国际组织作为权力竞争的舞台。当大国无法达成一致的时候,联合国就无法做出决定;当相关国家政府不认同的时候,联合国的决定常常形同虚设。另外,除了考虑有些国家政府力量过强的问题,还要考虑有些国家政府力量过弱的问题。很多标志性的全球治理问题,如贫困、疾病、人权等常常是源于国家治理的失败和"政府失灵"④。

为了撬动和反制国家的权力,在联合国开始越来越多地借用非政府组织的力量。"社会运动组织力图影响国家行为,而政府间国际组织为它们创造机会帮助它们赢得优势。"⑤ 20 世纪 90 年代以后,联合国扩大了非政府组织参与国际会议的权力,并强调非政府组织对会议后续执行的重要性⑥。在全球治理议题上,国际非政府组织的宣传和游说活动,对国家政府造成

---

① 杨丽,丁开杰. 全球治理与国际组织[M]. 北京:中央编译出版社,2017.
② 王杰,张海滨,张志洲. 全球治理中的国际非政府组织[M]. 北京:北京大学出版社,2004:178-182.
③ 罗西瑙. 没有政府的治理:世界政治中的秩序与变革[M]. 张胜军,刘小林,等,译. 南昌:江西人民出版社,2001.
④ 王绍光. 多元与统一[M]. 杭州:浙江人民出版社,1999:31-47.
⑤ Jackie S. Bridging Global Divides: Strategic Framing and Solidarity in Transnational Social Movement Organizations[J]. International Sociology,2002,17(4):505-528.
⑥ Dianne O. Nongovernmental Organizations in the United Nations System: The Emerging Role of International Civil Society[J]. Human Rights Quarterly,1996,18(1):107-141.

越来越大的压力。甚至在气候、反地雷等运动中以小博大,设置了大国的外交议程①。一时之间,非政府组织在联合国提供的舞台上风光无两,以至于有研究者宣称"国际非政府组织在许多社会领域主导全球治理结构,而国家和政府间国际组织只是外围参与者"②。

3. 国家政府与国际非政府组织的关系

国家和非政府组织的关系跨越国内和国际治理的研究领域。在国内治理中,非政府组织被认为可以弥补"政府失灵"和"市场失灵"。私人企业在市场竞争中面临优胜劣汰,以维持自身生存和优势为目标,通过市场原则进行的利益分配会出现不公正和失衡现象。政府会以追求公正为目标干预社会资源的分配,但受到西方政治制度的影响,往往将资源优先投入政治影响力最大的群体。同时,政府的治理能力也良莠不齐。这时候非政府组织就能在治理和资源再分配中起到补充作用。

但相比于政府和企业,非政府组织也会存在"志愿失灵"的问题。因此,一方面,非政府组织和政府的关系是合作和互补性的。非政府组织不同程度上还需要政府的拨款和政策支持③。政府也常常采取购买服务的方式,利用非政府组织开展治理活动;另一方面,政府与非政府组织也存在着权力竞争关系。部分非政府组织可能激烈地攻击政府的管理,乃至反对政府的政策,从而被政府视作威胁。思想激进的非政府组织也在观念上把政府视作市民社会的障碍。当国际非政府组织到一个国家活动的时候,与当地政府也存在着类似的复杂关系。

国家和开展对外活动的本国非政府组织之间存在着特殊合作关系。国家政府可以依靠非政府组织在联合国的专业性活动来取得信息。因为某些特殊的议题上,"本地的政府要么不了解运动情况,要么根本无力影响政策

---

① Michele B, Elisabeth C. NGO Influence in International Environmental Negotiations: A Framework for Analysis [J]. Global Environmental Politics, 2001, 1 (4): 65-85.
Richard P. Reversing the Gun Sights: Transnational Civil Society Targets Land Mines [J]. International Organization, 1998, 52 (3): 613-644.
② Walter P, Richard S. The Nonprofit Sector: A Research Handbook [M]. 2nd ed. New Haven: Yale University Press, 2006.
③ 王杰,张海滨,张志洲. 全球治理中的国际非政府组织[M]. 北京:北京大学出版社,2004:34-38.

变化"①。除了这种功能层面的需要外，非政府组织还是国家发挥政治影响力的工具。在多边政治舞台上，国家一般会寻求团结其他国家的力量，发出共同的声音，达到政治目的。在联合国的多边活动中，要建立这样的同盟有时候依靠政府间的盟友关系，比如美国和欧洲、日本、澳大利亚等往往协调一致立场；有的依靠非正式的身份认同，比如发展中国家之间经常形成共同观点；有的纯粹是基于利益接近，比如在不同的地区热点问题上国家的立场会出现更随机变化的组合。研究表明，非政府组织常常会在这种结盟过程中发挥相当的作用②。这证明中国所提倡的"以民促官"，即用民间交往促进官方合作，在当代的多边外交场合中是普遍现象。

4. 现有研究的问题

学术界对于国家、国际组织和非政府组织的关系做了大量的研究。但是，仅仅利用现有的理论工具，并不足以帮助我们回答相关的问题。

第一，目前的研究视域没有打通。也就是说，多数研究都用于解释国家和国际组织、国际组织和非政府组织、国家和非政府组织的两两关系，对于三者的联动方式还没有专门、清晰的解释框架。从前文的分析来看，这三者两两之间的影响模式具有相似之处，是有可能建立起某种统一的解释框架的。

第二，目前研究的范式不统一。在国家和国际组织关系上，研究多数采用国际政治理论的范式，强调国家的主体性，权力竞争被视作核心因素。在联合国和非政府组织的关系研究中，全球治理领域的研究范式占绝对上风，强调亚国家主体和超国家主体，多多少少受到功能主义理论的影响。国家政府和非政府组织关系的研究则多受"公民社会"理论的影响，采用西方政治学的范式，对非政府组织在国际舞台上活动解释力不足。

第三，现有理论都多少带有西方中心主义的色彩。最明显的标志是，多数研究都把"国际非政府组织"等同于西方发达国家的非政府组织。但发展中国家的非政府组织在理念、目标和国际行动的方式上，都和西方非

---

① Jackie S. Bridging Global Divides: Strategic Framing and Solidarity in Transnational Social Movement Organizations [J]. International Sociology, 2002, 17 (4): 505-528.
② Annelise R. The Network Inside Out [M]. Ann Arbor: University of Michigan Press, 2001.

政府组织有着明显的差别①。此外，公民社会理论的一些逻辑也基于西方的历史，或者带有西方的意识形态色彩。基于这些逻辑来解释发展中国家的非政府组织和国家关系总是有削足适履之嫌。

三、理论方法

1. 权力与功能视角

我们需要在现有理论成果的基础上，建立一个分析框架来说明"影响力"在国家政府、联合国和国际非政府组织的三角关系中是如何传导的，再用这个理论框架说明中国社会组织参与全球治理将会带来什么样的影响。

在《柯林斯词典》中，影响力是指让某人或某事以特定方式行动的力量②。影响力就像宇宙中的引力，可以把行为主体联系起来形成有规律的系统。影响力也不受理论范式或者意识形态的困囿。我们可以抛开国际政治理论、全球治理理论或者公民社会理论的差别，来分析北方国家非政府组织、南方国家非政府组织③、西方国家、新兴国家、联合国、区域性国际组织等复杂主体组成的系统。

关键在于我们能否清晰、有效地界定什么构成了影响力。实际上在前文的理论回顾中，已经浮现出两个视角：一个是权力的视角。无论是国家、联合国还是非政府组织，都可以被视为处于国际关系系统中，需要通过发挥权力影响,解决"谁得到什么？何时和如何得到？（Who gets what? When and how？）"的政治学基本问题④。权力往往存在竞争对手。为了竞争权力各个行为主体也会出现合作和结盟。在上一节的分析中我们可以看到，国

---

① Jackie S. Bridging Global Divides: Strategic Framing and Solidarity in Transnational Social Movement Organizations [J]. International Sociology, 2002, 17 (4): 505-528.
② Influence is the power to make other people agree with your opinions or do what you want.
③ 国际非政府组织研究中常常作此划分。
④ 拉斯韦尔. 政治学：谁得到什么？何时和如何得到？[M]. 杨昌裕，译. 北京：商务印书馆，2000.

家、联合国和非政府组织互相之间,既为了增强力量而合作,也有彼此间的权力竞争和限制。从权力的角度来界定影响力,就是看不同的行为主体间的力量会如何此消彼长,在相关变化中它们为了保住或者扩大权力如何反应,这将给主体的行为和整个格局带来变化。

第二个视角是功能性的。国家、国际组织和国际非政府组织不仅要玩权力的游戏,也要解决全球治理的问题,因此它们在技术层面彼此需要、相互依赖。这种功能主义的视角不仅可以解释它们彼此之间的合作,也意味着它们彼此之间相互制约,甚至存在竞争关系。这里的合作不再是为了掌握权力的合作,这相对容易理解;这里的竞争也不同于权力的竞争,这有必要多解释一下。一个社会功能系统不只是要实现"运作"(function),也需要实现演进(evolution)。也就是说,它不像一个机械系统,仅仅需要各个零部件的配合,按照设定的程序运动,而像一个生态系统,既存在食物链和生态平衡关系,也存在生物进化乃至文化演进的现象。进化意味着生存竞争。能够促进目标实现、推动功能优化的行为会得到学习和普及,否则只能改变或被淘汰。从整体上看,人类的社会行为和人类所建立的社会机制大多具有这样的特征。

具体到全球治理,国际社会既要解决现实的全球治理问题,也要促进全球治理机制和效率的系统性改善。国家政府、国际组织和国际非政府组织不仅要为了"谁说了算"在权力层面竞争和合作,也要为了"怎么解决问题"在功能层面竞争和合作。新的全球治理问题不断出现,比如网络安全、技术投资带来的失业和发展不平衡、新兴工业化国家的环境退化、战争和政治动荡带来的人道主义灾难和难民问题等,需要提出有效的解决方案。传统的行为主体可能不能及时应对新的问题,新的角色则力图带来新的变化。在推陈出新的竞争中,全球性问题的治理体系才能不断演进。

从功能性的角度来界定影响力,就是看不同的行为主体怎样适应全球治理的需要而创造新的政策、观念而机制,以及这些行为是如何相互影响、推动行为主体本身的改变的。从权力的角度和功能的角度,我们都能够观察到在全球治理问题上,影响力如何在不同的行为主体中传导,一个行为主体的变化会带来权力和功能层面的新因素,从而影响其他主体的行为。

2. 结构性假设

我们需要做出的第二个假设，是一定时期的国际关系存在既定的权力结构，影响着全球治理相关主体的关系结构。这导致全球治理的不同行为主体存在观点和观念差异。冷战时期，世界以"西方阵营和东方阵营""资本主义阵营和社会主义阵营"划分。所有的国际关系和外交政策都受到这种地缘政治结构的影响。联合国和主要的全球治理机构成立于冷战时期，也受到冷战国际格局的影响。这种地缘格局是给定的政治条件。当我们考虑全球治理主体的行为的时候，就不能不考虑地缘政治关系的影响。

冷战结束以后，全球地缘政治结构发生了变化，但仍然起作用。其中重要的因素是西方发达国家和发展中国家的分野。这在一定程度上是冷战格局的延续。西方国家，以"七国集团"、经济合作与发展组织和欧盟等组织为基础，在国际政治和全球治理等各个方面趋向于协调合作、表达一致的观点、采取相近的政策。这固然是因为西方发达国家具有相似的国家利益，但也继承了冷战时期形成的意识形态和体制。后者最突出的表现，就是西方对西方之外的世界具有主导的意志、采取干涉性的行动。

发展中国家在冷战时期就没有形成巩固的"阵营"，在冷战结束之后也没有真正建立普遍的国际合作机制。但是，随着新兴大国的崛起和区域合作发展，发展中国家的协作也在加强[①]。这一方面是因为发展中国家处在相似的发展阶段，具有某些接近的利益诉求。另一方面，跟西方国家一样，发展中国家也有一些共同的思想观念，比如对于西方干涉主义的反感。许多研究都描述了发展中国家在"西方化的外部压力面前如何团结起来，维护自身的利益和文化"[②]。非西方国家在利益和观念上的共同点，也在全球治理问题中表现出来。发展中国家不仅成立了"金砖国家峰会"这样的全球性机制，也在亚洲、非洲、美洲的地区合作中，表现出区别于西方的政治意愿[③]。

[①] 周鑫宇."新兴国家"研究相关概念辨析及其理论启示[J]. 国际论坛，2013（2）：67-72.
[②] Benjamin B. Jihad VS. McWorld [M]. New York：Random House，1995.
Samuel H. The Clash of Civilizations and the Remaking of World Order [M]. New York：Simon & Schuster，1996.
[③] 周鑫宇. 新兴国家崛起与国际权力结构变迁[J]. 太平洋学报，2010（8）：29-41.

联合国尽量在官方话语中避免使用"西方"这样具有政治意义的概念，也避免把"发展中国家"作为一个政治概念来使用。但是无论是在联合国大会的发言中，还是在安理会的投票中，联合国都无法避免这一国际关系结构的影响。在多数国际会议中，西方都尽量保持协调一致的立场。在一些会议上，发展中国家也会形成合作，与西方的观点展开竞争。例如2009年联合国哥本哈根气候变化大会上，西方国家提出的"丹麦文本"和发展中国家提出的"北京文本"一度形成相持，反映了地缘政治结构对于全球治理问题越来越深入的影响[1]。

国际非政府组织也受到了相应的地缘政治结构影响。研究表明，联合国成立之后，区域性的国际非政府组织发展速度要大于全球性的国际非政府组织。跨越发达国家和发展中国家而建立的国际非政府组织的数量相比过去也在下降[2]。这一方面是因为相近的语言、文化和历史促进了亚非拉地区的非政府组织在区域层面的合作[3]。另一方面值得注意的是，发展中国家的非政府组织与发达国家的非政府组织相比，关注的问题不一样。发达国家的国际非政府组织常常关注单一的议题，而发展中国家的非政府组织更可能围绕着广泛的多议题框架而建立[4]。

总而言之，许多证据都表明，发展中国家的非政府组织会自觉地成为发展中国家在全球问题上相互连接的桥梁，帮助国家在区域内部协调和统一立场。这一方面是出于防御性的目的，即抵抗西方国家和西方的非政府组织的影响。"考虑到世界文化主要来源于西方或者北方传统，并与它们保持高度一致性，我们会预料南半球的团体比北半球的团体更倾向于区域化。"[5] 另一方面，这种联盟也会帮助发展中国家团结起来，积极主动地影响全球治理问题的议程设置。

---

[1] Martin K, Blame D. not China, for Copenhagen failure [EB/OL]. (2009-12-28). https://www.theguardian.com/commentisfree/cif-green/2009/dec/28/copenhagen-denmark-china.

[2] Walter P, Richard S. The Nonprofit Sector A Research Handbook [M]. 2nd ed. New Haven：Yale University Press, 2006：335-337.

[3] John B, Goege T. Constructing World Culture：International Non-Governmental Organizations since 1875 [M]. Stanford, CA：Stanford University Press, 1999.

[4] Jackie S. Bridging Global Divides: Strategic Framing and Solidarity in Transnational Social Movement Organizations [J]. International Sociology, 2002, 17（4）：505-528.

[5] Jackie S. Bridging Global Divides: Strategic Framing and Solidarity in Transnational Social Movement Organizations [J]. International Sociology, 2002, 17（4）：505-528.

3. 功能性假设

我们需要建立的第三个理论假设，是为了更好地实现全球治理，国家政府、国际组织和国际非政府组织都始终处于动态的功能调整中，包括政策和观点的改变，也包括提升能力和变革机制等。不同的主体在全球治理问题上的合作和交流可以促进这些功能调整。

第一，政策和观点的改变。西方和发展中国家在全球治理问题上存在着不同的观点，这也影响到各自的非政府组织。一般来说，发达国家非政府组织关注公民政治权利，即所谓的"人权"；而发展中国家非政府组织活动家则倾向于认为人权的经济层面和政治层面难以分开，从而更加倡导"发展权"[1]。这些差异不能完全归结为权力结构的结果。也就是说，发展中国家并不只是为了防止西方国家的干涉，或者增加国际谈判的筹码，才提出反对类似"人权高于主权"等西方观点的。无论是发展中国家的政府，还是这些国家的非政府组织，从自身的发展经验和需求出发，确实存在对治理问题的不同认识。这些认识放到全球治理的事业中去，尤其是放到发展阶段相似的发展中国家治理问题中去，是有借鉴意义的，可能让全球治理更加有效、也更容易被受援国所接受。

研究表明，在全球治理中不同观点的交融始终在发生。来自不同区域的非政府组织在观点上可以相互学习和彼此寻求融合。例如，在环境问题上，西方国家和西方非政府组织不再追求单一的环境目标，逐渐接受发展中国家的环境保护与人权发展之间的复杂关系[2]。在动物保护领域也是如此。除了"没有买卖就没有伤害"这样典型的西方观点外，西方的动物保护主义组织越来越关注非洲当地的民生问题与动物制品的关系问题，也关注到合理程度的动物制品贸易对当地国家的经济意义。还有学者描述了跨国女性主义网络如何促进了西方和发展中国家女性主义组织的相互理解："北半球的女权主义者开始逐步认识经济状况和对外政策与女性生活的关

---

[1] Jackie S. Bridging Global Divides: Strategic Framing and Solidarity in Transnational Social Movement Organizations [J]. International Sociology, 2002, 17 (4): 505-528.

[2] Joe B, Jackie S. Coalitions across borders: transnational protest and the neoliberal order [M]. Washington DC: Rowman & Littlefield, 2004.

系，而南半球的女权主义者开始意识到身份政治的重要性。"①

联合国也会不断调整全球治理的思路，对此我们有专门的章节进行论述。这证明，就像不能把国家的利益和政治立场视为一成不变一样，国际非政府组织也在国际活动中调整和发展自己的目标和观点。国家、联合国和非政府组织的这些变化不仅是"西降东升"的权力格局变化导致的，也是全球治理不断深入演进的结果，或者说是国际交往和互动带来的影响②。

第二，非政府组织在参与全球治理的活动过程中，还会提升自己的能力。这首先是自我组织的能力，包括如何在国际会议中发言、寻求联盟、创造性地设立组织程序等。实际上，跟国家之间的能力不对称一样，非政府组织在全球治理的舞台上也存在着能力不对称问题。这里所说的能力，不仅是资金、人员、政治资源等硬实力，也包括设置议程乃至改变认知的软实力③。由于西方成熟的非政府组织更加熟悉联合国全球治理问题上的机制和语言，它们往往能够在多边国际会议场合获得优势。研究者将之称为"内部结构性抑制"，和西方国家设置国际议程的"外部结构性抑制"对比起来④。换句话说，非政府组织自身适应规则的能力不足加上国家设定规则的能力不足，共同限制了发展中国家非政府组组织的影响力。但是，研究也表明这种"技术"是可以学习的，包括如何组织小组发言、聆听、联合、构建战略等，也包括如何进行民主的组织、动员志愿者的"主人翁意识"⑤，更包括如何筹集资金、完成治理项目、向公众宣传成果等。无论是在谈判和游说中，还是在日常管理和项目的执行中，发展中国家的非政府组织都可以通过学习和改变，来提升开展全球治理活动的能力。

最后，以上所有的变化在理论上都可以归入机制变革的一部分。根据奥兰·扬对全球治理体制做的经典的研究，体制是出于处理具体问题的需要而形成的一系列角色、规则和关系。围绕着全球治理领域的各种问题，国家、非政府组织和国际组织建立了各种各样的体制。很多研究者都注意

---

① Valentine M. Transnational Feminist Networks: Collective Action in an Era of Globalization [J]. International Sociology, 2001, 15 (1): 57-85.
② Thomas G. Dynamic International Regime [M]. Berne: Peter Lang Publishing Group, 1994.
③ 对于权力行使方式的分类，参见：奈. 权力大未来 [M]. 王吉美, 译. 北京：中信出版社, 2012.
④ Charlotte D. Janus-Faced NGO Participation in Global Governance: Structural Constraints for NGO Influence [J]. Global Governance, 2014 (20): 419-436.
⑤ Jackie S. Bridging Global Divides: Strategic Framing and Solidarity in Transnational Social Movement Organizations [J]. International Sociology, 2002, 17 (4): 505-528.

到，国际体制不是固化的，也不是孤立的。其中奥兰·扬提出的两个分析性观点对于我们的研究有启发意义。

一个观点是全球治理体制变迁的力量。体制的变迁来自内生的和外部的力量。外部因素包括国家之间的力量对比、物质和技术条件的变化等，这对应了我们前文所说的权力视角下的变化。内生的力量则包括了很多功能性的因素，如体制工作目标本身的变化、获得新的观念和方法、增减和减少成员数目等[①]。联合国《2030年可持续发展议程》体现了全球治理目标的新变化。中国建立的亚洲基础设施投资银行表达了新的治理观念和方法。中国社会组织加入全球治理各个领域，增加了国际体制的成员和"玩家"，会带来程序体制、项目体制等各个方面的变化。

另一个观点是制度关联（institutional linkage）。全球治理的体制不但涉及多样的领域，而且有非常多的层次。有些机制有的是跨国的，有的是国家政府间的，有的是国内的，这些体制相互联系。有的体制嵌套（nested）于更宏观的体制中，有的体制嵌入（embedded）其他体制中，一些体制集合（clustered）起来或者相互交叉（overlapping）。国际体制和国内体制之间还有适应协调、相互影响的问题[②]。这些横向和纵向的关联意味着，体制之间是可以实现互动的。国际的体制可能影响国内的体制，出现所谓国际规范的国内化[③]或者国内政策的国际化[④]。不同的国际体制也可能相互影响。最典型的是《联合国宪章》《2030年可持续发展议程》等对各个全球治理领域机制的普遍影响。反过来，一些"零碎的、针对具体问题的安排"，在一定条件下同样可以起到推动宏观的全球治理机制向前发展的作用[⑤]。在制度关联的视角下，我们可以把中国的治理模式和全球治理模式的相互影响通过中国社会组织的活动联系起来。

通过权力和功能的视角，我们可以分析国家、国际组织和国际非政府组织所发生的变化对三者在全球治理中的关系所造成的影响。中国社会组

---

① 扬.世界事务中的治理[M].陈玉刚,薄燕,译.上海：上海人民出版社,2007.
② 扬.世界事务中的治理[M].陈玉刚,薄燕,译.上海：上海人民出版社,2007.
③ 康晓.利益认知与国际规范的国内化——以中国对国际气候合作规范的内化为例[J].世界经济与政治,2010(1)：66-83.
④ 张宝珍.日本环保政策的国际化[J].世界经济与政治,1995(5)：38-42.
⑤ 扬.世界事务中的治理[M].陈玉刚,薄燕,译.上海：上海人民出版社,2007：2.

织加入全球治理,既是这种影响的结果,也会对权力格局和治理功能带来多方位的改变。

四、核心观点

1. 对权力格局的影响

冷战结束以后全球治理快速发展,并不能代表"世界是平的"。全球治理始终处于国际政治格局的阴影之下。近年来,国际政治格局发生历史性变化,新兴国家和发展中国家的力量相对上升,有走向团结的趋势。美国所领导的西方国家同盟关系既有所发展,又有所分化。与此同时,传统的区域地缘政治、宗教、民族、意识形态等问题等继续发挥复杂的影响。在这样的变化中,中国的社会组织开始走向海外,积极参与全球治理活动,这会给变化中的权力格局带来影响。

第一是进一步改变发展中国家和发达国家在全球治理事务中的力量对比。传统上西方国家在全球治理中处于强势。西方非政府组织在全球各地活动,开展各种援助活动,在国际组织和国际舆论中掌握相关领域的话语权。发展中国家一般处于受援国的地位,甚至被迫采取防御性的姿态。这也迫使发展中国家的非政府组织转向区域合作,以对抗西方国家的全球性影响[1]。

新兴国家的崛起会增强发展中国家之间南南合作的力量。在"一带一路""金砖国家合作"等机制下,中国的社会组织走入发展中国家开展治理和援助项目,增加了受援国选择的空间。中国的援助往往秉持发展中国家普遍认可的不干涉原则,更容易受到受援国的欢迎。此外,随着中国社会组织全球治理经验的增加,也会在全球治理的决策过程中发挥更大的作用。尤其是在联合国和国际组织召开的专业性会议上,中国社会组织可能

---

[1] Jackie S. Bridging Global Divides: Strategic Framing and Solidarity in Transnational Social Movement Organizations [J]. International Sociology, 2002, 17(4): 505-528.

代表发展中国家的声音,让发展中国家在全球治理的规则制定中发出更大的声音。

当然,我们并不能就此做出过头的判断,认为中国社会组织与西方是简单的竞争关系。在具体的治理项目中,中国社会组织和西方非政府组织同样有很大的合作空间。根据我们做的调研,中国的社会组织更倾向于和西方非政府组织在项目所在地进行合作,也不是开展政治竞争。受援国也并不把这看作一场三角关系的地缘政治游戏。受援地的媒体、公众和非政府组织,即便对中国社会组织的到来持有欢迎态度,总体上也仍然把中国社会组织看作和西方非政府组织一样的外来力量。实际上,越是到了微观层面,每个治理项目就越是受到功利性目标和功能性需求的影响,而较少受到宏观的、短期内较少改变的地缘政治格局的影响。中国和西方在具体治理问题上的合作,甚至反过来促进国家在局部区域的地缘政治关系改善。比如中美在西非埃博拉疫情中的合作就是一个典型①。

因而在宏观的全球治理国际规则制定中,西方国家和发展中国家并不总是泾渭分明的两个阵营。在不同的议题上,发展中国家之间也存在分歧,一部分发达国家和一部分发展中国家可能也有共识。但无论如何,中国的社会组织积累了全球治理的成功经验,必然会使中国在专业治理问题的多边外交之中成为各方重视乃至需要努力争取的力量,从议事程序、管制规则、目标理念等多个方面改变全球治理的发展方向。

第二是增强联合国的领导力量。联合国即便不是世界政府,也被公认是全球治理的权威机构,然而联合国的活动始终受到全球地缘政治的结构性约束。如果说冷战时期制约联合国的主要是美苏两极对抗的格局,那么冷战结束以后,美国独霸的格局同样对联合国的权威构成挑战。冷战结束了,但在全球治理中的西方阵营却没有消散。联合国领导下的全球治理仍然受到冷战遗产的阻碍。

西方过于突出的权力从三个方面损害了联合国的力量,首先是美国经常采取单边主义外交政策,带领部分西方国家超越联合国的授权而开展行动。美国特朗普政府甚至公开挑战联合国的地位,退出多个联合国的下属

---

① Initiative for U.S.-China Dialogue on Global Issues. U.S.-China Dialogue on Global Health: Background Report [R/OL]. https://uschinadialogue.georgetown.edu/publications/u-s-china-dialogue-on-global-health-background-report/pdf_download.

国际组织，给联合国带来了空前的危机。

第三是西方在开展全球治理中的干涉主义实际上冲击了联合国的法律基础。联合国宪章作为最高层次的国际法原则，本应嵌入全球治理机制的基础理念，并在全球治理的各类项目中得到尊重和体现。但现实情况却是联合国宪章所确立的原则与西方所提出的干涉理念产生冲突，在国际活动中经常被束之高阁。

第四是联合国的活动相当程度上依赖西方的资金、人才和资源。长期以来，西方政府和非政府组织掌握全球治理话语权，主导了联合国的会议议程和决策机制。联合国及其下属国际组织有时候不得不在西方的强大压力下妥协，甚至为西方的利益背书。过于纠缠复杂的利益平衡也是联合国和相关国际机构变得臃肿低效、议而不决的原因之一。

在这种情况下，联合国始终在寻求改革。《2030年可持续发展议程》提出以后，联合国制定了一个野心勃勃的权力结构改革框架，其中的核心是通过驻地协调员制度，建立一个决策结构更加扁平、权力更加集中的执行机制，加强联合国和各个工作目标国的直接联系，尊重国家在全球治理中的地位，注重发挥协调和指导的作用①。这样的改革无疑表现出联合国追求更加独立的姿态，同时也是对西方单边主义外交的回应。

中国的社会组织参与全球治理活动，也可以为联合国的新权力结构增加支持力量。驻地协调员制度成功的关键在于当地政府建立合作。要想实现这种合作，在有的国家需要西方的支持，在有的国家需要中国的支持，在更多的国家则需要多元国际力量共同合作。如果能够把国际合作落实到前方的具体治理项目和决策之中，而不是停留在纽约或者日内瓦议而不绝的辩论里，就能发挥联合国的专业优势，提升其效率和权威。当然在执行层面，中国的社会组织还可以为联合国的项目带来更多的资金、人才和管理经验，降低联合国对西方非政府组织的依赖，在社会组织多元竞争的环境之中，联合国的权威也会得到提升。

第五是推动西方非政府组织与中国社会组织关系的转变。如前文所述，不能简单地将中国的社会组织与西方非政府组织视作竞争对手。实际上国际环境的变化也在促使西方的非政府组织寻求转变。传统上西方的国际非

---

① 具体分析参见本书第三章。

政府组织把中国视为受援国，它们与中国社会组织的合作，也往往是基于受援项目的合作。随着中国成为越来越重要的援助国，中国社会组织开始走向海外，参与全球治理项目，西方的国际非政府组织也必须调整与中国社会组织的关系。

总体来说，中国社会组织和西方非政府组织可能要经历一个磨合和试探的时期，但与中国同行的合作会增加西方非政府组织的力量。当前西方多国政府出现财政困难和反全球化浪潮，政府和舆论对非政府组织国际项目出现怀疑态度。与中国社会组织的合作，既有利于筹集来自中国政府和企业的资金，也更容易获得受援国当地的政治支持。与中国的关系甚至会提升西方非政府组织在本国外交中的战略地位，帮助它们获得本国政府的重视。

2. 对全球治理体制的影响

中国社会组织参与全球治理，不仅影响全球治理中的力量对比，也会给全球治理体制带来功能层面的变化。按照奥兰·扬对全球治理机制的分类："管制体制""程序体制""项目体制""开发体制"，我们对这一问题分别加以分析[①]。

第一，从管制体制来看，全球治理各个领域的规则制定会出现新的变化。联合国提出的2030年可持续发展目标涉及17个方面169个具体目标。大多数目标都应该建立国际规范来约定国家应该做什么、不应该做什么，并约定怎样让这些规则得以实行。这些重要的规则常常是国家之间开展多边谈判的结果。近年来，在国际贸易规则、全球气候规则、联合国海洋法的相关规则等方面，我们可以看到中国的发言权越来越大。但我们同时也应该注意到，中国政府在这些领域的谈判中扮演主要角色。而在更广阔、更细分的全球治理领域中，中国的发言权仍然较小。这是因为政府在大量的专业领域中不具备专门知识、专业人才、国际实践经验，也没法同时在这么巨大的工作面上投入精力。

随着中国的社会组织加速走向世界，积累全球治理的知识和经验，培养出专业领域的人才，中国在国际规则制定上的话语权将得到更充分的发

---

① 扬. 世界事务中的治理[M]. 陈玉刚，薄燕，译. 上海：上海人民出版社，2007：26-33.

挥。中国不再只是在西方设定议程之后做出反馈，而会深入议程设置的前端。中国的专家和非政府组织会加入预备会议、联合国会议方案的早期咨询，为正式的政府间谈判补充专业力量。这会带来正反两个方面的影响。在规则的制定过程中，谈判可能变得更加激烈。但是谈判一旦成功，国际规则就具有更广泛的合法性，在执行的时候会得到中国和其他发展中国家的支持。全球治理既可能损失一部分决策效率，同时也可能提升一部分执行效率。

第二，在程序体制来看，全球治理的决策体制会继续出现调整。如果我们聚焦专业领域微观层面的议事规则，就会看到非常复杂的局面。在多数国际组织中，决定最主要的全球治理规则往往需要各个会员国家协商一致。国家能否协商一致，不仅是基于本国的利益，也基于国际规则要实现的目标和议事规则是否公正。就像前文所说，由于国家政府常常没有足够的专业能力和精力去清楚计算某个领域的国际规则对自身国家利益所造成的影响——尤其是这种影响往往既有正面的，也有反面的；既涉及经济利益，又包括政治影响、国家形象等，因而国家会非常看重国际规则制定程序的公正性。研究表明，一个相对公正的议事目标和程序，会让反对的国家屈从于大多数国家的压力，保留自己的意见，不实际阻碍决策出台[①]。

因而中国的社会组织通过参加国际会议、发起国际倡议、为国际谈判提供咨询意见和支撑性材料，既增加了全球治理决策博弈的复杂性，也可能增强这种程序体制的公正性，反而有利于国际谈判的达成。中国的社会组织在参与国际规则中的专业化程度越高，谈判能力就越强，并越能提升议事程序的公正性，从而更有可能提升全球治理决策的效率。反之，如果因参加国际会议而参加国际会议，不能提出有说服力的专业性建议，或者仅仅站在狭隘局部利益的角度发声，不但不能让国际规则变得更加公正和有效，反而会适得其反。

此外中国正在倡导建立新的国际体制。中国政府发起建立了亚洲基础设施投资银行、金砖国家机制、一带一路倡议等新的国际体制。但这些国际体制跟别的国际体制一样，并不能仅仅依靠政府就能够实现合理的决策

---

① 扬. 世界事务中的治理[M]. 陈玉刚，薄燕，译. 上海：上海人民出版社，2007：40.

和有效的执行。中国的企业和社会组织开展国际合作、促进当地发展、贡献全球治理的能力，是这些新的国际体制能够成功的重要基础。在这个基础上，企业和社会组织通过主办国际会议、发起国际联盟和国际机构，才能丰富和发展新的国际合作体制。

第三，从项目体制来看，中国社会组织能够为全球治理项目的实施带来新的因素。大多数全球治理项目都是国际力量和当地力量、政府和非政府组织共同协作的结果。西方的非政府组织在开展国际援助、宣传和游说、促进跨国沟通与研究等项目中，都发挥着主要的作用。中国的社会组织还需要提升开展国际项目的能力。但随着中国的社会组织加入各类国际项目，这些项目也会获得更多的资金、人才和政策支持，也会带去中国的经验。

前文我们已经反复谈到社会组织之间的竞争与合作关系。这里我们具体到中国社会组织和西方社会组织的项目合作上来。应该注意到，各国非政府组织在全球治理中的关系和各国企业在全球市场竞争中的关系有一个重要的区别。中国企业走向海外，与国际企业的合作主要在供给侧，比如联合投资、共同技术开发、管理经验和人才共享等。但在需求侧则更多要竞争市场空间。而在全球治理领域，最基本的局面不是供给过剩下的市场竞争，而是供给不足下的"产能"合作。在全球治理中，受援需求大、能够提供的项目不足，很多紧迫的安全、人权和发展问题得不到及时的响应。西方的非政府组织希望通过与中国社会组织的合作，向中国广大的中产阶级民众和中国企业募资。中国的社会组织也更愿意与西方非政府组织组成联合的项目团队，以弥补人才和经验的不足。双方互补的需求可以推动项目供给的增加。

第四，在开发体制的意义上，全球治理体制需要与时俱进，不断产生新的观念、目标和方法。中国社会组织参与全球治理，会带去中国的经验和创新的因素。这不能完全就看作所谓"西方模式"或者"中国模式"之争。实际上多数的创新都是"自下而上"出现的，即在全球治理的广泛实践中通过相关领域专家和机构的讨论、争鸣、游说、实验，最终影响到国际组织和国家的政策[①]。换句话说，不能用简单的"不是东风压倒西风，就

---

① 扬. 世界事务中的治理[M]. 陈玉刚, 薄燕, 译. 上海: 上海人民出版社, 2007: 37.

是西风压倒东风"的政治权力视角来看待全球治理话语权问题，具体治理实践中的创新和引领也非常关键。

因此，在全球治理的变化中，与其空泛地讨论"中国模式"，不如在具体项目层面分析中国的特殊优势。受援经验可能是中国社会组织能够贡献给全球治理体制创新的特别因素。过去几百年中，西方国家及其非政府组织在开展援助方面有悠久的历史和丰富的经验。但它们知道怎样提供援助项目，却不知道怎样接受援助项目，或者准确地说，它们从来没有以发展中国家的身份接受援助的经验[1]。然而，要有效执行任何一个全球治理项目，都不仅仅依赖于国际机制和资源，更有赖于国内体制和政策。哪怕不考虑西方国家在国际援助中存在的利己主义意图，缺乏受援经验本身也容易造成全球治理项目与当地的情况格格不入，不但无法充分实现预想的治理效果，甚至引发政治对抗。

过去几十年，中国长期接受国际援助，也是最成功地将国际援助转化为治理和发展实效的发展中国家之一。在中国基层落地的国际援助项目，都既要"向上看"，即对接国际的标准、学习先进外部经验，又要"向下看"，即适应本地的需求，在错综复杂的目标中间实现妥协。这种管理和执行国际援助项目的经验，不是靠提供援助产生的，而是靠接受援助产生的。很多治理项目本身就是中国发展经验和政治智慧的结晶。如今中国既是受援国，又成长为重要的援助国。中国的社会组织可以将国内优秀的治理项目推广到国外去，也可以在现有的全球治理项目中提供体现中国经验的思维方式和实践方法。援助经验和受援经验的结合，可能催生出治理观念和方法上的突破，引领全球治理各领域的发展。

3. 对中国体制的影响

中国社会组织深入参与全球治理，从功能性的视角看，也会对中国社会组织自身的机制、中国政府对社会组织的管理机制和中国外交机制等产生相互关联的影响。

第一，中国的社会组织会围绕着开展治理项目进行自身的管理体制变革。在具体的项目操作层面上，中国的社会组织很大程度上要向西方非政

---

[1] 实际上，第二次世界大战以后，欧洲和日本等也在特殊时期下接受过国际开发援助。但这些援助的目的多数是实现重建，而不是一般意义上的治理和可持续发展。

府组织的成熟制度和经验学习。在传统的体制下，中国的社会组织扮演的是政府和民众之间沟通的桥梁，也在政府的领导下承担一部分的治理功能。总体来说，体制上对全球治理活动匹配度不高。近年来，新兴的草根社会组织则尚在发展的初级阶段，很多组织虽然一开始就面向治理项目而建立，但管理机制还不够成熟、规范。随着全球治理活动的开展，中国的社会组织必须调整管理机制，建立新的文化。这包含三个方面的变化：

首先是明确专业机构的目标和使命，营造"志愿者"文化。在全球治理活动中，社会组织不服务于一个国家的政府，也不为企业或私人机构牟取利益，而是奋斗于某个专业领域的公共事务。中立性和专业性让社会组织在国际公共事务中有了立足之地，也让社会组织的成员能够凝聚在某种使命之下，建立起志愿服务的精神和行动力。

其次是有能力像企业一样筹措资金、管理团队、执行项目。非营利机构在某些方面也像一个公共企业，需要建立起规范的财务体制，围绕着资金的筹措和使用，来核算成本和收益。另外，还要建立包括出资方、合作伙伴、采购对象、客户和公众在内的广泛关系网络。这些能力标志着一种市场化改革，是中国社会组织未来发展的方向。

最后是具备如同媒体机构一般的公共关系能力。很多全球治理项目都依赖于研讨、倡议、游说。除了专业知识以外，传播能力决定社会组织能够在多大程度上设置全球治理的议程，有多大的机会影响政府和联合国的政策，以及能够为项目筹集多少资金和人才资源。中国的社会组织会向西方学习传播管理的机制，从另一个角度改造自身的角色定位和管理体制。

第二，中国的社会组织参与全球治理，也会反过来推动中国社会治理机制的进一步开放。中国正在推动国内治理能力的现代化，需要社会组织在社会治理中发挥更大的作用[1]。中国社会组织参与全球治理，提升开展治理项目的能力，也能够反过来把国际先进治理经验引入政府的改革决策。同时，中国社会组织与国际非政府组织的平等合作，也会自然地延展到中国的国内治理项目中，巩固和改进对国际非政府组织境内活动的规范管理。在中国的当代发展历史中，改革与开放是密切联系、相互影响的。中国社

---

[1] 中共中央办公厅，国务院办公厅.关于改革社会组织管理制度促进社会组织健康有序发展的意见［EB/OL］. http://www.gov.cn/zhengce/2016-08/21/content_5101125.htm.

会组织大规模的参加全球治理活动，代表着更大程度的对外开放，也会反过来推动更深入的国内改革。

最后，我们还有必要简单探讨中国社会组织参与全球治理活动对于中国外交机制的影响。社会组织的国际活动是中国民间外交的一部分。中国外交进入了新时代，明确了中国特色大国外交的定位，致力于实现全方位、多层次、立体化的外交布局，并高举构建人类命运共同体的旗帜。这意味着中国外交需要准备迎接前所未有的机制变革。

中国社会组织参与全球治理将推动外交和外事相关管理机制的改革。使领馆需要建立类似对中资企业一样与社会组织服务对接的专门机制。在顶层设计上，中国政府也建立了对外援助的专门管理部门中国国际合作开发署，把原来分散于外交部、商务部等中央部门的权力功能集中起来。中共中央对外联络部也从党对群众团体管理的角度，加强了对涉外社会组织活动的统筹。地方政府正在按照中央的要求，改革对于社会组织参与国际活动的外事管理规则，为社会组织的国际活动提供便利。

以上的分析视角，我们会在本书的后面几章中进行更详细的阐述。这里我们从权力和功能的视角，为中国社会组织参与全球治理所带来的广泛影响建立了一个分析框架。在宏观层面，全球治理的决策力量会更加平衡；在微观层面，相关的合作主体既存在竞争，也有巨大的合作需求，这些合作和竞争会改变全球治理的各方面体制，也会推动中国社会变化和国内体制的改革。

五、逻辑框架

我把整本书统率于贯穿一致的逻辑之下：中国社会组织加快国际活动，应被视为置于国家、社会组织、国际组织和国际非政府组织的所组成的关联网络之中，并对这个关联网络造成影响。因此前几章我从不同的角度分析中国社会组织加快国际活动的背景，后面几章则阐述其对不同方面产生的影响。当然，在后半部分我也写了很多适于政府和社会组织管理者阅读的案例和操作方法，尽量使相关内容对社会组织的读者来说具有实践价值。因此这本书的前后两部分在读者的眼中可能会有不同的风格：第二至五章更有理论性，第六至九章更有应用性。

中国政府正在推动的新型民间外交，是中国社会组织"走出去"的最大外部推力。第二章尝试解决围绕着民间外交的理论和实践难题。我认为中国社会组织参与全球治理，重塑了中国民间外交的内涵。但如果仅在西方提出的概念基础上去探讨这种现象，那么无论是研究者还是实践者都会感到迷惑。尽管已经有许多出色研究者探讨了中国民间外交的发展演进，但我还是会试图提出一些更清晰的观点，尤其是解决一些概念问题，并指出社会组织、全球治理与新时代中国民间外交之间的关系。

第三章分析中国社会组织开展国际活动的另一个大背景，那就是刚刚进入新发展阶段的全球治理。全球治理是一个充满争议的概念。它和全球化一样，面对一些基本的矛盾，比如说全球治理的跨国活动和国家主权领域之间的矛盾；又比如说发展和保护之间的矛盾。联合国《2030年可持续发展议程》提出以后，伴随着其后联合国的领导人换届和机构改革，全球治理的观念、重心和政策正在发生显著变化。借用中国的语言来说，全球治理也在进入一个新时代，这为中国社会组织参与全球治理带来了新的机会和空间。

第四章分析西方的非政府组织。西方的非政府组织是国际非政府组织的主体。一方面，它们起源于西方特殊的历史环境和政治文化；另一方面，西方的非政府组织又通过长期的全球治理实践，创造了非凡的成就和经验。这两个方面包含着特殊性和普遍性。中国的社会组织要参与全球治理活动，既要在很多方面向西方非政府组织学习，也会引入新的竞争。在新的国际环境下，西方非政府组织在全球治理问题上的垄断地位正在出现动摇，对来自南方国家和新兴国家的社会组织的合作也有新的需求。这也给中国社会组织的国际活动带来了机遇。

不管有多么好的外部条件，社会组织要践行新时代民间外交、参与新时代全球治理，还需要一个适合的内部体制条件。第五章分析中国社会组织的体制问题。正如我前面所说，中国的政治体制实际上起源于共产党所领导的革命。社会组织和社会运动是中国革命的主要力量之一。从革命向执政的转变，要求中国的社会组织从社会运动向社会治理转变。但在过去的体制中，政府承担了绝大部分的社会治理功能，成为世界上最强有力和善于革新的政府之一。相比之下，中国的社会组织却在一定程度上脱离了群众①，在服务社会治理方面发育不良。在新的时期，一方面政府在推动群团组织的改革，另一方面民间自发组织的活动也带来新的因素。我会尝试分析这些新因素的影响。

最后几章转向分析社会组织参与全球治理所带来的影响。第六章分析中国的社会组织在参与全球治理的活动中，会导致自身的体制和文化的改变。由于开展社会治理项目的能力培育不足，同时缺乏开展国际活动的经验，无论是体制内的传统社会组织，还是新兴的民间组织，都需要围绕着完成治理项目来改造工作文化和方法。在这个过程中，中国的社会组织会学习国际非政府组织成熟的经验，尤其是构建综合了非营利机构、企业和媒体机构的机制，透明的资金管理和规范的过程管理，以及更能服务于国际活动的架构等。这会让中国的社会组织显得更加"国际化"，也就是更像一个真正的国际非政府组织。因此，这也是中国社会组织参与全球治理活动给自己带来的改变。

第七章分析中国社会组织怎样开展全球治理项目。通过开展治理项目，中国社会组织一方面学习西方非政府组织的经验，另一方面也会给西方非政府组织带来竞争，给全球治理带来变化。什么样的治理项目才是适合国际复制和推广的？这些项目中包含着什么样的中国经验？我们如何把这些经验用通行的全球治理话语表达出来，说服捐资人、公众，并得到世界的理解？我会用一些案例来举例说明。关心实践问题的社会组织和相关政府部门的管理者，也可以通过这一章的内容较为详尽地了解如何建立一个国际项目，并围绕着项目进行筹资和管理活动。

第八章分析中国社会组织的国际交流。中国的社会组织通过国际交流发出声音、影响全球治理的议程设置。如何参与国际会议，甚至主办国际会议？这对处在国际化初级阶段的中国社会组织来说是常见的问题。一些

---

① "群团组织改革要认真落实党中央关于群团改革的决策部署，健全党委统一领导群团工作的制度，紧紧围绕保持和增强政治性、先进性、群众性这条主线，强化问题意识，以更大力度、更实举措推进改革，着力解决'机关化、行政化、贵族化、娱乐化'等问题，把群团组织建设得更加充满活力、更加坚强有力。"参见：中华人民共和国中央人民政府. 中共中央关于深化党和国家机构改革的决定［EB/OL］.（2018-02-28）. http://www.gov.cn/zhengce/2018-03/04/content_5270704.htm.

案例表明，中国的社会组织正在试图建立自己的国际联盟或者国际非政府组织。这些经验也值得我们了解和分享。跟前面的章节一样，这一章不仅介绍操作的经验和案例，也要说明中国社会组织将会通过什么样的形式，改变全球治理的议程设置和力量结构。

在最后一章，我会分析中国社会组织的国际活动将反过来为中国的外交和对外开放带来什么影响。中国社会组织的国际活动，是中国贡献全球治理活动的一部分，实际上也是中国进一步扩大开放、深化改革进程的一部分。这些活动会促进中国改革社会管理、对外援助和外交服务的体制。也就是说，在新的民间外交发展中，中国会影响外部世界，外部世界也会影响中国。外部世界对中国的影响，不仅改变中国社会组织的体制和行为，也在更宏观的政府管理层面给中国带来改变。中国政府不仅是一个施动者，也是一个受动者。这方面的变化已经开始出现。但由于发展阶段问题，所以这一章也包含了很多前瞻性和建议性的内容。

在全书的最后，我还用简短的文字分析本书的主题对于公共外交和民间外交的理论提供了什么样的启示。这提示了学科未来研究的方向。

第二章

新时代的民间外交

一、民间外交的概念辨析

1. 新时代民间外交的提出

2014年5月,中国国家主席习近平出席中国人民对外友好协会成立60周年纪念活动。他在讲话中提到了联合国教科文组织大楼前的一句话:"战争起源于人之思想,故务须于人之思想中筑起保卫和平之屏障。"习近平说,这句话揭示了一个真理,就是维护世界和平也好,促进各国共同发展也好,关键是要让各国人民充分认识和平与发展对人类的意义。因此,我们必须大力加强文明交流互鉴,而民间外交则是推进文明交流互鉴最深厚的力量[①]。

这不是中国的最高领导人第一次阐述民间外交的意义。2012年5月,习近平就参加过中国人民对外友好协会的会议,指出新世纪新阶段,民间外交的任务更加繁重、作用更加突出、舞台更加广阔。党和国家会一如既往地支持民间外交的发展[②]。

习近平的讲话"明确了新时期民间外交的地位、作用和努力方向,重申了中国走和平发展道路的一贯主张和坚定决心"[③]。虽然中国领导人和权威官方文件从来没有指明民间外交的概念内涵,但从习近平的讲话中我们也可以看到,民间外交在新时期中国的外交蓝图中,具有一些显著的特征。

第一是中国的民间外交与社会组织有密切的联系。习近平两次对民间外交进行系统的阐释,都是在出席中国人民对外友好协会的会议上。在此以外,在习近平本人讲话和中央政府的会议文件中,虽然多次提到过"民

---

① 习近平. 在中国国际友好大会暨中国人民对外友好协会成立60周年纪念活动上的讲话 [EB/OL]. (2014-05-15). http://www.xinhuanet.com//politics/2014-05/15/c_1110712488.htm.
② 林凌. 习近平:民间外交的舞台将更加广阔 [EB/OL]. (2012-05-15). http://news.cri.cn/gb/27824/2012/05/15/2225s3684215.htm.
③ 李小林. 谱写民间外交事业的新篇章——学习习近平主席关于民间外交的重要讲话 [J]. 求是, 2014 (15): 55-57.

间外交",但没有像这两次讲话一样进行过专门和详尽的阐述①。这意味着社会组织在民间外交中担任着关键的角色②。

第二是民间外交和公共外交、城市外交有着密切的联系。习近平在两次讲话中,都把这三者并列。他不仅要求中国人民对外友好协会在这三个方面都要发挥重要作用,还在2014年的讲话中对这三者都分别提出了要求:"民间外交应该发挥优势作用,开拓更多交流渠道,创建更多合作平台,引导国外机构和优秀人才以各种方式参与中国现代化建设。要大力开展中国国际友好城市工作,促进中外地方政府交流,推动实现资源共享、优势互补、合作共赢。要重视公共外交,广泛参加国际非政府组织的活动,传播好中国声音,讲好中国故事,向世界展现一个真实的中国、立体的中国、全面的中国。"③

第三是中国民间外交的目标是服务于世界和平和发展事业。要实现"让各国人民充分认识到和平与发展事业对人类的意义",民间外交应该采取的途径包括"多领域、多渠道、多层次开展民间对外友好交流,广交朋友、广结善缘。要以诚感人、以心暖人、以情动人,拉近中外人民距离,使彼此更友善、更亲近、更认同、更支持,特别是要做好中外青少年交流,培养人民友好事业接班人"④。

但是,对于开展和研究民间外交的人来说,在这几个方向上仍然有很多尚待解答的疑惑。民间外交到底是什么?如果简单地"望文生义"的话,"民间外交"看起来应该是"人民"或"民众"之间的交往。除了社会组织以外,民众个人,包括旅游者,商务人士、留学生等在民间外交中发挥什

---

① 习近平曾强调:"要着力加强对周边国家的宣传工作、公共外交、民间外交、人文交流,巩固和扩大我国同周边国家关系长远发展的社会和民意基础。关系亲不亲,关键在民心。要全方位推进人文交流,深入开展旅游、科教、地方合作等友好交往,广交朋友,广结善缘。要对外介绍好我国的内外方针政策,讲好中国故事,传播好中国声音,把中国梦同周边各国人民过上美好生活的愿望、同地区发展前景对接起来,让命运共同体意识在周边国家落地生根。"参见:央视网.习近平在周边外交工作座谈会议上发表重要讲话[EB/OL].(2013-10-25). http://news.cntv.cn/2013/10/25/ARTI1382712117095880.shtml.
② 林凌.习近平:民间外交的舞台将更加广阔[EB/OL].(2012-05-15). http://news.cri.cn/gb/27824/2012/05/15/2225s3684215.htm.
③ 习近平.在中国国际友好大会暨中国人民对外友好协会成立60周年纪念活动上的讲话[EB/OL].(2014-05-15). http://www.xinhuanet.com//politics/2014-05/15/c_1110712488.htm.
④ 习近平.在中国国际友好大会暨中国人民对外友好协会成立60周年纪念活动上的讲话[EB/OL].(2014-05-15). http://www.xinhuanet.com//politics/2014-05/15/c_1110712488.htm.

么样的作用？营利性机构，比如企业也可以发挥作用吗？地方政府、半官方机构等既不是"政府外交"的主体，也不属于"民间"机构，在民间外交中是什么角色？上述这些主体的国际交往都有可能促进人民之间的了解、增进人民的感情，但似乎并不全都属于一般说的"外交"的范畴。

把我们的思考延伸到理论层面，更普遍的疑问是：公共外交和民间外交这两个概念都在中国最权威的政治表述中出现，这二者有什么区别？如果两者都是"外交"的一部分的话，应该在什么层面上服务于国家的利益和战略需要？是不是像国外一些人揣测的那样，也会服务于中国特殊的国家利益，比如对别的国家进行"文化入侵"和"渗透"？

厘清这些问题，才能理解中国民间外交的新变化。中国民间外交正在进入新时代，这也是中国社会组织"走出去"参与全球治理背后最主要的政策推力。

2. "公民外交"

要谈民间外交，就不得不从西方近代的外交理论创新说起。在国际上，civil diplomacy、people diplomacy、civilian diplomacy 被不同国家、在不同的语境中使用①。但在美国，与民间外交最为对应的概念是 citizen diplomacy②。如果准确地直译的话，应该翻译为"公民外交"。早在1949年，美国的最权威政治学刊物之一《美国政治科学评论》（*American Political Science Review*）发表的一篇文章，就提出了公民外交的概念③。从此以后，这个概念经常在美国的权威的政治语境中出现。美国国务院网站上有专门网页介绍公民外交。2014年3月，当时的美国总统夫人米歇尔·奥巴马在北京大学的演讲中，也提倡和鼓吹了"公民外交"的时代④。"9·11"事件以后，美国的一些民间组织还发起了公民外交运动，以改善美国在全世界的形象。

---

① 张胜军. 新世纪中国民间外交研究：问题、理论和意义[J]. 国际观察，2008（5）：14.
② Citizen diplomacy 直译为中文是"公民外交"或者"市民外交"。但在中文中较少使用这两个词语。而中文的"民间外交"直译为英文是"people to people diplomacy"。但在英文中，也较少使用这个短语。
③ James M. International Affairs: Citizen Diplomacy[J]. The American Political Science Review, 1949, 43（1）: 83-90.
④ 熊争艳. 美国总统奥巴马夫人米歇尔在北京大学演讲[EB/OL].（2014-03-22）. http://politics.people.com.cn/n/2014/0322/c70731-24709083.html.

美国的公民外交概念有以下几方面的显著特征：

首先，从目标上来看，美国公民外交强调民间交往对外交和国际关系的重要作用。美国国务院网站对公民外交的解释是：公民外交是一种概念，即个人可以通过"每一次握手"帮助塑造美国的对外关系①。美国强调，在前所未有的、相互关联的世界中，全世界的个人都有及时分享信息和想法的能力，一起努力解决共同的挑战②。

其次，从方式上来看，美国的公民外交强调要向民众赋予权力，建立个人和集体的全球表达能力（global fluency），从而创造商业机会、贡献和平与稳定、在解决全球问题上发挥领导力。为此，公民应当在国际活动中，建立代表国家的自觉意识。对于普通公民来说，"在海外旅行中，你就像一个外交官。你代表你的国家。你的行为和交流影响了别人对你的祖国的印象"③。

最后，从主体上来看，民众承担着公民外交的责任。美国国务院网站明确提出，"公民外交官"可以是学生、教师、运动员、艺术家、商人、人道主义人士、冒险家和游客。他们积极地渴望在有意义的、互利的对话中与世界其他地方进行接触④。

可以看出，美国的公民外交无论从字面概念上，还是从内涵上，都与中国所说的"民间外交"基本对应。Citizen diplomacy 直译为中文是"公民外交"，但在中文中较少使用这个词语。而中文的"民间外交"直译为英文是"people to people diplomacy"。但在英文中，也较少使用这个短语。

---

① "Citizen diplomacy is the concept that the individual has the right to help shape U.S. foreign relations one handshake at a time." 参见：Discover Diplomacy. You are a Citizen Diplomat [EB/OL]. https://www.state.gov/discoverdiplomacy/references/169794.htm.

② "In an era of unprecedented interconnectivity, individuals from around the world have the ability to share information and ideas instantaneously and work together to resolve common challenges." 参见：The Center for Citizen Diplomacy. Understanding Citizen Diplomacy [EB/OL]. https://www.centerforcitizendiplomacy.org/about-us/understanding/.

③ "As contributors to a global community, every individual should understand the positive impact they can have as citizen diplomats and be empowered to act with meaning and purpose." 参见：The Center for Citizen Diplomacy. Understanding Citizen Diplomacy [EB/OL]. https://www.centerforcitizendiplomacy.org/about-us/understanding/.

④ "Citizen diplomats can be students, teachers, athletes, artists, business people, humanitarians, adventurers or tourists. They are motivated by a desire to engage with the rest of the world in a meaningful, mutually beneficial dialogue." 参见：Discover Diplomacy. You are a Citizen Diplomat [EB/OL]. https://www.state.gov/discoverdiplomacy/references/169794.htm.

如果抛开翻译的问题不谈，我们可以大致将美国的公民外交的等同于中国的民间外交。通过进一步分析美国的概念，可以帮助我们更好地理解民间外交。

3. "公共外交"

除了公民外交以外，美国政府权威机构还同时使用"公共外交"这个词。公共外交是美国国务院的一个分支系统，设有分管公共外交事务的副国务卿，下属一整套支撑的官僚体系。美国国务院既谈公民外交，又有公共外交，这证明在美国的外交布局中，这是两个相对独立的概念。这两个概念的区别和联系在绝大多数的学术研究中都没有得到充分解析。以下我们尝试辨析。

首先，在美国的话语中，公共外交比公民外交带有更强的"战略"属性，服务于重大的外交政策目标①。从20世纪60年代公共外交的概念被提出开始，就聚焦于重大和急迫的国家战略问题。当时，美国的公共外交主要服务于美苏冷战的意识形态竞争。美国新闻署是美国公共外交的主要政府管理机构。它对苏联和其他社会主义国家开展的信息传播，全部服务于争取人心、遏制和瓦解苏联的最高战略目的②。冷战结束以后，原有的战略目标不存在了，美国的公共外交随即陷入低潮。美国新闻署在20世纪90年代被裁并入国务院。"9·11"事件发生以后，美国把伊斯兰恐怖主义定位为美国最大的安全威胁。恐怖主义带有强烈的思想特征。"人心之战"又成为一个迫切的问题，美国的公共外交又重新活跃起来。可见，美国公共外交的发展历史跌宕起伏，与美国的国家战略变化是有关系的。

相比之下，美国公民外交的目标明显不同。在美国国务院的表述中，公民外交并不指向回应迫切的战略需求。对美国来说，除了具体和短期的战略目标，贡献全球共同体、相信沟通的价值、提升美国的领导力和形象，也是一种政治目标。其背后还代表着美国某种政治理念、信仰和意识形态，或者也可以说是一种长远的政治理想。应该说，自从公民外交这个概念

---

① 所谓战略，不管采用哪种定义，都有胜利、赢得、成功的目标定位在中间。"Strategy is the art of planning the best way to gain an advantage or achieve success, especially in war." 参见：https://www.collinsdictionary.com/dictionary/english/strategy.

② Nicholas C. The Cold War and the United States Information Agency: American Propaganda and Public Diplomacy, 1945-1989 [M]. Cambridge: Cambridge University Press, 2008.

1949年在学术杂志上被提出，它就继承了美国外交中的理想主义的观念：通过促进世界共同利益，也可以促进国家利益①。虽然国际共同体的发展、人类沟通理解的加深以及美国形象和领导力的提升，在短期内效果是难以评估的。但也不能因此取消这些目标和相关实践对于国家的政治价值。公民外交也应该是美国外交布局的一部分。

其次，目标的差别导致了"谁来做"的差别。美国公共外交往往是为了回应国家重大的战略需要，政府自然在公共外交中起到主导作用。与此相比，公民外交中则不特别强调政府的参与。在美国国务院，如果说公共外交是一个功能系统，而公民外交则更像是基于公共外交原则而提出的一项倡议。公共外交的拨款一部分也会用各种形式支持纯民间的公民外交活动。但公民外交范畴内的活动还有大量来自公众筹款，甚至是企业和个人的自主行为。从资源使用来看，两者有交叉，但又不完全重合。

所以，美国公共外交更接近于外交决策系统内在的一部分，在更严格的意义上属于国家和政府对外政策的公共管理行为；而公民外交则把属于社会主体和公民个体的行为，纳入政府外交关注和支持的范畴，或者说成了公共管理的对象②。因此不能说公民外交就是民间自发的行为。公民外交也是美国政府提出来的。美国政府提出公民外交的倡议，支持公民外交的教育和实践，本身也是政府公共管理行为。其中，政府直接和间接支持开展的公民外交活动，就是公共外交的一部分，在这里两者是重叠的。而政府倡导、鼓励和培养公民外交理念，提倡"人人都是公民外交官"，则是公共教育的一部分，虽然未必直接动用外交资源，但反过来也会影响美国的外交环境。

再次，"谁来做"的差别又导致了"怎么做"的差别。美国公共外交的手段一方面是国际传播，起源于冷战时期美国新闻署建立和支持的新闻机构对社会主义国家开展意识形态浓厚的宣传活动，最著名的如"美国之音""自由欧洲电台"等。这些新闻机构在冷战结束后活跃度逐渐下降。"9·11"事件以后，美国重新高度重视公共外交，针对伊斯兰国家、东南亚国家的

---

① James M. International Affairs: Citizen Diplomacy [J]. The American Political Science Review, 1949, 43（1）: 83-90.
② 这可能跟英文"diplomacy"比中文"外交"一词含义更广泛有关。在英文中，个人和组织的对外活动也可以被称为"diplomacy"。

传播活动立刻活跃起来①。另一方面，美国公共外交也包括支持所谓"面对面"的人员交往活动。这中间最突出的是由多个政府部门，包括军事部门开展的国际人力资源开发援助。这些援助让世界各国的青年、军警、记者等关键人群接受美国的培训，以起到"赢取人心"的作用。政府直接支持民间组织开展的国际交流和对外援助活动，也属于公共外交的范畴。

而公民外交的手段则要丰富得多。按照美国国务院对"公民外交官"的定义，学生、教师、运动员、艺术家、商人、人道主义人士等的国际活动都可以是公民外交的一部分，可以说无所不包。按此也可以说有体育外交、文化外交、教育外交、媒体外交、企业外交等。但是值得注意的是，其中有一些活动是美国尤为强调和看重的，包括"创造商业机会、贡献和平与稳定、在解决全球问题"的活动②。因此我推论，企业和非政府组织的国际活动是公民外交活动中的重中之重。

这样我们也可以得出结论，美国把非政府组织的国际活动视作公民外交的重要支柱，也是公共外交的支持对象。非政府组织在世界上开展和平、人权和可持续发展等事业，可以提升美国的影响力和领导力，是最重要的公民外交形式之一。非政府组织有自己的使命目标和发展方向，多数活动符合美国公民外交的要求。美国政府有时候会直接支持符合国家外交战略需要的非政府组织活动。这类支持就成了美国公共外交政策的一部分。

最后，我们还可以回到字面语义来理解民间外交和公共外交的区别。这种分析看起来更加抽象，但却非常有用，可以帮助我们更本质性地理解美国区分公共外交和公民外交的背后，为什么有一套清晰自洽的逻辑。简单地说，两者背后代表了不一样的政治意识形态。

---

① "9·11"事件后，美国国务院国际信息局的数字外联小组（Digital Outreach Team），积极开展阿拉伯语、乌尔都语、旁遮普语等宣传工作，至今已经采取了超过5万次的在线行动，旨在打击恐怖主义的宣传，以期抢占交互式环境的先机。2015年，这个部门的权限进一步拓展，可以协调其他部门的相关工作，控制了美国国务院、五角大楼、国土安全部等300多个部门的Twitter账号。参见：王维佳，翟秀凤. 美国政府是怎样输出价值观的［J］. 红旗文稿，2016（2）：33-36.

② 参见：The Center for Citizen Diplomacy. Understanding Citizen Diplomacy［EB/OL］. https://www.centerforcitizendiplomacy.org/about-us/understanding/.

从话语分析理论来说，任何的政治话语都包含了某种意识形态。政治概念发展的历史也是政治意识形态演化的历史。公民（Citizen）这个词，以及与之相关的 civil、city 等词，在洛克、霍布斯、卢梭等近代政治思想家那里，都被赋予了人从自然状态、未开化状态，向现代文明的社会状态转变的寓意①。一个公民和一个原始人、未开化的人相比，就是生活在普遍联系的社会分工和共同体（commonwealth）中的人。不管不同的思想家如何大相径庭地评价现代社会的这种关联性，这种关联就是现代市民社会的特征。所以，在英文的语义中，公民外交（Citizen diplomacy）本身带有人类普遍相连、互相影响、彼此成就的政治理念，也就是人类共同体的理念。公民外交从词源上就带有要推动更广泛的公民共同体的含义。当然，这种公民共同体并非普遍无差别的人类共同体，其中仍然包含了西方的意识形态偏好。

而从字义来说，公共（public）这个词则相对于私人（private）②。在欧洲历史上，国家未必是公共的，而可以是私人的，如欧洲专制君主所谓"朕即国家"。而在亚当·弗格森等思想家对公民社会的认识中，"公共"还包括对洛克和霍布斯"自然状态"和社会契约理论的反驳。"必须做这样的理解：人类是群居动物，时至今日依然如此。"③不是个人同意建立了国家，而是公共事务和权力始终存在于人类社会之中。因此政治不应该是个人利益的竞逐场，而应该追求实现"公共利益（public good）"。西方语境下的这种公共利益，显然不是"天下为公"的"公"，而是一定范围内国家之"公"。甚至可以说，国家利益就是公共利益。按照这样的词义，公共外交意味着现代外交也是公共事务，是属于公众、服务公众的。但这里的公众是国家的公众。公共外交也是为国家利益（公共利益）服务的政治行为。

---

① 植村邦彦. 何谓"市民"社会——基本概念的变迁史[M]. 赵平，等，译. 南京：南京大学出版社，2014.
② 张志洲. 推进中国特色民间外交理论的构建[EB/OL].（2017-05-16）. http://world.people.com.cn/n1/2017/0516/c1002-29279197.html.
③ Adam F. An Essay on the History of Civil Society[M]. Cambridge: Cambridge University Press，1995：4.

二、中国民间外交的发展

1. 中华人民共和国的人民外交

辨析了美国的概念，我们再来看看中国的相关概念。在中国没有"公民外交"的概念。"公共外交"的概念是近年来从美国借用的。"民间外交"是改革开放前后才开始经常使用的词汇①。中华人民共和国成立以来最经典的概念是"人民外交"。

从字面上看，"人民外交"似乎和美国的"公民外交"很像。但实际上如果我们细致分析人民外交的内涵和发展，会得出非常不同的结论。人民外交根源于"人民"的概念，强调外交的"人民性"。1952年4月30日，周恩来在驻外使节会议上做了名为"我们的外交方针和任务"的讲话，是对新中国外交方针的经典总结，对后世影响很深。其中"另起炉灶""一边倒""打扫干净屋子再请客"等著名的外交方针，就是在这篇讲话中系统阐述的。值得注意的是，周恩来在讲话中还阐述了外交和人民的关系，提出"外交是通过国家和国家的关系这个形式来进行的，但落脚点还是在影响和争取人民，这是辩证的"②。

国家和人民的辩证统一关系，是人民外交的意识形态基础。《中华人民共和国宪法》规定："中华人民共和国是工人阶级领导的、以工农联盟为基础的人民民主专政的社会主义国家。""中华人民共和国的一切权力属于人民。"③既然人民和国家是统一的，那么国家外交自然也就是人民外交：外交由人民政权的领导，为人民服务，也要影响和争取世界各国人民。在这个角度上，人民外交实际上更接近于公共外交的逻辑：人民政权决定了人

---

① 中华人民共和国民间外交发展的三个阶段：人民外交时期，打开了中华人民共和国与外界的联系；民间外交时期，改革开放后超越意识形态广泛缔交并为经济建设创造出良好的氛围；21世纪以来的人文外交时期，其主要任务是传播中华文化，增强中国话语权，为实现中华民族伟大复兴，构建和谐世界贡献力量。参见：苏淑民.新中国民间外交发展的三个阶段[J].人民论坛，2016（8）：136-139.
② 中共中央文献编辑委员会.周恩来选集（下卷）[M].北京：人民出版社，1984：85-92.
③ 全国人民代表大会常务委员会.中华人民共和国宪法[M].北京：中国民主法制出版社，2018.

民外交。

但是,"人民"的概念和美国"public"的概念又有重要区别。新中国政治话语中的"人民",是有阶级属性的。在国家内部,人民不是全体人,而是一部分人;在世界范围内,人民又不仅包括中国人,也包括世界人民。显然,人民描述的不是国家政治中的公共与私人的概念,而是劳动者、无产阶级、爱国者、爱好和平者等阶级概念。人民还有对立面。马克思主义认为,面对剥削阶级的压迫,世界人民团结起来,才能获得人类的解放①。中国人民和世界人民发展友好关系,符合马克思主义唯物辩证法指出的人类社会发展方向。因此,从这个角度上来说,人民外交又和美国提出的公民外交类似,是建立在某种超越国家和民族的政治观念之上的。总体来说,人民外交既有与公共外交相似的逻辑,又有与公民外交相似的理念,但与二者又都不一样,体现的是中国政治的特色。

以上是理论层面的辨析。从人民外交的实际发展历程来看,基本是在政府的主导下、围绕国家的外交战略需要进行的。人民外交在打破西方政治封锁、促进与社会主义阵营国家之间的全面友好关系和争取美苏两大阵营中的"中间地带"方面都发挥了特殊作用。

首先是服务于对西方国家的战略需要。中华人民共和国成立之初第一大紧迫需要是打破西方的封锁和围堵。在冷战的严酷国际环境下,中国面临经济封锁和战争威胁。在与多数西方国家未建交的情况下,通过非官方渠道扩展经贸关系、创造和平环境,是人民外交的最主要任务。20 世纪 50 年代初成立的中国国际贸易促进委员会、中国人民对外文化协会(对外友协的前身)、中国保卫世界和平大会等人民团体,开展人民外交的时候主要就是为了实现对西方外交的"民间先行""以民促官"。"人民外交"最脍炙人口的经典案例都是如此。例如从 20 世纪 50 年代开始推动中日经贸往来撬动中日政治关系;又例如著名的"乒乓外交",促成了中美关系的大转折。在这中间,人民外交都是外交战略的重要组成部分,甚至是由最高领导层亲自决定和策划的。

其次是对苏联、东欧社会主义国家的关系。在社会主义国家的意识形态中,"以民促官"中的民与官,既不是中国传统话语中官民之分的阶层划

---

① 马克思,恩格斯. 共产党宣言 [M]. 北京:人民出版社,2015.

分，也不是美国式的政府和公民的划分，而是建立在国家和人民的辩证统一关系基础上的：一方面，国家要采取国际通用的官方外交形式，另一方面，国家是人民的，外交也是人民的，最后要落脚到人民。官方外交和民间外交是辨证统一的。在这种情况下，人民外交可以促进国家间关系，国家间关系也会极大地影响民间往来。

这种官民一体的外交在新中国早期对社会主义国家的关系中表现更为明显。在"一边倒"的外交方针下，中国的共青团、工会、妇联等群众团体和各类文化团体也开展和社会主义阵营国家的交往。在相似的社会制度下，这些群众团体本来就是政治体制的一部分。跟对西方国家的"以民促官"不同，对社会主义国家应该说是"因官及民"。国家之间的友好带来了社会各个层面的密切往来。或者用这样的描述可以更接近于历史现实：国家和政党之间的友好，转化为整套体制系统之间相对应的密切联系。20世纪60年代以后，中苏两国关系破裂，这种下沉到社会层面的密切往来也就相应结束了。

最后我们有必要分析人民外交在对亚非拉问题上的特殊表现。中华人民共和国成立以后，中国开始支持亚非拉各国的民族独立和解放运动，开展无私的对外援助，提出要建立广泛的国际统一战线。在这中间，人民团体发挥了重要作用。对亚非拉地区的人民外交同样服务于中国的总体外交战略，那就是要在"反帝"和"反修"中间争取广大的"中间地带"，实际上是要在美苏两个超级大国的夹缝中间谋求生存和发展的空间。20世纪70年代初，新独立的发展中国家"把中国抬进联合国"，是这一外交方针取得的重大战略成果。

但对亚非拉地区的人民外交还有另外一面，那就是毛泽东、周恩来等人反复强调的"国际主义"。周恩来在谈到"外交工作的思想领导"的时候，第一条就是"坚持国际主义，反对狭隘的民族主义"[1]。从宏观上看，支持"世界革命"的外交可能"流露出冷静的民族主义和国家利益的倾向"[2]，但从微观上看，参与国际交往和对外援助的具体组织和个人，则受到了国际主义思想的热情鼓舞。中国人在援建坦赞铁路中的奉献和牺牲，如果没有超越国家和民族利益的思想所鼓舞，是很难想象的。

---

[1] 中共中央文献编辑委员会. 周恩来选集（下卷）[M]. 北京：人民出版社，1984：85-92.
[2] 吴立斌. 简论毛泽东的"世界革命"战略[J]. 福建党史月刊，2010（12）：4-7.

上述分析使我们更清楚地看到中国的"人民外交"结合了美国式的"公共外交"和"公民外交"的特征。从主要方面看，人民外交主要由人民政府主导，密切服务于中国当时外交战略的最重大需求。用陈毅的话说，"中国的人民外交，是通过政府外交和民间外交两种形式来实现的"①。但是人民外交从其思想到实践，都蕴含着中国特色的国际主义和利他主义思想，有着"增进人民之间的相互了解和友谊，也可以说是为人类和平和进步事业服务"②的目标，这为后来的人民外交的蜕变转型奠定了基础。

在当时的国际条件下，人民团体是人民外交的最主要力量。对西方国家的"以民促官"也好，对社会主义国家的全方位友好往来也好，都主要通过人民团体来执行。毛泽东、周恩来等领导人发表支持亚非拉国家解放和革命运动的宣言，也常常利用人民团体的讲台。在留学生、游客和企业之间的往来都还比较少的年代，如果说文体活动、经贸展会等国际会展活动是人民外交的特殊舞台，那么人民团体和社会组织则是人民外交的常规主力。

2. 改革开放后的转型

改革开放以后，人民外交的概念逐渐淡出。多数分析者认为这是因为中国对外意识形态敌对关系淡化③。这当然是重要的原因。但是，从更宏观方面看，如果我们认识到人民外交如美国的公共外交一样有很强的战略特征，那么其变化就首先是国家战略需要的变化导致的。

首先是安全环境的变化。就像冷战的结束为美国对苏联开展意识形态竞争的历史画上了句号，改革开放也终结了中国处在冷战夹缝中的生存危机。1972年以后，中国和西方国家恢复了正常外交关系和经贸往来，西方的对华封锁逐渐解除，中国不再需要依靠非官方手段"以民促官"发展外交关系了。与苏联和东欧社会主义国家之间的关系也从同盟关系转变为正

---

① 楚图南. 从事人民外交工作的回忆[EB/OL].（2009-10-09）. http://www.hprc.org.cn/gsyj/wjs/mjdw/200910/t20091009_32381_1.html.
② 楚图南. 从事人民外交工作的回忆[EB/OL].（2009-10-09）. http://www.hprc.org.cn/gsyj/wjs/mjdw/200910/t20091009_32381_1.html.
③ 张胜军. 民间外交的内涵与特征：以新中国的基本经验为考察[J]. 当代世界，2017（4）：16-19.
苏淑民. 新中国民间外交思想的发展及其渊源[J]. 人民论坛，2014（8）：182-184.

常的国家间关系。随着冷战走向结束，"中间地带"的政治战略定位也不复存在。这是人民外交地位下降的最大背景。

其次是外交目标的变化。改革开放以后，经济建设成为国家的中心任务。而外交要为经济建设服务，首先是通过政府间的贸易谈判，为引进外资和国际贸易创造好的经济条件。谈判作为政府间外交最经典的手段，只能是政府发挥主导作用。改革开放之后的40多年间，从与西方国家的建交和复交谈判，到和美国的最惠国待遇的谈判，从世界贸易组织的谈判再到周边自由贸易机制的建立，国际谈判始终是贯穿中国外交发展的一条主线。在国际谈判中，"以民促官"的需求下降了，"外交为民"的因素不断上升。

随着中国外交伙伴关系的扩展和深入，民间的对外友好往来却在不断扩大。以商人、留学生和游客为代表的国际人员往来不断增多，以体育、艺术和教育领域为代表的文化往来日渐频繁。在这中间，那些原本为开展人民外交而建立的人民团体如对外友协等，继续领导大量的人文交流活动，甚至连活动的方式都跟以前没有本质的变化，只不过活动的目标更加集中在为"增进人民之间的相互了解和友谊"，而不再去推动"世界人民革命""团结爱好世界和平的人民""寄希望于人民"等战略目标。从这个角度上看，人民外交也必然随着新的形势悄然演变。

3. 公共外交概念的引入

公共外交在"9·11"事件以后受到美国的再次重视，也因此被研究美国问题的中国学者注意到。他们把公共外交的概念引介到中国国内的学术讨论中[①]。很快，这些学术讨论就影响到了政府。中国外交部成立了公众外交处（很可能是对 Public Diplomacy 的早期翻译），后又改名公共外交处，并设立了公共外交办公室和公共外交战略咨询委员会。在赵启正等人的推动下，全国一些地方的政协和政府外办建立公共外交协会。外交部发起成立了中国公共外交协会。公共外交以飞快的速度进入中国的政治话语。到

---

① 唐小松，王义桅. 从"进攻"到"防御"——美国公共外交战略的角色变迁 [J]. 美国研究，2003（3）：74-86.
唐小松，王义桅. 美国公共外交研究的兴起及其对美国对外政策的反思 [J]. 世界经济与政治，2003（4）：22-27.
唐小松，王义桅. 试析美国公共外交及其局限 [J]. 现代国际关系，2003（5）：27-30.

了 2012 年，中共十八大报告写下了"扎实推进公共外交与人文交流"。公共外交成为中国最高政治纲领的一部分。

这一切必然意味着一个事实：新的战略需求出现了。一些新的国际挑战开始威胁中国核心战略利益。而为了迎接这种挑战，社会和民众层面的力量必须进一步整合中国的外交布局。

首先是中国国力的上升引起了西方国家的不适应，尤其是美国的反弹。美国和西方利用国际话语权，污损中国的国际形象，在西方民众和世界各国的舆论中，中国威胁论达到了新的高潮。2008 年奥运会成了西方媒体攻击的对象，西藏、新疆等问题由此被放到国际舆论的层面大肆炒作，威胁中国的政治安全。2011 年之后，南海、东海领土争端急剧激化，一时间，周边地区多年营造而成的经济合作友好氛围被冲淡，一些周边国家从政府到民间的反华力量上升，威胁中国的周边安全。2016 年美国大选以后，美国国内民粹主义和狭隘民族主义上升，部分美国人相信中国正在成为美国的安全威胁，支持美国政府对中国采取强硬态度[1]。从国内安全到周边安全，再到大国关系，国际民意、舆论和话语权问题开始威胁到中国最重要的安全利益[2]。

其次，从经济利益层面来看，中国与世界的经济联系已然今非昔比，中国威胁论导致中国的对外经济合作时常成为当地政治的牺牲品。在一些国家，当地政府更迭、反对派上台，中国的投资和合作项目就面临停摆的风险。特朗普担任美国总统以后，美国甚至亲自上阵，一方面对华点燃贸易战，另一方面向其他国家施加压力，联手打压中国高科技企业的贸易和投资。美国的这些政策能够顺利实施，仅仅依靠政府的强力是不可能的，而必须建立在美国国内和世界各地民众对中国存在政治误解和刻板印象的基础上。民意、舆论和话语权也越来越深刻地影响到中国已经遍布全球的国家利益。

---

[1] 《外交事务》（Foreign Affairs）杂志在 2017 年 11 月 16 日刊发评论文章《锐实力的意义：威权国家如何投射影响力》（The Meaning of Sharp Power: How Authoritarian States Project Influence），指责中国和俄罗斯利用文化和传播手段，创造对自身意识形态及国际形象有利的舆论氛围，同时削弱西方民主制度的威信。参见 https://www.foreignaffairs.com/articles/china/2017-11-16/meaning-sharp-power.

[2] 周鑫宇. 公共外交的"高政治"探讨：权力运用与利益维护[J]. 世界经济与政治，2015（2）：96-110.

最后，新时期中国外交的奋发有为受到国际舆论话语权不足的牵制。中国提出的"一带一路"倡议，本来是促进国际合作、承担大国责任、提供公共产品的重大外交举措，却遭到部分国际舆论的怀疑和抹黑，一些合作项目因此面临重重政治压力①。就连中国举办奥运会、"孔子学院"开展国际人文交流活动，也遭到一些外部舆论的抵制、攻击。可以说中国的软实力未能跟上硬实力的发展，使中国在国际上经常遭受颇为不公的对待。为此，向世界"展示真实、全面、立体的中国"被纳入最重要的政治议程②。

在这样的背景之下，"公共外交""人文交流""民间外交"重新出现在中国的政治话语中，以回应新出现的政治挑战。原有"人民外交"中所包含的丰富内涵，被分解到新的概念中，意图与时俱进、继承发扬。

"公共外交"是政府外交战略的一部分，其目的就是在新的形势下"以民促官""夯实国家间关系的社会基础"。其主要政策表现是投入各方面资源展现中国形象、发出中国声音，广义上也包含由中国政府直接开展和支持的官方援助等。这些政策围绕着中短期内中国外交的重点和战略需要。

"民间外交""人文交流"则服务于更广泛的国际共同利益和更长远的政治愿景。过去人民外交中包含着"为人类进步与和平事业"服务的思想传统。这种思想传统在今天的民间外交中很容易得到继承，转化为构建"人类命运共同体"而服务。

显然，民间外交的目标和手段都要比公共外交更广泛，有更多的利他因素和长远考量。很难想象，中国主办奥运会仅仅是为了提升中国的外交影响力。一场成功的奥运会还能促进各国人民的彼此了解和信任。城市、企业、社会组织和公民个人开展的国际活动，一般都有各自的目的，既会展现中国的形象，也促进了世界人民的友好往来。这些活动有的是国家发起的，有的是政府支持和参与的，有的是民间自发的。但这些活动，全部

---

① 《纽约时报》以"中国式新殖民主义"为题，在2017年5月4日和5月5日连续做了2篇报道。这2篇报道分别以"全天候的朋友"和"新的边疆"为主题，将中国在纳米比亚的投资和建设的做法与美国"二战"后的马歇尔计划相比较。参见：Brook L. Is China the World's New Colonial Power？[N]. New York Times，2017-05-02.
② 钟悠天. 用故事展现真实、立体、全面的中国[EB/OL].（2018-11-08）. http://www.xinhuanet.com/politics/2018-11/08/c_1123680864.htm.

既影响中国的形象和外交环境,又促进世界人民的了解和交流、推动构建人类命运共同体。说普通游客、留学生和商务人士是公共外交的主体是很有争议的,但各方面民众是民间外交的主力,这是没有问题的。

因此,我们可以得出一个结论,中国的"人民外交"传统经过改革开放以后的蜕变,在新的战略需求下发生了新的变化,就像美国的"公共外交"和"公民外交"一样,中国的"公共外交"和"民间外交"也花开两支。两者彼此交叉,在目标、手段和行为主体等方面又有一定的差异。成功的公共外交和民间外交,其结果都可以服务于国家战略。但前者是国家外交战略的内在紧密部分,而后者则同时服务于更长远的政治愿景。把这两者区分来看,既可以让政府更清晰地规划和投入政治资源,又可以动员更多的力量,同时避免政治争议。这种分化发展,也推动中国特色大国外交建立更加全方位、多层次、立体化的外交布局。

三、社会组织与新民间外交

1. 新时代民间外交的特征

我们现在可以来重新回答本章一开头提出来的争议性问题:

第一是新时代的民间外交是为了什么。与公共外交不同,民间外交不是国家短期战略需要的产物。开展民间外交的人,既有服务国家外交的意识,也有贡献世界的历史胸襟。这种政治理想是对人民外交部分思想内核的传承发展,也是当代推动构建人类命运共同体的必然要求。中华人民共和国成立以后中国外交就树立了为人类进步和和平事业服务的政治理想。这个理想目标至今没有变化。但怎样推动人类进步,如何实现世界和平,却随着不同时代的认识发生转变。有一段时间,支持世界人民的革命运动就是推动历史进步和扩大世界和平力量的手段。改革开放以后,推动各国之间的经贸往来和文化交流,就能促进各国经济相互依赖和世界和谐发展。近年来中国又提出了构建人类命运共同体的目标。新的民间外交直接服务于构建人类命运共同体的目标。

第二是新时代的民间外交谁来做。以构建人类命运共同体的目标来看，民众与世界各国密切的经济、社会和文化往来本身就是人类命运共同体内涵的一部分，这些活动的成功开展，本身也将促进人类命运共同体的巩固和发展，同时让世界了解真实、全面、立体的中国，改善中国的国际环境。因此从普通的商务人士、游客、留学生、国际志愿者，到企业、社会组织，乃至以非外交人员身份参与国际活动的地方政府官员和城市管理机构都是民间外交的实践者，即"多领域、多渠道、多层次开展民间对外友好交流，广交朋友、广结善缘"①。在这中间政府可能倡导、教育、表彰，也可能利用公共外交的资源予以直接的支持，还有可能没有明显的介入和参与。在民间外交中，过度强调政府的作用是不符合现实的。

第三是民间外交怎么做。广泛来说，通过有意识、有能力的民众和民众团体开展各个领域的国际交往，就能实现"以诚感人、以心暖人、以情动人，拉近中外人民距离，使彼此更友善、更亲近、更认同、更支持"的目标。但从中国领导人的讲话来看，中国的民间外交也有一些重点，比如青年之间的交流、城市之间的交往和群众团体之间的合作往来②。在"一带一路"倡议中，企业在实现共同发展和民心相通上也发挥重要作用。

在阐明这些问题的基础上，我们还可以分析新时代民间外交具有一些当前时代才有的新特征：

首先是多元的动力机制。无论是过去的人民外交，还是今天的公共外交，主要动力源是国家。而今天中国民间外交的动力机制开始从国家发起、社会配合，向国家和社会共同推动、互动配合的机制转变。随着人民生活水平和教育水平的提升，民众对于国际交往已经有了更开放的态度和独立的追求，"也从对外开放和国际合作中获得了实际收益"③。城市、企业和社会组织更是如此。随着中国的投资走出去，"中国威胁论""新殖民主义"等反华排华论调直接威胁企业的人员和资产安全，倒逼中国企业更深入地接触外国社会，以求获得外国民众的理解和接纳。城市和地方政府除了要

---

① 习近平. 在中国国际友好大会暨中国人民对外友好协会成立60周年纪念活动上的讲话［EB/OL］.（2014-05-15）. http://www.xinhuanet.com//politics/2014-05/15/c_1110712488.htm.
② 习近平. 在中国国际友好大会暨中国人民对外友好协会成立60周年纪念活动上的讲话［EB/OL］.（2014-05-15）. http://www.xinhuanet.com//politics/2014-05/15/c_1110712488.htm.
③ 俞新天. 论新时代中国民间外交［J］. 国际问题研究，2013（6）：40-55.

为企业出海保驾护航,还要通过国际传播来吸引外国投资和游客,一些发达的大城市甚至开始通过国际交往来全面提升城市的治理水平和发展质量。例如北京、广州、成都等多个城市都提出要建立国际交往中心。而对于内陆城市来说,"一带一路"、向西开放则打开了城市发展的新空间,这些地方参与国际活动的意愿也空前高涨。民间外交不再只是中央带领地方。地方推动中央、地方与地方联动的现象越来越多地出现。这在过去是不明显的。

其次是多元化的活动方式。在新时代的民间外交中,多边化、机制化、组织化的特征愈发明显。在北京的国际交往中心建设中,吸引国际组织总部落户北京就是一项重要目标。习近平在视察北京的讲话中还提出要建立世界高端人才聚集之都、国际活动聚集之都等[1]。广州等沿海开放城市,努力参加"世界城市与地方政府联盟"(UCLG)等多边城市国际组织的活动,争取扮演主要角色,为此全面参与人权、可持续发展、城市合作、扶贫、环保、多元文化、全球化进程中的城市管理、妇女平等、公民参与、地方政府财政等多领域的国际组织活动[2]。传统的旅游和文化的国际推广活动不但愈发的多边化、国际化,而且还向建立跨国联盟、国际组织的方向发展。

再次是交往内容也更加多元,尤其是全球治理的因素越发凸显出来。传统上民间外交主要集中在人文交流和经贸往来活动中。但到今天,城市、企业、社会组织和公民个人都更加重视对全球治理的参与。金融危机以后,西方出现逆全球化的态势,传统国际秩序受到冲击。中国开始积极承担大国责任、维护国际秩序、推动全球治理发展。为此,在人类命运共同体理念的指引下,中国联合其他国家,发展、规划和革新了多边国际机制,提出了国际合作和全球治理的新蓝图。但这些蓝图的具体实施,不可能依靠单个国家的政府直接进行,往往需要通过国际组织、发动跨国合作网络,把城市、非政府组织、企业等主体的作用发挥出来。这些因素构成了中国在国家层次推动民间外交的新动力。

---

[1] 北京市规划和自然资源委员会. 北京城市总体规划(2016年—2035年)[EB/OL].(2017-09-29). http://ghgtw.beijing.gov.cn/col/col5096/index.html.

[2] 广州市社会科学院. 广州蝉联 UCLG 联合主席城市[EB/OL].(2016-10-17). http://www.xinhuanet.com/city/2016-10/17/c_129325926.htm.

总而言之，中国民间外交就如中国的铁路交通一样，从"火车头拉车厢"的时代向"高铁动车组"时代进发。地方和民间主体有了更多自发和自主的民间外交需求。全球治理合作是推动这些需求产生的重要因素。既然中国的民间外交要向参与全球治理进军，社会组织就必然在民间外交中发挥重要的核心作用。

2. 全球治理的新任务

新时代民间外交要在全球治理上发力。在全球治理合作中，社会组织的作用尤为突出。社会组织是一个广泛且具有多层属性的概念。其中既有群团组织、枢纽型社会组织，也有专业性的、纯民间的"草根"社会组织[①]。前者是中国社会组织的主体。多种多样的群团组织、枢纽型社会组织是新中国历史、国情和体制的特殊产物，在不同历史阶段的对外工作中发挥着特殊作用。中华人民共和国成立初期，工、青、妇等群团组织是中国与体制相近的社会主义国家开展友好往来的重要主体；对外友协、贸促会等则在政府间外交关系缺位的情况下，成为与西方国家进行外交接触的特殊平台，特殊情况下甚至代替了外交部门和使馆的角色。改革开放以后，中国与世界各国建立了全方位的外交关系，社会组织的对外交往活动也逐渐转型，主要是推动文化和人员交流、专业领域的合作等。可以说，社会组织在中国各个时期的外交工作中承担了不同的历史使命，功不可没。

进入新时代，中国外交的态势与目标正在发生新的变化。民间外交在总体外交中的角色和任务应随之转变。国家对社会组织提出新的外交使命。社会组织要成为推动全球治理、实现民心相通的重要力量。传统上，社会组织在国际交往中促进民心相通，主要是通过文化交流的手段。在"一带一路"建设等新背景下，社会组织的民间外交增添了新的任务，即要实践全球治理，推动实现共同发展、共同安全。"治理"背后的实质是全方位、

---

① 枢纽型社会组织是北京、上海等多地政府近年来提出的一个概念。有学者认为，枢纽型社会组织是在同类型社会组织中发挥桥梁纽带和聚集服务功能的联合性社会组织。目前对枢纽型社会组织的认定都是政府行为，枢纽型社会组织的主体主要是党领导下的群众团体，还没有民间组织被认定为枢纽型社会组织。参见：人民网. 什么是枢纽型社会组织［EB/OL］.（2013-10-28）. http://opinion.people.com.cn/n/2013/1028/c159301-23343017.html. 而纯民间发起的志愿和慈善类的社会组织，被部分媒体和学者称为"草根"民间组织。

可持续的发展。社会组织在民间外交中要推动三方面的发展：首先是对象国的经济发展，主要由企业和发展型、援助型、扶贫型的社会组织来实现；其次是经济发展基础上的社会和政治发展，包括人权、法治、社会监督、卫生、文化、妇女、青少、残障等多方面的工作；最后是要解决经济发展带来的衍生问题和其他"后现代"问题，包括环境、贫富分化、文化冲突等方面。

社会组织在推动全球治理方面的作用不可替代。作为最成功的发展中国家之一，中国在治理上有很多经验，但在体制和道路上也有特殊性。中国的发展和治理由政府主导，依靠中国共产党的坚强领导。但在世界上大多数国家，非政府组织在治理问题上的作用很大。以美国为代表的西方国家呈现一定程度的"小政府、大社会"的特征，社会组织不管在国内和国际舞台上，都有强大的组织动员能力。而在多数发展中国家，政府管理能力相对薄弱，甚至有的国家社会呈现出一盘散沙，乃至割裂和破碎的状态。地方政权、部落组织、宗教团体等社会力量实际控制着各地。部分发展中国家社会分散破碎的状态，也给了西方非政府组织活动的沃土。西方非政府组织在一些国家和地区通过其特殊的活动，对当地政治和舆论产生了巨大影响。

因而，不管是对西方发达国家还是对发展中国家，中国要在全球治理方面发力，要推动民间外交和民心相通，都必须准备好和对方的非政府组织打交道。为此，中国的社会组织需要加强社会治理方面对外合作的能力，开展社会力量对社会力量的合作。在发展中国家的全球治理问题上，中国的社会组织如果存在感低，舞台就会让给西方的非政府组织，有可能导致国家外交处于被动局面。在联合国及其下属组织的国际会议上，中国的社会组织声音微弱，多边外交和主场外交就会失去下层支撑，中国提出的全球治理倡议无法充分有效落实。

中国社会组织和西方非政府组织在话语权方面的力量对比失衡，甚至会造成一系列国内问题。例如，西方的非政府组织到中国开展活动，我国的社会组织无法有效对接、发声、合作和制衡，就会丧失主动权，甚至会影响到社会稳定和国家安全。相反，如果中国社会组织能够有效参与和影响西方非政府组织的在华活动，那么就有利于更好地利用国际资源和治理经验，为中国的全面可持续发展服务。

总而言之，从全球治理的角度来看，社会组织在新时代的民间外交中被赋予了新的任务，具体包括以下四个方面。

一是促进国际合作。在中国国内积极参与国际非政府组织的合法活动，通过对外开展治理和民生等领域的交流合作，对内促进经济社会发展。中国社会组织正常的国家交往开展了，还可以制衡境外组织在中国国内的非法活动，维护国家安全。

二是讲好中国故事。通过参与国际非政府组织的活动，在涉我敏感问题上积极回应，讲好中国在民生、人权等领域改革发展的故事，表明中国开展"一带一路"建设、构建人类命运共同体的目标和诚意，在国外社会层面广交朋友、搭建社会关系网络、营造有利舆论局面，对"中国威胁论"等噪声、杂音形成有效牵制。

三是实践治理活动。社会组织要走出国门、发挥专长，贡献于国外的治理活动，带动其他国家全面可持续发展，用中国的治理经验和技术手段，带动当地民生、人权等领域状况的改善，配合企业在经济发展方面的作用。这些活动将更好地在社会层面上打造跨国的"利益共同体"和"命运共同体"，更好地夯实国家间关系的社会基础，实现"民心相通"。

四是参与多边外交。通过参与联合国等国际组织的活动，影响国际议程和国际规则的制定，成为多边外交的活跃主体，提升中国在全球治理领域的国际话语权和影响力。

3. 社会组织参与民间外交的挑战

通过全球治理活动促进"一带一路"的民心相通，在联合国等多边外交舞台上积极发出中国在全球治理方面的声音，是新时代民间外交赋予社会组织的新要求。在这种新要求下，中国多数社会组织还面临认识、能力、文化和体制等多方面的瓶颈。

一是需要加强思想认识。与西方非政府组织相比，中国多数社会组织的国际化道路还走在初级阶段。目前，大多数社会组织工作重心还是内向型的，国际交往主要停留在外访、接待等日常外事活动层面，主动"走出去"不多，在国外扎根、下沉、面向基层的全球治理活动更是刚刚起步。近年来，中国社会组织积极争取联合国咨商地位，在国际舞台发声。但与发达国家社会组织在国际组织和全球治理中的活跃程度比起来，还有较大差距。在中国主办的多边主场外交活动中，社会组织相比于政府、企业等的突出表现来说，声音也较微弱。与之相比，西方的非政府组织不但有超强的国际活动意识和能力，甚至还在联合国等主要国际组织实现了常驻，在对象国实现了本地化。在一些发展中国家的民生、环保、构建和平等关键领域，还基本是西方非政府组织驰骋的舞台。中国社会组织国际存在感不足，有多方面的原因。但从主观因素来看，思想认识和发展定位是要优先解决的问题。工会、共青团、妇联、残联、科协等枢纽型社会组织，应当带头树立新型的国际化目标，把眼光放到国际舞台，把人才和资源配置到海外，带着业务进驻联合国。在枢纽型社会组织的带动下，还应当鼓励和发展一批主要以国际活动为目标的专业性社会组织，积极投身相关领域的全球治理活动。近年来，随着社会组织管理改革的推进，纯民间性质的所谓"草根社会组织"发展迅猛，在政府和枢纽型社会组织的支持下，也加快走向国外基层社会，参与到全球治理的具体工作中。

二是需要提升国际交往能力。相比于民间外交的新要求，社会组织普遍面临一定程度的国际人才匮乏的问题。许多专业性社会组织在专业领域人才济济，在国际交往活动中却缺乏基本的外语人才。不少社会组织对国际形势、国际规则、国际非政府组织的活动规律了解不多，不知道怎样走出去，如何活动，跟谁对接。即便是资源实力较强、具有丰富国际交往经验的群团组织、枢纽型社会组织，在对外讲好"中国故事"、在多边舞台亮相发声等方面，能力也需要进一步提升。部分枢纽型社会组织受国内体制文化影响，走出国门以后还不能灵活转换话语体系，用国际社会听得懂、易接受的语言开展沟通交流，导致社会组织的特殊身份优势不能充分发挥，无法为政府层面的外交形成支撑。

三是专业治理能力有待进一步加强。社会组织在新时代民间外交中要担当全球治理的重要职责。全球治理包括不同的专业领域。专业能力就是社会组织参与全球治理的立身之本。西方很多国际非政府组织都是"一招鲜，吃遍天"，在某个专门领域深耕细作，最后产生巨大的影响力。依靠这种专业影响力，西方非政府组织常常为政府外交提供了特殊的支持，唱出政府和社会的外交"双簧戏"。而相比较之下，中国本身还是发展中国家，社会组织在各个领域的专业治理能力和西方相比还有不同程度的差距。同时，也要注意到，由于历史原因，中国部分社会组织不同程度地存在"机关化"的积弊。少部分人冲着"体制内""铁饭碗"而加入社会组织，缺乏专业兴趣、精神和能力。此外，社会组织作为体制内单位，在出国审批、财务管理、外事纪律等方面要符合国家的纪律要求，同全球治理专业活动的实际需要也有一个磨合和平衡问题。近年来，国家推动群团组织改革，出台各项政策支持社会组织参与全球治理活动，我国社会组织的专业能力有望加速提升，可以为全球治理活动提供更好的支撑。

在中国的体制和国情下，社会组织在开展民间外交活动中也有其独特的优势。比如相比于国际非政府组织，中国枢纽型社会组织的资金来源更稳定，在开展工作中更无后顾之忧。不用靠"拉钱""筹款"维持生存，也在另一个角度上有利于实现其权威性和公信力。中国的社会组织还背靠着国家强大的组织能力优势，背靠着中国丰富和悠久的文化资源优势，背靠着中国广阔的人才市场优势。认为西方的非政府组织在体制上天然优于中国的社会组织，这样的观点是不客观、不全面的。尽管如此，中国还是要注意加快纯民间的专业性社会组织的发展。"草根社会组织"是在社会志愿服务的基础上发展起来的，近年来呈现快速成长态势，体现了中国社会力量的壮大。"草根社会组织"具有灵活高效的优势，其志愿服务的特点也有利于汇聚和培养专业性人才。枢纽型社会组织和纯民间社会组织在民间外交中的关系，就像国有企业和私营企业在"走出去"中的关系，前者应该提携和支持后者，形成相互支持和一定程度上的良性竞争关系，促进各自优势的发挥。

民间外交应该发挥优势作用，开拓更多交流渠道，创建更多合作平台，引导国外机构和优秀人才以各种方式参与中国现代化建设。要大力开展中国国际友好城市工作，促进中外地方政府交流，推动实现资源共享、优势互补、合作共赢。要重视公共外交，广泛参加国际非政府组织的活动，传播好中国声音，讲好中国故事，向世界展现一个真实的中国、立体的中国、全面的中国。

第三章 新时代的全球治理

一、全球治理的转型

1. 全球治理进入新阶段

中国的民间外交正在进入新时代。其中，参与全球治理正在成为中国民间外交的新任务①。中国要构建人类命运共同体、建设"持久和平、普遍安全、共同繁荣、开放包容、清洁美丽的世界"②，中国的社会组织就要在世界的建设和平、减贫、环保、人权等全球治理的主要方面发挥作用。这意味着，社会组织和从事民间外交的机构不仅要开展一般性质的文化和经济交往，还要融入和贡献于全球治理活动，服务于人类命运共同体和"一带一路"建设，践行中国的国际责任③。

有趣的是，全球治理也在进入新时代。2015 年，联合国发布《变革我们的世界：2030 年可持续发展议程》，提出了 2030 年之前人类要共同实现的 17 个可持续发展目标和 169 个具体目标④，这一议程得到世界各国的普遍认同和支持，包括中国在内的国家也相应发布了落实《2030 年可持续发展议程》的国别规划、进展报告等⑤，从理念和政策等层面与联合国提出的纲领相呼应。这从最权威层面宣告：全球治理开始了新航程。

历史的安排充满巧合：就在中国民间外交要向全球治理进军的同时，全球治理也在欢迎新的水手。

对于中国的社会组织来说，既在新时代民间外交的大旗之下，又要登上新全球治理的大船，有必要更清楚地了解什么是全球治理，尤其是把握

---

① 俞新天. 论新时代中国民间外交［J］. 国际问题研究，2013（6）：40-55.
周鑫宇. 全球治理视角下中国民间外交的新动向［J］. 当代世界，2018（5）：32-35.
② 习近平. 决胜全面建成小康社会 夺取新时代中国特色社会主义伟大胜利——在中国共产党第十九次全国代表大会上的报告［M］. 北京：人民出版社，2017：58.
③ 中国共产党新闻网. 习近平：坚定不移走和平发展道路 坚定不移促进世界和平与发展［EB/OL］.（2013-03-19）. http://cpc.people.com.cn/n/2013/0319/c64094-20842963.html.
④ United Nations. Transforming our World：The 2030 Agenda for Sustainable Development［EB/OL］. https://sustainabledevelopment.un.org/post2015/ transformingourworld/publication.
⑤ 参见：https://www.fmprc.gov.cn/web/ziliao_674904/zt_674979/dnzt_674981/qtzt/2030kcxfzyc_686343/.

全球治理的新特征。实际上，在联合国《2030 年可持续发展议程》的新方向上，联合国的全球治理思维和中国的全球治理观点相比以前更加接近，这也给中国的社会组织创造了有利的新国际环境。

2. 全球治理的困境

全球治理是冷战结束以后兴起的概念。1989 年，世界银行首次使用"治理危机"一词，并于 1992 年发布了《治理与发展年度报告》。联合国有关机构于 1992 年成立全球治理委员会，创办《全球治理》杂志。1995 年，在联合国成立 50 周年之际，全球治理委员会发表题为"天涯若比邻"的报告[1]。联合国全球治理委员会认为："治理是各种各样的个人、团体——公共的或个人的——处理其共同事务的总和。这是一个持续的过程，通过这过程，各种相互冲突和不同的利益可望得到调和，并采取合作行动。这个过程包括授予公认的团体或权力机关强制执行的权力，以及达成得到人民或团体同意或者认为符合他们的利益的协议。"[2]

但实际上，全球治理的实践伴随着全球化的发展早已出现。可以说，全球治理是全球化给人类社会治理带来的机会和挑战[3]。如果我们回到本书一开始提到的那个故事中，泰国的少年被困于洪水淹没的洞穴，找到他们的是来自英国的两位民间洞穴潜水专家。当危机发生的时候，能够解决问题的关键人才可能远在地球的另一边。在全球化的时代，这些关键人物能够在几小时内获得信息，在一天之内赶到现场。今天我们面对的问题，可以在全球范围内获取资源来解决，这在"司马光砸缸"的时代是不可想象的。

全球化给社会治理带来的挑战也是过去时代不可想象的，当埃博拉病毒在西部非洲爆发的时候，我们既看到世界各国的医疗队和志愿者涌向灾区，也要面对大量的灾民涌向边界，疫情甚至通过现代交通工具很快向地球另一边的角落传播。

受到全球化的影响，全球治理面临几个方面的困境：

---

[1] 杨丽，丁开杰. 全球治理与国际组织[M]. 北京：中央编译出版社，2017.
[2] 卡尔松，兰法儿. 天涯成比邻——全球治理委员会的报告[M]. 赵仲强，等，译. 北京：中国对外翻译出版公司，1995：2.
[3] 陈家刚. 全球治理：概念与理论[M]. 北京：中央编译出版社，2017.

首先，全球化意味着跨越国界的活动，那么全球治理就必须依赖国家之间的合作。这种合作有时是最基本的信息共享，有时是在管理商品、人员和信息跨国流动方面达成契约，也有可能是建立专门的国际组织和制度来管理专门的问题。

这就造成了全球治理的第一个困境，那就是国际关系的困境。全球治理有赖于国家间的合作，其发展就要受到国际关系的制约。在20世纪中叶之前，国际关系本身甚至就是最大的全球性问题。两次世界大战以悲剧的方式改变了人们对世界政治的看法。在这之前，欧洲列强以狂热的民族主义支持国家"争取国际生存空间"；在这之后，人们更加期待国家之间的稳定合作和世界和平。各个国家政府开始认识到采取联合的、共同的行动，通过具备一定约束力的国际规则或是各种非正式的磋商与约定，以避免全球体系内的危机和动荡、维护全球性公共利益的必要性。

1945年联合国的建立，一时间人们相信"一种解决国际治理问题的政府间机制（intergovernmental mechanism）终将成为现实"①。但是联合国的建立只是抓住了第二次世界大战后国际关系的美好间隙。很快，世界格局就进入了美苏争霸的时代。全球治理在美苏争霸体系下实则成了一种局部的跨国治理。在这个体系中，实际上只有部分国家参与全球治理，只有部分问题领域被纳入全球治理，霸权国家在规则制定、资源分配等方面占据主导地位。联合国甚至沦为两个超级大国争霸的舞台。在这一时期，布雷顿森林体系解体，石油危机爆发，美国经济影响力削弱。而随着西欧、日本的重新崛起和第三世界国家对传统格局的不断挑战，全球危机接踵而至，传统格局已经无法再适应新兴主体的参与需要，国际事务处理亟须新的国际机制。

发达国家开始探索不受苏联制约的、更加协调一致的全球治理机制，七国集团（G7）应运而生。20世纪80年代末开始，七国集团通过扩大成员、增设议程和深化机制等方式深度介入全球治理活动②。欧共体、东盟等地区性国际机制的发展，也为区域治理创建了新的平台。总体来说，全球治理逐渐向制度化、民主化、超国家化演变。但在冷战时代，这种演变的过程并不是一帆风顺的，具有鲜明的时代特征。

---

① 扬. 世界事务中的治理[M]. 陈玉刚, 薄燕, 译. 上海：上海人民出版社, 2007：1.
② 门洪华. 应对全球治理危机与变革的中国方略[J]. 中国社会科学, 2017（10）：36.

冷战结束以后，美苏争霸的国际格局结束了，西方国家的学者一度对联合国寄予厚望。但很快，联合国在处理卢旺达、索马里、巴勒斯坦和以色列问题上暴露出来的低效和无能让人们大失所望。美国和北约、欧盟等国际组织都在试图绕过联合国在全球问题上发挥主导作用。虽然和平发展已经成了世界的主题，冷战的遗产和大国的单边主义仍然在发挥影响，全球治理依然受到国际关系的重重制约。

全球治理的第二个困境在国际组织内部，即机制困境。全球治理怎样超越不完美的国际关系格局的制约？怎样避免不同的国际机制之间出现面条碗效应？怎样避免全球治理专门机构变得低效、臃肿和腐败？怎样协调国家、国际组织、国际非政府组织等不同的主体在全球治理中的角色？这是联合国在冷战结束以后始终在思考的问题。联合国试图通过机构改革来强化自己的作用。以中国为代表的发展中大国的群体性崛起，也进一步把联合国改革推上日程。

与此同时，一些学者提出了"没有政府的治理（governance without government）"①。全球治理的发展可以是渐进式的，不一定需要的政府间协议的完美顶层设计，也不一定依靠臃肿和低效的专门国际机构。最有效的方式是非政府组织和专门机构零碎的、针对具体问题的活动②。这与20世纪90年代的爆发的"结社革命""第三部门的兴起"交相辉映③。

联合国和国际非政府组织加强在全球治理问题上的行动力也带来了观念上的争议。例如著名的主权与人权之争。国际组织要在一个陷入危机的国家履行"保护的责任"，可以在多大程度上介入该国的主权④？又例如非政府组织只强调某一个领域，它们的意见有代表性和可行性吗？非政府组织如何对它们所发起的行动负责⑤？美国等西方国家在冷战后经常假借联

---

① Cambridge Studies in International Relations. Governance without Government: Order and Change in World Politics [M]. Cambridge: Cambridge University Press, 1992.
② 扬. 世界事务中的治理 [M]. 陈玉刚，薄燕，译. 上海：上海人民出版社，2007: 2.
③ 杨和焰. 全球结社革命的现实背景分析及其对发展中国家的启示 [J]. 理论与改革，2004(3): 30-33.
④ 赵洲. "保护的责任"的规范属性及其所塑造的治理结构 [J]. 南京社会科学，2016 (2): 98-106.
　赵洲. 保护责任的核心原则、要素在全球治理中的共生与普适 [J]. 广西社会科学，2012(11): 69-73.
⑤ Vivien C. Non-Governmental Organizations, Power and Legitimacy in International Society [J]. Review of International Studies, 2006, 32 (3): 453.

合国的人权行动，实现本国的战略目标，很多非政府组织也被认为是颜色革命的推手。如果全球治理的体制不调整，它的功能就会被大国的权力所扭曲，甚至造成对国际组织的信任危机。

最后，全球治理还面临目标统筹上困境。"全球治理"作为一个冷战结束前后才提出的概念，逐渐包含了越来越多的内涵。从联合国诞生之初，和平安全问题就是全球治理的最主要议题。冷战的结束降低了大国之间战争的风险。然而，在美苏两极格局下受到压制的种族冲突、民族冲突和地区国际冲突却像打开了潘多拉的魔盒，此起彼伏。饥饿、疾病、环境保护等传统的可持续发展问题在新的通信和交通条件下变得更加棘手，网络安全、气候变暖、恐怖主义等新的问题又出现。人权从一个国内治理概念变为了全球治理概念，引发了巨大的争议。全球治理的领域变得越来越广，责任越来越大，这些目标之间是什么关系？如何统筹地实现它？如果这些领域是相互关联的，如何对工作效果做出综合的而不是单一方面的评估？这些问题都摆在了联合国的面前，呼唤着新的治理议程的出台。

为了应对全球治理的挑战，2000年，时任联合国秘书长的科菲·安南在联合国千年首脑会议暨第55届联合国大会上的报告曾全面阐述全球治理的新方案，并发布了《千年宣言》[①]。以《千年宣言》为指导制定的《千年发展目标》（Millennium Development Goals），量化各领域的全球治理目标并设置了目标完成的截止时间，以集中全球力量来解决减贫等关键问题。2001年联合国提出经过细化的八项具体的、以发展与消除极端贫困为核心的、可衡量的千年发展目标[②]。2002年在南非约翰内斯堡召开的联合国"可持续发展问题"世界首脑会议[③]、在墨西哥召开的蒙特雷国际会议[④]，以及2005年纽约联合国首脑会议[⑤]，进一步丰富了千年发展目标的内容，为发展筹资问题寻求了解决途径。各成员国共同决定在2006年之前制定出各自实现千年发

---

① Millennium Declaration. Millennium Summit of the United Nations [EB/OL]. (2000-09-08). http://www.un.org/en/development/devagenda/millennium.shtml.
② UNDP. Millennium Development Goals [EB/OL]. https://www.undp.org/content/undp/en/home/sdgoverview/mdg_goals.html.
③ 参见联合国第 A/C.2/57/L.83 号文件，http://www.un.org/ga/search/view_doc.asp?symbol=A/C.2/57/L.83&Lang=E.
④ 参见联合国《发展筹资问题国际会议蒙特雷共识》，http://www.un.org/en/development/desa/population/migration/generalassembly/docs/globalcompact/A_CONF.198_11.pdf.
⑤ 参见联合国第 A/RES/60/1 号文件，http://www.un.org/en/ga/search/view_doc.asp?symbol=A/RES/60/1.

展目标的国家战略，千年发展目标得以从全球层面延伸至国家层面①。

2005年开始，联合国每年都会根据全球范围内各个国家和地区关于目标的落实情况进行调查并发布《千年发展目标报告》《千年发展目标进度表》《秘书长报告》以及地区性的《非洲与千年发展目标》等一系列报告来追踪目标完成进度②。千年发展目标动员了更多的发达国家对发展中国家的官方发展援助。这对发展中国家完成千年发展目标产生了相当积极的影响，发展中国家参与完成千年发展目标的能力和积极性也显著提高。此外，联合国和众多非政府组织的积极推动和帮助，也为千年发展目标的实现贡献了重要力量③。

2015年是"千年发展目标"的到期年份，由于治理机制的缺陷、目标管理的不到位等多种原因，多项千年发展目标没有按时完成，八项目标的落实程度也严重不平衡。尽管联合国自2005年以后连续发布系列报告以追踪落实进度，各国也的确承诺将推进千年发展目标的落实，但在执行过程中仍有大量缺陷暴露出来，其中最主要体现在两个方面：一是千年发展目标没有充分考虑到各国国情的差异，期待所有国家运用同一目标和量化标准，但众多内陆国家、小岛屿发展中国家以及最不发达国家和地区并没有相应的能力真正施行和落实④，无法实现千年发展目标。二是联合国的追踪报告及各国承诺均不具有法律效力，缺乏强制性，执行手段也不具有约束力，因此承诺兑现存在着高度不确定性。而因集中精力于减贫问题，其他目标遭到不同程度的忽视，如目标七（确保环境的可持续能力）和目标八（建立促进发展的全球伙伴关系）的部分具体目标甚至出现了恶化⑤；地区间的千年发展目标落实情况也存在很大差距⑥。

---

① 叶江，崔文星. 联合国千年发展目标实绩评析——兼谈后2015全球发展议程的争论［J］. 上海行政学院学报，2014（2）：28.
② 参见联合国官方网站收录的各年《千年发展目标报告》，http://www.un.org/zh/millenniumgoals/reports.shtml.
③ UNDP. The Millennium Development Goals Report 2015［EB/OL］. http://www.cn.undp.org/content/china/en/home/ library/mdg/mdg-report-2015.html.
④ "一项世界银行的研究显示，155个国家中约有一半缺少足够的数据来监测贫困，因此，这些国家中最贫穷的人常常是隐形的。2002年至2011年的十年间，多达57个国家（37%）没有贫困率数字或仅有一个估计数。撒哈拉以南的非洲是贫困最严重的地区，那里有61%的国家没有足够的数据来监测贫困趋势。"联合国《2015年千年发展目标报告》第10页.
⑤ 黄梅波，吴仪君. 2030年可持续发展议程与国际发展治理中的中国角色［J］. 国际展望，2016（8）：21.
⑥ "全世界的穷人仍主要集中在一些地区。2011年，全世界极端贫困的10亿人中，有近60%都居住在5个国家内。"联合国《2015年千年发展目标报告》第2页.

3. 新议程的提出

基于千年发展目标的成绩与不足，国际社会试图进一步升级发展议程和相应的治理架构。2015年9月联合国发展峰会通过的《2030年可持续发展议程》，以过去15年来变化的国际政治经济格局为背景进行调整，提供一个更符合当下及未来国际发展态势的全球治理框架。《2030年可持续发展议程》的制定过程体现出延续性与进步性并存、整体与部分兼顾的特点。

2012年，国际可持续发展峰会（The United Nations Conference on Sustainable Development）即"里约+20"（Rio+20）峰会在巴西里约热内卢召开。会议通过的成果文件《我们憧憬的未来》（*The Future We Want*）成了制定《2030年可持续发展议程》的重要参照。《2030年可持续发展议程》正是以1992年的可持续发展议程和2000年的千年发展目标为基础①，并根据当下国际环境进行相应调整，同时也对千年发展目标的缺陷和不足进行弥补，实现了对其的超越。

在2015年9月第70届联合国大会上，国际社会围绕可持续发展目标对国际发展治理进行一系列改革，并于9月25日制定了从2016年1月1日开始到2030年结束的会议成果文件——《改变我们的世界：2030年可持续发展议程》（第70/1号决议）。相比之下，《2030年可持续发展议程》将可持续发展目标增加到了17个，这些目标以"5P"原则②为核心，作为一个不可分割的整体，同时兼顾可持续发展的三个方面：经济、社会和环境，并被细化为169个具体目标。

《2030年可持续发展议程》有以下三点与千年发展目标存在显著不同。首先，千年发展目标的核心是减贫，重点是满足最贫穷和落后人群的基本需要，和提高他们的福祉；而随着千年发展目标中目标1（减少极端贫困和饥饿）的完成，《2030年可持续发展议程》转向强调"绝不让任何一个人掉队"③的可持续发展道路。其次，千年发展目标围绕减贫展开，而为

---

① UN. The Future We Want [EB/OL]. http://www.un.org/disabilities/documents/rio20_outcome_document_complete.pdf.
② "5P"原则：People（人类）、Planet（地球）、Prosperity（繁荣）、Peace（和平）、Partnership（伙伴关系）。参见：UN. Transforming our world: the 2030 Agenda for Sustainable Development [EB/OL]. https://sustainabledevelopment.un.org/post2015/transformingourworld.
③ 联合国大会第A/RES/70/1号决议《改变我们的世界：2030年可持续发展议程》第1页。

了实现减贫的传统经济发展模式常常忽略环境保护，过度消耗自然资源，与可持续发展背道而驰；因此，《2030年可持续发展议程》强调经济、社会和环境同步发展，强调这三者是一个不可分割的整体①。最后，千年发展目标的八个目标间关联性不大，通常是各自发展、各自推进；《2030年可持续发展议程》则在扩大覆盖面的同时，增强了对各个目标和领域之间的关联度，注重整个可持续发展目标的协调一致。

此外，尽管千年发展目标很大程度上表达了"共同但有区别的责任"的原则精神，但并未明确提及。而《2030年可持续发展议程》的整个制定过程始终坚持这一原则：无论是2013年联合国系统工作组的第二份报告还是2014年7月联合国可持续发展目标的开放工作组（Open Working Group，OWG）的成果文件中，都明确提到"共同但有区别的责任"原则②。

可以说，随着《2030年可持续发展议程》的颁布，全球治理也进入了新时代。

二、新时代全球治理的特征

1.《2030年可持续发展议程》中的新思路

联合国《2030年可持续发展议程》的颁布，在可持续发展领域提出了"今后15年的全球行动议程"，也是"21世纪人类和地球的章程"③。沿着这一思路，联合国近年来加大改革力度。尤其是在新任联合国秘书长安东尼奥·古特雷斯2017年上任后，联合国各领域的全球治理工作都沿着《2030年可持续发展议程》提出的思路，呈现出新的特征，包括：

第一，强调治理目标的关联性。在联合国《2030年可持续发展议程》

---

① 国新网. 中国落实2030年可持续发展议程《方案》政策解读[EB/OL]. http://www.scio.gov.cn/34473/34515/Document/1536557/1536557.htm.
② 叶江."共同但有区别的责任"原则及对2015年后议程的影响[J]. 国际问题研究，2015（5）：19.
③ 联合国大会第A/RES/70/1决议《改变我们的世界：2030年可持续发展议程》第12页。

文本中前后5次反复强调：17项可持续发展目标和各项具体目标是"一个整体、不可分割"①。这种整体性并不只是在原则上宣示各个可持续发展目标要共同推进，更是强调其"普遍、不可分割和相互关联"的逻辑关系②。

这种关联性的思维在《2030年可持续发展议程》发布后的联合国全球治理改革中得到了明显的发扬。在秘书长联合国工作报告中，仍然强调"和平与安全、可持续发展和人权三大支柱之间的协调"，并始终秉持一种关联的思维，把联合国的各项工作融合起来看待③。可以说，在近年来联合国的主要工作文件和政策行动中，都显示出一种将全球治理各类问题混合分析、综合施策的明确倾向。在这种关联性思维下，联合国在全球治理的主要领域也提出了一些新的概念和判断。

例如，联合国《2030年可持续发展议程》中明确提出："没有和平，就没有可持续发展；没有可持续发展，就没有和平。"④在这中间，可持续发展，包括持久、包容和可持续的经济增长，对和平和人权两大支柱的支撑作用，被放到了显著的位置。

从关联性思维出发，联合国在和平问题上思路也出现了新的变化趋势。在2016年4月，联合国安理会和联合国代表大会同时通过了关于"持续性和平"决议。"持续性和平（sustaining peace）"区别于联合国过去强调的"建设和平（peacebuilding）"，强调和平与发展与人权事业有机结合。和平有助于达成人权与发展的目标，也是人权与发展得到保证后的应有产物⑤。这种思路跟联合国秘书长工作报告中强调的"和平必须是内生的"说法是一脉相承的⑥。

在人权领域，像女性、少数族裔、移民、难民等传统意义上的人权领域的问题，非常明显地被作为发展和和平问题来考虑。发展也是人权的一部分，和平是人权的前提。发展、和平和人权，联合国的三大工作领域在

---

① 联合国大会第 A/RES/70/1 决议《改变我们的世界：2030 年可持续发展议程》第 13 页。
② 联合国大会第 A/RES/70/1 决议《改变我们的世界：2030 年可持续发展议程》第 33 页。
③ 联合国《秘书长关于联合国工作的 2018 年报告》第 28 页。
④ 联合国大会第 A/RES/70/1 决议《改变我们的世界：2030 年可持续发展议程》第 9 页。
⑤ 参见：International Peace Institute. Sustaining Peace in Practice: Building on What Works [EB/OL].（2018-02-26）. https://www.ipinst.org/2018/02/sustaining-peace-in-practice-building-on-what-works.
⑥ 联合国《秘书长关于联合国工作的 2018 年报告》第 28 页。

逻辑上构成相互关联影响的矩阵。这是联合国全球治理思路上呈现出的最大特征。

第二，突出某些特殊因素的全局性作用。联合国《2030年可持续发展议程》提出的目标涉及面非常广泛。同时，这些领域相互交叉、彼此联系，一荣俱荣、一损俱损。可以说，在这种新思维下，全球治理面对的是一个高度复杂的任务网络。在有限的资源条件下，怎样抓住那些"牵一发动全身"的重点问题？对此联合国近年来也愈发呈现出新的思路。女性、青年、新技术和经济增长等问题，被赋予特殊的重要地位，作为基础型要素放置到发展、和平和人权等各项事业中加以考虑，也作为推动全局变化的"多米诺骨牌"。

在联合国当前的全球治理思路中，女性事业的地位高度突出，非常引人注目。在《2030年可持续发展议程》的文本中，"新议程"部分包括20条文字内容，对《2030年可持续发展议程》全文的主体内容进行宏观概括，地位非常重要。其中前4条主要阐述议程的起源、合法性和生效日期等，而各个治理领域的主要目标、思路则在后16条中分别做了概述。在这个异常重要、结构清晰的章节中，第3条却如此突出地宣明："实现性别平等和增强妇女儿童权能将大大促进我们实现所有目标和具体目标。如果人类中有一半人仍然不能充分享有人权和机会，就无法充分发挥人的潜能和实现可持续发展……在执行本议程过程中，必须有系统地估计性别平等因素。"①很显然，这段话不是在把妇女和性别平等作为可持续发展某一个领域的问题来加以论述，而是在论述整个可持续发展事业的关键"抓手"。而且这是在《2030年可持续发展议程》文本中唯一被明确放置到这种全局地位的议题。

《2030年可持续发展议程》颁布以来，联合国的全球治理工作也沿袭了上述思路。联合国秘书长古特雷斯所颁布的2018年联合国工作报告中，仍然开篇第一件事就提出"性别平等是重中之重"，"增强妇女权能就是增强所有人的权能"。在秘书长报告中被置于相似地位的还有青年。女性和青年的议题被放置到联合国各项事业中，从不同角度反复论及。女性和青年本身是人权领域的核心议题，在《2030年可持续发展议程》中也被视为是

---

① 联合国大会第A/RES/70/1决议《改变我们的世界：2030年可持续发展议程》第6页。

实现可持续发展的重要目标，在秘书长的报告中，被论述为实现和平的重要手段。可以看出，在联合国新的全球治理理念中，解决性别平等、青年发展等问题，就能带动解决好消除贫困、教育、就业、恐怖主义威胁、人权等一切问题。

此外，经济发展和技术进步问题在联合国的全球治理视野中也处在较为突出的地位。《2030年可持续发展议程》文本把消除贫困、消除饥饿两大发展问题放在了17项可持续发展目标的最前列。除此之外，17项目标中还有促进经济增长、就业、消费和生产、基础设施和工业化发展、城市发展等多项与经济发展问题密切相关的事务。《2030年可持续发展议程》在强调各个国家政府应共同向可持续发展投入资源时甚至明确提出："我们认识到，国内资源首先来自经济增长。"① 另外联合国也充分认识到技术给发展、和平和人权事业带来的全方位作用。一方面，技术可以促进经济增长、提升人权、维护安全；另一方面，也可能带来"阴暗面"。为此，联合国成立了"数字合作高级别领导小组""最不发达国家技术库""因特网治理论坛"等②。这些技术层面的管理活动和合作项目，也被定位于支撑全球治理领域的各方面活动。

第三，采取综合施策的解决方案。《2030年可持续发展议程》颁布之后，联合国的各项全球治理工作，开始呈现出综合施策、抓住关键的特征。以和平领域为例，联合国要实现"保持和平"，就要缔造出"内生"的和平因素。安理会第S/RES/2282号决议中认为"保持和平"是指建立一个确保社会各阶层的公民的需求能得到满足的社会的过程③。联合国与世界银行合作2018年发布的报告《和平之路》（Pathways for Peace）指出，相当一部分冲突在根本上是由社会不平等所造成的阶级间相互排斥和社会不公现象造成的。尤其是当人们感觉社会不同群体间存在不平等现象时，他们被动员起来爆发冲突的可能性高于社会真正存在不平等现象时的可能性④。

所以，持续性和平的一大工作重心就是消除各种形式的社会不平等现

---

① 联合国大会第A/RES/70/1决议《改变我们的世界：2030年可持续发展议程》第31页。
② 联合国《秘书长关于联合国工作的2018年报告》第18页。
③ 参见联合国安理会第S/RES/2282（2016）号决议第1-2页。
④ World Bank Group. Executive Summary of Pathways for Peace：Inclusive Approaches to Preventing Violent Conflict［EB/OL］. https://olc.worldbank.org/content/pathways-peace-inclusive-approaches-preventing-violent-conflict.

象，促进性别平等，鼓励创业。在冲突爆发后的地区，鼓励创业可以帮助当地产生新的工作，促进当地经济发展，尤其利于社会的长期稳定。在国际和平研究所的相关报告中，也建议联合国在今后的维和行动中，在分析冲突地区情况的同时，也要积极在当地寻找扶持一批除了有经济价值外，对促进和平也有帮助的创业项目①。在上述的思路中，和平问题包含了大量的发展、人权领域的政策，性别平等、经济增长、就业等因素被放在突出地位，维和的工作、驻地协调员的工作、国别的工作都要协调起来，没有一个领域的问题是靠简单政策和单一力量可以解决的，综合施策的思路非常明确。

2. 联合国全球治理的新结构

在《2030年可持续发展议程》提出的新目标、新思维指导下，联合国致力于建设"全球伙伴关系"，试图通过更高效的架构和机制，来保障新目标的实现。结合《2030年可持续发展议程》的文本、2018年5月31日联合国大会关于发展系统改革的决议（联合国大会第72/279号决议）、秘书长的联合国年度工作报告等文件来看，联合国的管理改革涉及的机构很多、内容也较为复杂，在此不再赘述。总体来说，如《2030年可持续发展议程》文本中所述，"恢复全球伙伴关系的活力"是联合国推动全球治理新目标的关键。而联合国推动的"全球伙伴关系框架"实际上包含着以下重要特征。

第一是强调国家的作用。尊重国家主权是联合国宪章的精神。但是在实际的工作中，国际组织、国际非政府组织和国家之间的关系，始终是全球治理中的一个争议性理论问题②。联合国《2030年可持续发展议程》中表现出一个显而易见的倾向，就是从理论上充分认可国家政府在全球治理中的关键作用，在方法上让国家承担全球治理的核心重任。

比如，《2030年可持续发展议程》一方面强调其统率性和纲领性，另一方面也承认各国的差异性和特殊性。在执行议程的方法上，提出"我们

---

① International Peace Institute. Sustaining Peace in Practice: Building on What Works [EB/OL]. (2018-02-26). https://www.ipinst.org/2018/02/sustaining-peace-in-practice-building-on-what-works.
② 王杰，张海滨，张志洲. 全球治理中的国际非政府组织[M]. 北京：北京大学出版社，2004：1-5.

会在考虑到本国实际情况、能力和发展程度的同时，依照本国的政策和优先选项，努力在国家、区域和全球各级执行本议程"，"保留国家的政策空间"。在具体议题的表述上，也处处体现出国家的作用。比如，"我们确认各国对本国经济和社会发展负有首要责任"，"国家政策和发展战略的作用无论怎样强调都不过分"，"各国议会在颁布法律、制定预算和确保有效履行承诺方面发挥重要作用"，"每一个国家可根据本国国情和有限选项，采用不同的方式、愿景、模式和手段来实现可持续发展"，就连绩效评估，也是"由各国主导，兼顾各国不同的现实情况、能力和发展水平"①。可以说，对国家主权的尊重、对国家作用的肯定、对国家责任的期待，作为一种基本精神贯穿议程设计和执行的全部环节。

第二是建立面向"前沿部署"的管理架构。国家构成了联合国"全球伙伴关系"主要基础。那么联合国要发挥的关键作用，就是推动"各国共担责任"②。为了实现这一点，联合国的机构和资源必须向各个国家、向治理前线部署。为此，联合国推出了"新一代国家工作队"改革和"驻地协调员"新机制。按照这一模式，"驻地协调员"被赋予了"封疆大吏"式的权威，对上直接向联合国秘书处负责，对下则负责统筹联合国各个专业部门在当地的力量，便于加强效率、综合施策。驻地协调员的核心任务，实际上是对接当地政府、影响当地政府，"确保根据国家发展政策、计划、优先事项和国家需求，在实地提供最佳支助组合"③。这一改革的本质，实际上是让加强前方力量的统一部署，加强秘书长对各国工作的直接联络和领导，建立"矩阵式、双重领导模式"④；同时，驻地协调员起到了联系驻地国政府与联合国各机构和本地区各区域性组织的关键性枢纽作用，在帮助驻地政府通过发展改善社会环境、提升本土治理能力从而实现持续性和平的目标方面将发挥重要力量。

根据联合国大会秘书长报告第 A/72/684-E/2018/7 号决议文件可以看出，未来联合国国别小组的工作将主要依照以下流程展开（图3-1）：

---

① 联合国大会第 A/RES/70/1 决议《改变我们的世界：2030 年可持续发展议程》第 34 页。
② 联合国《秘书长关于联合国工作的 2018 年报告》第 15 页。
③ 联合国大会秘书长报告第 A/72/684-E/2018/7 号决议《重新定位联合国发展系统以实现〈2030 年议程〉：我们对实现健康地球上的尊严、繁荣与和平的承诺》第 15 页。
④ 联合国大会第 72/279 号决议《在联合国系统发展方面业务活动四年度全面政策审查背景下重新定位联合国发展系统》第 2 页。

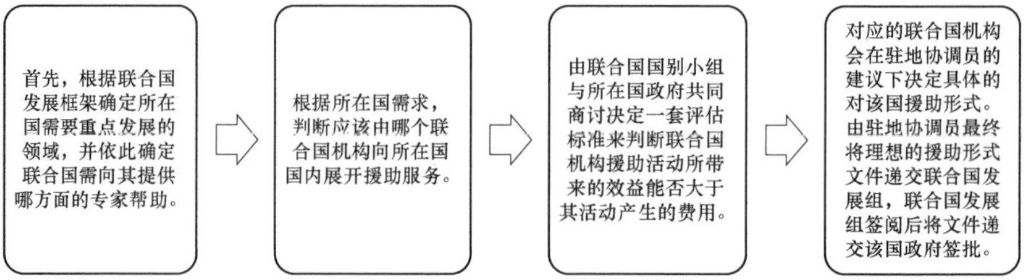

首先，根据联合国发展框架确定所在国需要重点发展的领域，并依此确定联合国需向其提供哪方面的专家帮助。 ⇒ 根据所在国需求，判断应该由哪个联合国机构向所在国内展开援助服务。 ⇒ 由联合国国别小组与所在国政府共同商讨决定一套评估标准来判断联合国机构援助活动所带来的效益能否大于其活动产生的费用。 ⇒ 对应的联合国机构会在驻地协调员的建议下决定具体的对该援助形式。由驻地协调员最终将理想的援助形式文件递交联合国发展组，联合国发展组签阅后将文件递交该国政府签批。

图 3-1　联合国国别小组工作流程

可以看出，驻地协调员的工作，实际上很大程度上围绕着国家展开，代表联合国最高权威机构推动国家层面的全球治理活动发展。为了建好驻地协调员机制，联合国对所有在主权国家内部展开的发展援助活动进行了更清晰的规定，以保证驻地协调员能够清楚地了解每个在其所在国开展的发展项目。新任驻地调查员也应与所在地区区域经济委员会和各机构、基金会、发展项目的地区办公室积极交流联络，增强自身对区域资源的了解，以帮助联合国国别小组展开活动。联合国还建立筹资机制，专门支持驻地协调员的工作①。尽管驻地协调员和国家工作队制度脱胎于可持续发展领域，并且联合国文件中也强调其工作重点"仍应是可持续发展"②，但是驻地协调员的制度在实际工作中贯穿了发展、安全和人权领域。驻地协调员还兼任人权协调员。在特殊情况下，驻地协调员还将作为副秘书长代表展开工作。通过这样的关键改革，联合国实际上要建立更加集中、更加扁平的全球治理管理框架，这一框架的重心也是为了影响国家、服务国家。

第三，重视经济资源的作用。联合国要推动各个国家实现《2030 年可持续发展议程》，除了强有力的管理机构，还需要充足的资源。在新的可持续发展议程的执行手段上，《2030 年可持续发展议程》文本中提出"我们工作的中心是制定国家主导的具有连贯性的可持续发展战略，并辅之以综合性的国家筹资框架"。国家的可持续发展战略，必须有资金支持。而国家的财力首先来源于经济增长。为此，《2030 年可持续发展议程》中提出要

---

① 联合国大会秘书长报告第 A/72/684-E/2018/7 号决议《重新定位联合国发展系统以实现〈2030 年议程〉：我们对实现健康地球上的尊严、繁荣与和平的承诺》第 18 页。
② 联合国大会秘书长报告第 A/72/684-E/2018/7 号决议：《重新定位联合国发展系统以实现〈2030 年议程〉：我们对实现健康地球上的尊严、繁荣与和平的承诺》第 15 页。

把最不发达国家的国内生产总值年增长率至少维持在7%,并详细地指明了发展高附加值和劳动密集型行业、鼓励面向中小企业的金融服务、推广旅游和地方文化产品、推动基础设施建设、加强研发和创新等经济发展和产业政策①。这些带有产业政策色彩的议程,显然代表了新兴工业化国家和发展中国家的经验。通过驻地协调员和国家工作队的新机制,联合国致力于摸清本地需求、影响政府宏观经济发展思路、汇聚和分享各方面资源,推动各国经济的持续增长。

除了国内经济发展以外,联合国强调了国际经济环境的作用,阐述了国际贸易、金融、投资、创新等活动在助力于各国的发展努力方面的作用。在当前联合国的话语中,"普遍、有章可循、开放、透明、可预测、包容、非歧视和公平的多边贸易体系""经济一体化和互联互通""发展中国家债务的长期可持续性"等不仅仅是作为一个经济概念出现的,而是以推动全球治理发展的关键手段出现的。换言之,国际贸易、金融、投资和基础设施连通,不仅是促进经济增长的手段,也是促进可持续发展、和平和人权事业全面发展的手段。而这显然不仅需要单个国家的经济发展政策,更需要国际合作,巩固和改进国际秩序。在这中间,西方发达国家的作用非常重要,但新兴大国也要发挥更大的作用。因此,在关于发展筹资问题的国际方案中,如在"亚的斯亚贝巴行动议程"中,南南合作和区域合作、双边合作一起,被联合国视作对传统南北合作的重要补充。

上述三方面构成了联合国"恢复全球伙伴关系"的关键要素。既然是"恢复",就意味着近年来"全球伙伴关系"出现了动摇或者不足。可以说,传统由西方国家主导,西方政府、企业和非政府组织所推动的全球治理发展模式,已经不能满足《2030年可持续发展议程》目标的需要。甚至可以说,在当前西方出现的内部经济困境、政治极化、社会分裂、"逆全球化"声浪高企的状态下,传统全球治理模式已经难以为继。联合国《2030年可持续发展议程》及其对全球治理的政策调整,从这个意义上来看也是对新的国际力量格局和政治挑战的回应。

---

① 联合国大会第A/RES/70/1决议《改变我们的世界:2030年可持续发展议程》第20-21页。

三、中国的机遇

1. 理念上的接近

参与全球治理是新时代中国民间外交发展的新方向。《2030 年可持续发展议程》颁布以来，联合国在全球治理方面出现了新目标、新内涵和新手段。这些新变化可能为中国开展民间外交、参与全球治理提供更有利的外部环境，主要体现在以下方面：

一方面，是在理念上更加契合。首先是关于国家主权和作用的问题。尊重国家主权和领土完整，是联合国宪章的基本精神。但在实际的全球治理活动中，由于全球治理活动要跨国开展，就始终存在着如何介入国家主权管辖领域的两难。冷战结束以来，美国和西方的力量在世界范围内取得了绝对优势，强势的干涉主义在全球治理领域一度占据上风。在类似"人权高于主权"的思潮影响下，西方动辄以安全、发展和人权等问题为理由，向其他国家政府施压，甚至不惜动用武力推翻一国政府。西方的国际非政府组织在全世界开展活动，也常常深度介入本国的政治矛盾，甚至成为政治动荡的推手。

联合国的活动也在相当程度上受到了这种思维的影响。现在看来，像海湾战争、科索沃战争、利比亚战争这样打着集体安全名义发动的战争，制造的问题比解决的问题可能更多，给当地带来了持续的动荡和人道主义灾难，与维持和平、建设和平的初衷背道而驰。国际货币基金组织、经济及社会理事会下属的发展系统国际组织、与联合国有合作的国际非政府组织所开展的某些国际援助活动，有时候会引来受援国的政治对抗，甚至政治冲突，也影响了援助的效果。此外，就更不要说西方国家超越联合国所开展的国际干涉活动了，在世界各地都引发了争议。

由于全球治理活动多多少少受到政治因素的干扰，也导致处在国际政治博弈的边缘地带，对西方没有战略价值的最不发达国家长期受到忽视。在这些最不发达国家，联合国在千年之交提出的"千年发展目标"至今未能实现,始终"掉队"。联合国《2030 年可持续发展议程》也是在这种挑战中出台的。

《2030 年可持续发展议程》颁布以后,联合国明确强调国家在全球治理中的主体作用,这代表着对西方干涉主义思路的反思,也跟中国在相关问题上的思路更加接近。长期以来,中国作为受援国在全球治理问题上始终秉持"不干涉内政"的主张,以维护国际正义和本国的主权独立。近年来中国开展中国特色大国外交,更加奋发有为地承担国际责任、贡献全球治理。但在这个过程中,中国在全球治理理念上也始终坚持尊重国家主权、重视国家和政府的关键作用。很多研究者认为,中国在开展对外援助方面,最擅长的是在不同的环境中开展政府间合作,在促进发展和治理方面取得了西方难以取得的效果[①]。

当然,近年来,中国也开始重视政府间援助合作项目进一步"落地",鼓励非政府组织和企业在援助和治理活动中发挥更大作用。对于参与民间外交的社会组织来说,走到全球治理的前线去,走到国际组织的舞台上去,也要面对不同的全球治理观念的挑战。一些西方非政府组织对中国的社会组织、企业,对中国同行怀有偏见,甚至故意排斥中国机构,最主要就是批评中国社会组织不是"纯民间的",中国机构开展的项目背后常常有政府间合作的背景。这背后还是有道路之争、理念之争。2030 年议程作为指导全球治理未来发展的纲领性文件,肯定政府在全球治理中的关键作用,也为中国的全球治理和民间外交道路"正名""打气"。中国和联合国在治理理念上的一致,也可以让中国更好地通过多边途径参与全球治理。

另一方面,在全球治理的优先事项上,联合国与中国的思路也更加契合。冷战结束以来,在可持续发展、安全和人权三大支柱中,西方国家一度把人权放到压倒性地位。比起贫困、饥饿、疾病等最急迫的议题来,西方似乎把资源和精力更愿意花费在自己关注的人权问题上,甚至为了人权问题采取武力干涉、大打出手。

联合国《2030 年可持续发展议程》综合地看待发展、安全和人权的关系。其中,联合国的各项目标对于发展问题更加强调,发展也被视作实现

---

① 戴维斯. 中国对非洲的援助政策及评价 [J]. 世界经济与政治, 2008 (9): 38-44.
张严冰,黄莺. 中国和西方在对外援助理念上的差异性辨析 [J]. 现代国际关系, 2012 (2): 41-47.

和平和人权的基础。这跟中国的一贯观点无疑不谋而合。中国一贯强调，生存权和发展权是最优先的人权[①]。这实际上是对西方偏颇人权观的回应。其背后真正的逻辑是：经济发展是促进全面可持续发展、人权和和平事业的基础。中国已经意识到经济发展不能牺牲环境、社会平等、政治廉洁和人权保障。但这不代表优先发展经济的思路是错误的。正是有了快速的经济发展，才能为推动全面可持续发展、弥补经济快速发展过程中遗留的问题提供更好的资源。这跟联合国《2030年可持续发展议程》中提出的思路是相通的。中国的社会组织和企业参与"一带一路"建设，优先目标也是经济发展和基础设施建设。这些工作能够和联合国的工作形成合力。

2. 中国优势的发挥

在联合国的治理理念和中国的发展理念相靠近的情况下，中国的优势有更大的发挥空间。与西方国家在全球治理中强调输出"公民社会"模式不同，中国无论本身的发展模式，还是对外援助的思路，都是强调在政府的引导下，企业、社会组织和公民的共同参与，综合发挥好政府政策、市场经济和社会互助等多种力量。联合国在新的全球治理思路中，将发展、安全、人权关联考虑，对经济、社会、环境综合施策，中国的发展和治理经验无疑能够做出更大的贡献。

例如，在减贫领域，中国有"要想富、先修路"的发展理念，将基础设施建设放在拉动经济发展、减少贫困的优先位置上。当前在"一带一路"倡议下，中国在基础设施建设方面的对外援助发展迅猛，但同样面临挑战和争议。基础设施建设需要投入大量经济成本，还会产生社会成本，是否值得？

从《2030年可持续发展议程》中全球治理理念来看，中国的思路无疑符合联合国新的全球治理观念，有利于推动《2030年可持续发展议程》相关目标的落实。中国发起建立的"亚洲基础设施投资银行"等多边金融机构，也可以发挥中国初步积累出的资本优势，为联合国"综合性的国家筹资框架"注入新力量。应该看到，中国近年来提出的国际倡议，西方国家漠视者有之、封堵者有之。因此，"一带一路"、互联互通、"亚投行"等举

[①] 罗豪才."2015·北京人权论坛"开幕式致辞[J].人权，2015（5）：3-5.

措之所以能得到多数国家的响应,不能简单归结为中国的国际影响力上升,而是证明中国提出的国际倡议与联合国《2030年可持续发展议程》相契合,代表了全球治理新的共识和发展方向。

又如,联合国当前高度重视妇女、青年等问题在全球治理中"牵一发动全身"的作用。中国在妇女、青年、儿童方面取得的成就有目共睹。而在全世界的女性和青年非政府组织中,像中国的妇联、共青团等一样组织严密、规模庞大、资源充足的机构是非常罕见的。中国正在进行"群团组织改革"。改革的重要目标,是增强这些群团组织联系群众、服务社会治理的能力[①]。组织机构的改革、作风和文化的改进、社会治理能力的提升,也会提升群团组织参与全球治理的能力。在联合国《2030年可持续发展议程》之下,中国的群团组织如果能够在联合国最重视的关键领域发挥更大的作用,将为中国民间外交进入全球治理的中心舞台开辟"快车道"。

3. 合作和对接渠道

联合国的机构改革有利于中国民间机构与之合作和对接。中国的社会组织和部分企业参与全球治理还处在起步阶段,开展跨国治理项目的经验尚且不足。再加上西方非政府组织短期内的怀疑、排挤,中国民间外交的道路要越走越宽,仅靠中国的社会组织自己走出去摸索,仅靠外交部门和政府间合作的支持,是远远不够的。相反,如果中国社会组织能够加入联合国的项目和治理规划,则无疑是一条捷径。以往中国社会组织参与联合国活动,多以参加国际会议、分享和探讨经验为主。这些会议在纽约或者日内瓦等西方大城市召开,离"一带一路"国家、离全球治理一线很远,多少还是感觉隔靴搔痒、项目难以落地。而社会组织要想在相关国家开展治理项目,对当地的情况又不甚了解,找不到接口。联合国不同系统在各类项目庞杂,很多项目被西方非政府组织把持,对于作为"新来者"的中国社会组织来说,要融入和参与并不容易。

随着联合国发展系统的改革,驻地协调员制度加强了联合国国别项目的管理统筹,对于中国的组织及其治理项目来说,就有了一个统一的对接入口。中国的社会组织无论是给当地联合国项目提供资源、补充力量,还

---

① 新华社. 中共中央关于加强和改进党的群团工作的意见[EB/OL]. (2015-07-09). http://www.gov.cn/xinwen/2015-07/09/content_2894833.htm.

是利用联合国资源在当地开展活动，都可以通过驻地协调员机制，较快在联合国的国家工作队找到相对应的支持系统与领域资源。这些合作使中国的社会组织可以超越原有在政府间合作框架下单打独斗的单一模式，积累参与多边合作的援助和治理经验，也使中国治理经验有机会在联合国的多边项目中发挥作用，提升中国在治理领域的软实力。

  从上述分析也可以看出，中国民间外交要完成好贡献全球治理的新任务，需要中国政府外交的进一步支持，尤其是推动在政府间合作和对外发展援助领域的深化改革。在联合国的新治理思路中，中国的理念能够得到更多的认同，中国的优势能够得到更大的发挥，但这一切都最终要转化为实际的治理项目和成效。中国政府应该进一步探索政府和民间分工合作的对外援助模式，建立便于与联合国系统对接、符合国际惯例的管理机制，综合支持民间机构的国际活动，放手让专业机构执行专门项目，鼓励中外合作的第三方援助项目等，为中国民间外交的发展提供更好的政策环境。

第四章 西方非政府组织的矛盾与挑战

一、西方国际非政府组织的传统基因

1. 宗教组织的思想传统

冷战结束以后,全球治理的兴起,给西方非政府组织的发展带来了机遇。在国家政府、政府间国际组织和市场经济部门职能所不及的地方,国际非政府组织占有了一片相对独立的空间[1],在发展援助、全球环境与气候治理、人权、和平与安全等领域发挥着重要的作用[2]。全球治理进入新阶段,作为全球治理的主导性角色之一,西方的国际非政府组织面临新的挑战。

西方非政府组织之所以能凭借全球治理的"东风"实现国际化,源于其特殊的发展历史和文化基因;其当前面临的困境,也不只是外在环境变化的结果,而受到其内在矛盾长期积累的影响。因此,我们要理解西方非政府组织在新时代的变化,有必要回顾其演变的历史和文化基因。

回溯西方非政府组织的历史演变,可以发现它们首先源于基督教传统[3]。欧洲中世纪国家行政体系名存实亡[4],国家治理缺失,力量较为薄弱,宗教教会充当着联系国家与社会的纽带,承担着一定的社会治理责任。在社会慈善服务成为国家或政府的责任前,西方的基督教会就已经在提供如教育、医疗和救济等服务。早期宗教组织活动的鲜明特征对后来西方非政府组织产生了深刻的影响。

第一个特征是因使命感而凝聚的结社传统。基督教起源于公元1世纪的古罗马帝国,当时古罗马的高压统治政策和奴隶主阶级的剥削使得社会矛盾异常尖锐。受压迫的下层犹太人起义无果后,对现实世界感到绝望从而转求于宗教,于是创造了一个救世主以拯救处于苦难中的人们[5]。可以说,早期教会是基于底层求生信念建立起来的,基督教布道者用"救世主莅临"

---

[1] 王杰,等.全球治理中的国际非政府组织[M].北京:北京大学出版社,2004:65.
[2] 杨丽,等.全球治理与国际组织[M].北京:中央编译出版社,2017.
[3] 徐以骅,等.宗教与美国社会——宗教非政府组织[M].北京:时事出版社,2008:5.
[4] 布洛克曼,霍彭布劳沃.中世纪欧洲史[M].乔修峰,卢伟,译.广州:花城出版社,2012:48.
[5] 刘家和.基督教的起源及其早期历史的演变[J].历史教学,1959(12):12-16.

这种无形的精神力量将受压迫的下层群众联结为一个整体，使新兴的基督教社团在耶路撒冷得以迅速发展和壮大。因信念而集结的教众之间讲求无私为他、关爱弱者、互相救助、不求回报的诫命。通过这种受上帝指引的神圣使命感召，教徒可以自发地在不同的地方聚集，开展志愿性的宗教活动。比如最早到达北美洲的英国移民，面对无政府管辖的尚未开发的新大陆，他们只能靠自己来满足教育、社会服务、公共安全和其他方面的需求[①]。清教徒们首先建立起的不是阶级制度，而是能够实现自治自助的宗教团体。其中马萨诸塞殖民地的教会被视为清教徒在北美最重要的"清教王国"。领袖约翰·温斯普罗鼓励清教移民通过基督之爱的纽带相互关心，组成团结互助的教会管理团体，建立一个"山巅之城"，以不辜负上帝的眷顾和恩宠[②]。在教会的组织和指导下，移民团体提供志愿服务，其中多数的服务与捐助被用于宗教发展、神学教育以及教区内的公共事业[③]。随后，这些提供服务的社团成了新大陆上学校教育、卫生保健和其他服务的主要提供者。在满足了自身需求后，北美的宗教社团开始对美洲原住民进行传教和慈善救助。今天，西方非政府组织常常为自身赋予崇高的道德使命，将自己的行动放在道德高地上，并具有较强烈的独立和自治精神，把自己定位为"社会的良心"。这跟早期基督教团体的精神遗产是不无关系的。

第二个特征是关注弱势群体的慈善精神。宗教组织的使命决定了它所开展的慈善活动具有救世济民的色彩。欧洲中世纪早期，由于缺乏有效的政府行政体系，当时救济贫民、关照鳏寡孤独废疾者这样社会弱势群体的活动主要是由教会组织的。教会接收来自富人贵族的捐赠，又用这些财富来救济贫民，在底层民众中传播自身的普世理念，树立自己的道德权威。拥有雄厚资金支撑的基督教会经常开展各种慈善活动，包括救济病人、寡妇和孤儿等，在社会再分配中发挥着关键的作用[④]。通过这样的慈善福利活动，教会既完成了救济助人的使命，又将上帝的福音传播到民众当中，发展了越来越多的信众。在北美和非洲殖民地，宗教既是推动殖民化的动力，

---

① 弗雷施曼. 基金会——美国的秘密[M]. 北京师范大学社会发展与公共政策学院社会公益研究中心, 译. 上海: 上海财经大学出版社, 2013: 16.
② David Q, Ryan A N. England's Sea Empire 1550-1642[M]. London: George Allen & Unwin, 1983: 201.
③ 徐以骅, 等. 宗教与美国社会——宗教非政府组织[M]. 北京: 时事出版社, 2008: 272.
④ 布洛克曼, 霍彭布劳沃. 中世纪欧洲史[M]. 乔修峰, 卢伟, 译. 广州: 花城出版社, 2012: 47.

也是殖民化带来的经济掠夺加以弥补。在殖民地的传教士和宗教组织看来，殖民化不是非法侵占，而更像是给予原住民救赎和帮助的一个过程①。在英国的殖民地上，慈善是基督教义务和社会责任的一种表现形式②。这种宗教慈善活动逐渐被新教徒转化成富有美国特色的志愿慈善活动，成了后来西方非政府组织活动的重要方式之一。直到今天，西方非政府组织自命要抗衡政府、大型企业等权威机构的"正义感"，也不只是来自"公民社会"的自我期许，还有很多成分根植于宗教传统之中。

  第三个特征是跨越国界的普世观念。基督教相信自己是普世的，因此基督教所衍生出的社团和慈善活动也必然是跨越国界的。从活动范围来看，众多怀揣使命的传教士东奔西走、积极传教。从文化来看，通过在语言、科学知识、行政理念等领域塑造教会文化，基督教教会在当时的影响实际上已经超越了地理、种族和文化的边界。为方便使上帝的福音"惠及"世界，当时的基督教会在仪式和行政方面统一使用拉丁语，从而使其成了一个有效运转的全球性组织，影响范围波及爱尔兰、爱沙尼亚，甚至是非洲和亚洲③。这种跨国性的宗教活动直接导致了西方的基督教文明与其他文明产生了碰撞。"上帝福音"的优越感给传教士披上了荣光也套上了枷锁，他们对慈善和知识的传播带有一种排斥其他文明的道义诉求，表现出对基督教普世情结的过分追求。在中世纪，普世理念的渗透是传教士积极传教的动力之一。然而现今，西方非政府组织在全球治理活动中也有强烈的"普世情结"。这一方面使得西方非政府组织具有强烈的国际活动的意愿，引领其成员积极参与到全球治理之中；另一方面，过分执着于西方价值的"普适性"，并不利于全球治理的本地化和多元化发展。

  今天，当代西方非政府组织即便有部分还保留着宗教色彩，但大多数已经脱离了严格意义上宗教组织的范畴。但从上述三方面来看，其活动之中仍然保留着宗教组织的传统。对于一个长期的宗教社会来说，宗教的世俗化并不意味着宗教在社会的活动中消失，它在以一种"新的、更为广泛

---

① 弗里德曼. 美国历史上的慈善组织、公益事业和公民性［M］. 徐家良，译. 上海：上海财经大学出版社，2016：19.
② 弗里德曼. 美国历史上的慈善组织、公益事业和公民性［M］. 徐家良，译. 上海：上海财经大学出版社，2016：20.
③ 弗里德曼. 美国历史上的慈善组织、公益事业和公民性［M］. 徐家良，译. 上海：上海财经大学出版社，2016：14.

的、包容的、世俗的"方式发挥着作用,成为独立于政府之外的一种社会组织力量[①]。西方非政府组织从宗教历史中继承了上述三种基因,使它可以迅速适应当代以来全球治理发展的要求,从而在过去几十年迎来蓬勃发展的黄金时期,同时也为其埋下了内在的限制和矛盾。

2. "公民社会"背后的跨国利益团体

谈到西方非政府组组织,就不能不谈到西方的公民社会理论。很多西方理论家相信,公民社会组织是20世纪最伟大的社会创新[②],而公民社会理论则是西方非政府组织活动的理论依据[③]。公民社会指介于国家和家庭或个人之间的一个社会相互作用领域及与之相关的价值或原则[④]。它在当代西方的政治意识形态中被认为是"民主""多元"社会的代表。但实际上,如果我们追溯公民社会的发展历史,它很晚才被赋予今天的意识形态色彩。直到黑格尔、马克思的时代,公民社会或者"市民社会"仍然被看作资本主义兴起以后的社会利益团体[⑤]。再往前追溯到中世纪,欧洲的同业行会就已经具备了类似的利益集团特征。工匠、帮工们为了保护经济和维护权利所自愿结合起来的团体和组织,是近代西方社会利益团体最早的雏形。

在中世纪,同业行会的所有活动都是基于所谓的"自愿结社"原则,而不是基于开放、互利、自由的基础。这个时期的同业行会具有垄断的性质,它们是建立在城市经济保护主义与排他主义的保护政策上的[⑥]。除了可以合法拒绝行业外的个人和团体从事该行业工作、保护工匠免受外来的竞争外,同业行会还严格规定会员使用同样的管理技术,规定同样的价格和工资,反对广告宣传和创新,力求做到平等,使工匠免受同行的竞争[⑦]。也就是说,参加同业行会是工匠执业的前提,服从行规是强制的要求。若工匠脱离行会,则可能失去谋生的机会。因此,欧洲新兴商业城市的多数居民都被组织在同业行会中。这些具有广大民众基础的垄断性团体为了维护

[①] 陈宝文. 国际非政府组织与国际关系 [M]. 大连:大连海事大学出版社,2016:37.
[②] 何增科. 公民社会和第三部门 [M]. 北京:社会科学文献出版社,2000:257.
[③] 杨丽,等. 全球治理与国际组织 [M]. 北京:中央编译出版社,2017:20-21.
[④] 何增科. 公民社会和第三部门 [M]. 北京:社会科学文献出版社,2000:3.
[⑤] 植村邦彦. 何谓"市民社会"——基本概念的变迁史 [M]. 赵平,等,译. 南京:南京大学出版社,2014.
[⑥] 皮朗. 中世纪欧洲经济社会史 [M]. 乐文,译. 上海:上海人民出版社,2001:173.
[⑦] 皮朗. 中世纪欧洲经济社会史 [M]. 乐文,译. 上海:上海人民出版社,2001:175-176.

自己的利益，开始要求拥有自主选派行会会长和审判员的权利。13世纪下半叶推翻寡头政治的运动，迫使政府向行会做出妥协，行会得到了市参事会中的若干席位。在一些小城市，如列日、乌得勒支和科隆等，同业行会甚至完全操纵了市参事会，成了市政府实际上的仲裁人①。在这个历史过程中，我们可以清晰看见民间结社向政治利益集团的转变。

随着国际商业的发展，城市经济被打破，如呢绒业等大制造业开始占据劳工市场，传统的小作坊式经济被打破。管理同业行会的行东成了大商业资本家剥削帮工和学徒的同伙。在这样的情况下，由于维权的利益诉求一致，在帮工之间产生了跨越数个城市的互助、互保组织，旨在维护会员的合法权益，反对同业行会中行东的剥削。行东们也使用同样的方式，在各城市之间缔结同业行会联盟，反击帮工的联合罢工②。由于资本主义商业的兴起，生产者之间的关系发生了变化，其对权利的诉求也产生了分裂，同业行会内的不同主体需要联合其他城市的同盟进行权利维护，由此产生了跨区域的活动。这种同行业、同阶层、同身份的跨国结社，是西方非政府组织后来形成发展的一大基因。

中世纪结束后，人们脱离了世俗的封建王权和基督教教会的双重统治，"人生而自由"的近代民主思想开始影响人们的社会活动③，垄断性的同业行会也逐渐退出历史的舞台。第一次工业革命后，资本主义商业全面兴起，社会生产力大大提高，自主支配的资源和自主活动空间扩大，自愿结社开始向自由结社转变，不同行业、不同地位和不同身份的人可以基于平等、互利、自由的基础组建社团，开展活动。结社自由的直接后果是在社会中形成了由公民结社组成的公共领域，"国家直接面对社会"的格局被"国家—公共组织—社会"的格局取代，国家和社会之间有了缓冲地带，提高了秩序的稳定性④。这些历史现实和启蒙运动之后的政治观念结合起来，才逐渐产生了所谓"市民社会"的理论。

由此我们可以看出，西方非政府组织在"公民社会"外壳之内，具有社会利益团体的基因。这种基因给今天的西方非政府组织带来三个方面的

---

① 皮朗.中世纪欧洲经济社会史［M］.乐文，译.上海：上海人民出版社，2001：192-193.
② 皮朗.中世纪欧洲经济社会史［M］.乐文，译.上海：上海人民出版社，2001：193-196.
③ 盛红生，等.当代国际关系的"第三者"——非政府组织问题研究［M］.北京：时事出版社，2004：9-10.
④ 刘培峰.结社自由及其限制［M］.北京：社会科学文献出版社，2007：78-82.

影响。

第一，从中世纪开始，社会的利益聚合就是跨越国界的。这跟宗教一样构成了西方非政府组织国际化的自然倾向。在今天西方的国际非政府组织中，有大量行业协会、专业联盟等都跨越地理间隔和国家的政治边界，把西方国家和前殖民地国家联系在一起。西方非政府组织只要有实力，一般就有意愿把自己的活动扩大到国际范围，并建立同行之间的联络。

第二，西方非政府组织还保留着社会利益集团的狭隘特征。且不说大量的西方基金会本身就来自私人和团体捐赠，服务于特定的行业和群体。就算是从事国际公益项目的西方非政府组织，比如环境保护、少数群体人权、反对腐败等方面的组织，也往往只关注本领域的问题，伸张自身的诉求，不顾整体利益的平衡，其激进的行为甚至经常引发争议。很多号称面向公共利益的社会组织，在政治游说活动中却被视作利益集团就不让人感到奇怪了。

第三，西方非政府组织处在国家与社会之间，其利益并不超脱，因而在政治上其实很难中立。中世纪的行会因为其发挥了社会管理作用得到了政府的承认；又因其逐渐建立起垄断的力量而遭到政府的打压。这种社会团体与政府的复杂关系，直到今天仍然可以在西方非政府组织与政府关系中看到影子。追根溯源，这种关系本是利益和权力争夺，所谓公民社会对政府权力的"反抗"很大程度上是在西方政治发展历史中所产生的"政治话语"。这不是要抹杀西方非政府组织的公益属性，而是要强调其利益团体的传统从未彻底消退。

3. 西方外交的权力工具

西方非政府组织的国际化发展与西方外交史并轨而行。西方国家的外交政策在很大程度上影响着西方国际非政府组织的全球扩展。在欧洲的殖民扩张、20世纪的两次世界大战和战后重建、冷战时期的政治对抗等不同历史时期，早期的宗教慈善组织①或后来的非政府组织都一定程度上扮演了政府对外扩张、发展和渗透的政治工具。

首先是殖民主义的精神工具。西方国际非政府组织的前身可以追溯到殖民时期趁势向外扩张的宗教组织。欧洲列强在殖民扩张的同时，基督教

---

① 多数研究者不把宗教组织归入非政府组织。

的势力范围同步跟进。1493年，即哥伦布发现美洲新大陆的翌年，教皇立即宣布新大陆为天主教统治区。随后，大量传教士随同西班牙和葡萄牙派遣的官员一起进入美洲，组建各级教会组织，共同建立新大陆上新的社会秩序。对于殖民者而言，迫使美洲土著放弃原始宗教而归化到天主教旗下，是他们可以名正言顺动用暴力去征服的绝妙理由。当时的统治者深刻认识到宗教的重要作用，因此殖民地的主教、神父、教士等重要职位，都是由西班牙和葡萄牙的国王和总督亲自任命，并获准在世俗管理机构任职，直接参与殖民统治。在中、南美洲，为了巩固殖民制度，教会强制当地原住民皈依天主教，禁止其他教派在西、葡所属殖民地登陆，并设立宗教裁判所，用以惩治被天主教视为异己的教派和巫术。此外，天主教教会还通过建立学校、医疗机构等早期慈善组织，垄断殖民地的文化教育事业，以此禁锢人们的思想，保障殖民地统治的稳固。

即便在名义上尊崇宗教信仰自由的美国，在20世纪有能力向外扩张的时候，同样选择在殖民地采取宗教管制措施。1900年后，为抹灭西班牙殖民的痕迹，迅速建立起新的殖民统治，美国政府一边向菲律宾派遣大批新教教士以分化原本忠于西班牙的菲律宾天主教教会，一边对当地天主教会的基层势力和具有民族主义倾向的独立教会进行打压和限制。但为了对抗共产主义意识形态，美国还试图将教会发展为抗衡共产主义的工具，扶持当地的一些非政府组织，以达成向基层和农村渗透的目的[①]。因此对于美国政府来说，宗教既是一种控制当地原住民的有效工具，也是开展意识形态斗争的重要武器。

其次是战后秩序重建的政治工具。两次世界大战带来前所未有的社会悲剧，增加了政府对于非政府组织活动的需求。在两次世界大战时期，由于战争导致的饥荒和灾难在全球蔓延，西方涌现了很多从事人道主义救济活动的国际非政府组织，比如美国战地服务团（American Field Service，1914年）、救助儿童会（Save The Children，1919年）、乐施会[②]（Oxfam，1942年）、世界救济组织（World Relief，1944年）、凯尔国际（CARE International，1945）、世界宣明会（World Vision，1950年）等。当时还没有全球治理的

---

① 王晓东. 菲律宾非政府组织研究：发展轨迹、企业化与倡导失灵[M]. 厦门：厦门大学出版社，2015：65-71.
② 成立之初也称牛津大学饥馑救济委员会。

概念和系统。这些国际非政府组织主要是从慈善角度出发开展救济活动，为受战争迫害的灾民运送物资和提供援助。比如1919年在英国成立的救助儿童会不顾法院的反对，突破封锁线将在英国募集到的食品送至德国孩子的手中[①]。此外，20世纪初成立的专注于发展医学、教育、科技等公共事业的私人慈善机构，如卡内基基金会（The Carnegie Foundation）、洛克菲勒基金会（The Rockefeller Foundation）等，在战争时期也参与了对灾民的救助活动。由于世界大战带来的灾难性影响前所未有，单靠国家政府的努力无法完成社会救济工作，因此政府开始承认非政府组织参与社会治理的合法性，并在济贫和难民救助等领域与国际非政府组织进行合作。如"凯尔国际"成立初期的救济活动主要是向欧洲各国发送美军剩余物资。发送完毕后，"凯尔国际"开始接受美国公司和个人捐赠的食品与物品，与其他国家的政府合作继续开展战后的救助重建工作，其救济范围也从欧洲扩大到亚洲及非洲的新独立国家[②]。

在战后秩序重建的过程中，西方国家在建立政府间国际组织的过程中，出于自身意识形态和利益的需要，赋予了非政府组织更大的国际合法性。战争期间，西方非政府组织前所未有的活跃，已经开始影响到战后秩序的设计。例如，"二战"接近尾声时，一些国际人权非政府组织敦促国际社会制止战争暴行对人权的践踏，并不断提出保护人权的各种主张，这在一定程度上促成了1948年联合国大会通过《世界人权宣言》[③]。1945年，美国邀请了42位非政府组织代表作为其代表团顾问参加《联合国宪章》起草大会。这些非政府组织代表成功地进行了游说，使《联合国宪章》第71条得以通过[④]，从而赋予了非政府组织参与联合国事务的合法地位，并将人权和教育这两个非政府组织活动最活跃的领域纳入了联合国的管理范畴[⑤]。此外，以布雷顿森林体系的建立和1949年美国总统杜鲁门提出的"第四点计

---

① 陈宝文. 国际非政府组织与国际关系[M]. 大连：大连海事大学出版社，2016：50-56.
② 孙茹. 凯尔国际[J]. 国际资料信息，2002（7）：38-41.
③ 陈宝文. 国际非政府组织与国际关系[M]. 大连：大连海事大学出版社，2016：60.
④ 《联合国宪章》第71条指出："经济及社会理事会得采取适当办法，俾与各种非政府组织会商有关于本理事会职权范围内之事件。此项办法得与国际组织商定，关于适当情形下，经与关系联合国会员国会商后，得与该国国内组织商定之。"
⑤ James M. International Affairs：Citizen Diplomacy[J]. The American Political Science Review，1949，43（1）：83-90.

划"为契机，现代国际发展援助体系①的建立，为西方非政府组织的全球援助活动提供了新的舞台。当时，联合国、世界银行等国际组织对发展中国家的援助很多都是通过非政府组织进行的。进入冷战时期以后，这些援助越来越沦为政治竞争的工具。

最后是冷战中的意识形态对抗工具。在1951年至1971年，美国和苏联的冷战使全球都处于一种紧张对峙状态。冷战时期严酷的国际环境制约了国际非政府组织的自主发展，它们被迫依附于两大政治集团，打上强烈政治或意识形态的烙印。其在世界范围内的活动也在很大程度上成为美苏对抗的工具。在冷战初期，西方国家向东欧以及第三世界国家提供发展援助的最根本目的是防范"共产主义的威胁"以"确保世界和平"②。冷战中的意识形态之争给西方非政府组织在全球范围的活动提供了新的政治动力。为了在世界范围内传播本国的文化与价值观，守卫本国的"软疆域"，西方各国政府开始扶持一些人道主义援助非政府组织成立，并为它们的海外活动提供资助③。

由于具有广泛的民众基础以及良好的形象，非政府组织对于西方国家来说是上佳的意识形态渗透工具。如前所述，西方非政府组织奉行的"公民社会"理论本身就有浓厚的西方意识形态色彩。作为"公民社会"代言人，非政府组织可以帮助政府完成一些官方不便介入的任务和目标。因此在冷战期间，美国和西方政府大力支持其非政府组织在全世界范围内的活动。美国约翰·肯尼迪总统号召建立"和平队"，派遣美国的青年志愿者到世界去。对于西方的国际非政府组织而言，政府帮助他们提升了活动能力，壮大了人员团队，还可以获得在世界各国活动的政治资源。可以说，仅靠非政府组织自身的力量，没有政治意志的支持和推动，战后西方非政府组织在国际活动的大发展是难以想象的。

因此，西方非政府组织的国际活动就越来越成为"公民外交"的一部分，不管其自身是否觉察和承认，其活动都受到本国利益或意识形态立场的影响。一个现象可以很明显地佐证这一时期非政府组织与政府间的密切

---

① 蓝煜昕，等.话语与行动范式变迁：国际发展援助中的NGO[J].中国非营利评论，2018（1）：1-21.
② 陈宝文.国际非政府组织与国际关系[M].大连：大连海事大学出版社，2016：62-72.
③ 许海云，等.冷战时期美国非政府组织发展及其特点分析[J].当代世界与社会主义，2013（1）：183-188.

联系，那就是政府官员与非政府组织成员间的"旋转门"现象。比如，迪安·腊斯克曾担任杜鲁门政府的副国务卿和约翰逊政府的国务卿。在其两次政府任职之间的空当里，他曾担任洛克菲勒基金会的会长。约翰·福斯特·杜勒斯先是担任了洛克菲勒基金会的董事长，而后就任了艾森豪威尔政府的国务卿[1]。这种"旋转门"使非政府组织受益匪浅，政府官员可以把政府内部成熟的管理运作机制引入非政府组织，其自身所携带的大量政治资源也可以帮助非政府组织拓宽国际化活动的渠道，提升在国外的影响力。因此从本质上说，全球的意识形态对峙使西方非政府组织与政府之间的联系进一步加强了。在政府的政策推动下，西方非政府组织的全球活动再次得到扩展的动力，但由此付出的代价是在"道德完美"的标签背后越来越沾染上西方意识形态的政治偏见。

二、全球治理时代的机遇与矛盾

1. 全球治理的蓬勃发展

冷战结束之时，国际政治迎来新的希望，也面临新的挑战。西方非政府组织开始重新思考自己的"授权、使命与策略"[2]。20世纪90年代后，全球治理受到了国际社会的广泛关注[3]，国际非政府组织研究也出现了新的繁荣[4]。与此同时，西方理论家开始从理论角度加强对公民社会进行实证研究，尤其关注非营利部门的作用及其与国家和市场的关系等问题。实践和理论开始找到新的"契合点"[5]。"全球治理"与"公民社会"从学术话语变为了西方的政治话语，使得原本在国际政治中处于"边缘、半边缘"地

---

[1] 资中筠. 财富的归宿：美国现代公益基金会述评[M]. 上海：上海人民出版社，2006：42.
[2] 何增科. 公民社会和第三部门[M]. 北京：社会科学文献出版社，2000：314.
[3] 卡尔松，等. 天涯成比邻——全球治理委员会的报告[M]. 赵仲强，等，译. 北京：中国对外翻译出版公司，1995：2.
[4] Walter P, Richard S. The Nonprofit Sector A Research Handbook[M]. 2nd ed. New Haven：Yale University Press，2006：333.
[5] 何增科. 公民社会和第三部门[M]. 北京：社会科学文献出版社，2000：2.

位的非政府组织①有机会进一步走近国际舞台的中央,超越了它们作为"项目执行者、资金提供者和世界事务边缘的倡导者"的传统角色②。国际非政府组织的发展迎来新的机遇,主要体现在几个方面:

首先是所谓"全球结社革命"。冷战两大政治集团的对抗退出了历史舞台,所谓"西方模式"进一步扩张,政治自由化和民主化思想开始在苏联、东欧等地区生根发芽③。曾经作为两大政治集团对抗工具的国际非政府组织有了更多的自主性与生存的土壤④,有组织的志愿性活动在全球范围内相继开展,私人的、非营利的或非政府的组织在世界各地纷纷建立,一场全球性的"社团革命"应运而生⑤。

其次,在全球结社运动蓬勃发展的同时,"国家危机"在悄然蔓延⑥。西方的现代福利国家长期推行福利政策使国民对国家产生依赖心理,削弱了市场的首创精神,政府部门权力过大且效率低下⑦,由此产生了西方福利国家危机。与此相伴随的是发展中国家的面临的发展危机。20世纪70年代的石油危机和20世纪80年代早期的经济危机使西亚和拉丁美洲的发展中国家陷入了发展困境⑧。这些略显颓势的危机削弱了西方和发展中国家的控制能力并为有组织的志愿活动提供了一展所长的平台。

再次是全球治理的紧迫性凸显。国家治理的失败日益凸显出诸如环境污染、人口猛增、毒品泛滥、核武器扩散等全球问题的重要性,"全球治理"被提上议程。按照联合国的报告,全球治理是指在具有约束力的国际制度和范围框架内,各种不同的行为者,通过协商合作,共同应对全球性的政治、经济、生态和安全问题,以维持正常的全球共同利益和秩序⑨。全球治理接纳不同的行为者,这给国际非政府组织带来了新的发展机遇。它们自命为"全球公民社会"的代表,开始与"国家"和"市场"一起参与全球

---

① 王杰,等. 全球治理中的国际非政府组织[M]. 北京:北京大学出版社,2004.
② 何增科. 公民社会和第三部门[M]. 北京:社会科学文献出版社,2000:296.
③ 王杰,等. 全球治理中的国际非政府组织[M]. 北京:北京大学出版社,2004:156.
④ 陈宝文. 国际非政府组织与国际关系[M]. 大连:大连海事大学出版社,2016:74.
⑤ 何增科. 公民社会与第三部门[M]. 北京:社会科学文献出版社,2000:243.
⑥ 萨拉蒙,等. 全球公民社会——非营利部门视界[M]. 贾西津,等,译. 北京:社会科学文献出版社,2002:4.
⑦ 王杰,等. 全球治理中的国际非政府组织[M]. 北京:北京大学出版社,2004:103.
⑧ 何增科. 公民社会与第三部门[M]. 北京:社会科学文献出版社,2000:250.
⑨ 卡尔松,等. 天涯成比邻——全球治理委员会的报告[M]. 赵仲强,等,译. 北京:中国对外翻译出版公司,1995:2.

事务。

最后是全球化发展的新特征。在第三次科技革命的推动下,网络化、信息化飞速发展,信息流通的渠道日益增多。在信息全球化时代,国际非政府组织不仅可以加强同政府间国家组织、主权国家、各国公众和媒体之间的交流,互相之间也有能力形成"强大的跨国网络"[1]。非政府组织间的联系加强,跨国合作渐入佳境,在全球治理中的作用愈发不可忽视。在很多治理领域,国际非政府组织开始掌握重要话语权,并通过在不同领域中卓有成效的实际行动,表达其在"从事跨国界社会活动"[2]、"培育全球公民文化"[3]以及"追求各自的私人事务、利益、喜好及目的"[4]等方面的"全球公民社会"诉求。

这一时期,国际非政府组织的显著作用和影响体现在发展援助、全球环境与气候治理、人权、和平与安全等领域,它们主要通过以下三种途径参与全球事务。

第一,参与联合国全球治理的议程设置。在合作渠道上,非政府组织参与国际组织的渠道越来越多,参与程度也越来越深。20世纪90年代之前,国际非政府组织主要通过经济及社会理事会参与联合国的活动。1992年里约热内卢环境与发展大会决议后,联合国体系中的各机构都被责成做出与国际非政府组织合作与联系的有关安排[5]。1996年7月,经济及社会理事会通过了1996/31号决议,承认了主要在一国内部活动的非政府组织的咨商地位,并允许非政府组织在联合国的会议上发言,从而建立了新的咨商制度[6]。此后,世界银行也在其1991年颁布的《赛莱宣言》中向非政府组织世界银行工作组(于1984年在世界银行支持下成立)传递了愿意加深与其合作的意向。世界银行1993年报告中指出,世界银行30%的新项目运行都与非政府组织有关[7]。此后,1994年开罗人口峰会、1995年哥本哈根社会峰会以及1995年北京世界妇女大会等国际会议,也陆续出现了国际非

---

[1] 陈宝文. 国际非政府组织与国际关系[M]. 大连:大连海事大学出版社,2016:77.
[2] 王杰,等. 全球治理中的国际非政府组织[M]. 北京:北京大学出版社,2004:107.
[3] 杨丽,等. 全球治理与国际组织[M]. 北京:中央编译出版社,2017:21.
[4] 何增科. 公民社会和第三部门[M]. 北京:社会科学文献出版社,2000:155.
[5] 王杰,等. 全球治理中的国际非政府组织[M]. 北京:北京大学出版社,2004:159.
[6] 李慧媛. 试论非政府组织与联合国的关系[M]. 文教资料,2006(19):57-58.
[7] 王杰,等. 全球治理中的国际非政府组织[M]. 北京:北京大学出版社,2004:45-46.

政府组织有力的活动。通过参与国际组织的活动和会议，非政府组织开始出面组织"地方、区域和全球性的活动网"，尝试建立"对社会变革进行对话的新场所"[1]。

第二，通过倡议游说和监督间接影响全球治理政策。国际非政府组织的倡议及游说活动既有面向一国政府、政府间国际组织的，也有面向基层民众的[2]。通过这种"向上"或"向下"的倡议和游说，国际非政府组织可以影响国际决策的议程设定、政策制定以及政策实施三个方面[3]。在议程设定方面，非政府组织依据自身的经验和专业知识，通过咨询、建议和倡议游说等方式，使相关领域的决策者在其决策的"清单"中加入非政府组织所关注和推动的议题。比如在美国"9·11"事件后，大赦国际便敦促联合国安理会在反恐的时候要遵循国际人权法和人道主义法，并提倡新成立的反恐委员会应该包括人权专家等[4]。在政策制定方面，相关领域中专业化的非政府组织提交的草案会被官方会议吸纳。例如1992年联合国环境与发展会议上，国际环境非政府组织提出起草了30多个模拟条约文本，这对后来通过的《里约环境与发展宣言》和《21世纪议程》影响颇深[5]。在政策实施方面，非政府组织除了付诸实际行动参与项目和事务的落实，还可以通过收集和传播信息的方式，对国家和政府间国际组织的"条约、承诺、计划和项目的落实"进行监督[6]。事实上，为了增加合法性，一些国际机构也非常欢迎非政府组织的政治参与和监督，如巴塞尔银行监管委员会针对一些非政府机构可能回应的提案开设了通知与评论程序，联合国国际贸易法委员会偶尔会邀请非政府组织专家加入其工作小组等[7]。

第三，从国际援助转向扶持南方国家的非政府组织。从20世纪60—70年代开始，西方非政府组织就开始意识到要从传统的"强调人道主义救济"

---

[1] 何增科. 公民社会和第三部门 [M]. 北京：社会科学文献出版社, 2000: 270-271.
[2] 王杰, 等. 全球治理中的国际非政府组织 [M]. 北京：北京大学出版社, 2004: 56.
[3] 王杰, 等. 全球治理中的国际非政府组织 [M]. 北京：北京大学出版社, 2004: 190.
   陈宝文. 国际非政府组织与国际关系 [M]. 大连：大连海事大学出版社, 2016: 108.
[4] 陈宝文. 国际非政府组织与国际关系 [M]. 大连：大连海事大学出版社, 2016: 109.
[5] Peter M. Akehurst's Modern Introduction to International Law [M]. 7th ed. London: Roatledge, 1997: 97.
[6] 王杰, 等. 全球治理中的国际非政府组织 [M]. 北京：北京大学出版社, 2004: 193.
[7] 杨丽, 等. 全球治理与国际组织 [M]. 北京：中央编译出版社, 2017: 68.

转向对受援对象"赋权"[1]，南方国家的非政府组织也往往会争取北方国家的资金援助甚至道义支持[2]。这种授权与代理模式是一种双方互利共赢的合作模式，它是以"劳动分工与专业化"的收益为前提的[3]。直接给发展中国家提供资金、物资等实物援助的方式已经过时，北方国家非政府组织与本国政府推动下，通过资助南方国家的非政府组织、增加它们的活动能力、扩大它们的影响，以推进这些国家的公民社会和民主的发展[4]，并使南方国家非政府组织获得治理的能力。到20世纪80年代中期为止，美国牛津饥荒救济委员会（乐施会）、开发协调社、洛克菲勒基金会、福特基金会等国际非政府组织除了发放40亿~70亿美元的援助款项外，还向第三世界国家的20 000个当地的非营利性组织构成的网络提供了道义上的支持[5]。20世纪90年代后，授权与代理模式得到了更为广泛的应用。比如国际小母牛组织在中国扶持建立四川海惠助贫服务中心，复制其成功的"礼品传递"扶贫模式；牛津饥荒救济委员会在以色列内格夫沙漠扶持当地的非政府组织，帮助当地妇女发展传统的编织技能，学习生产和商业经营等[6]。这些活动客观上促进了发展中国家非政府组织的崛起。

2. 新的自我定位

国际环境的变化赋予了国际非政府组织新的角色，也改变了它们参与国际事务的方式。在这样的发展过程中，西方非政府组织的定位也在悄然转变。为了适应全球治理时代的挑战，尽管历史传统留下的痕迹仍然清晰可见，西方非政府组织还试图在理论和实践中重新界定自己的角色。

第一，从属性来看，国际非政府组织定位为非政治性、非营利性的志愿性部门。独立于政府体制之外并不意味着国际非政府组织完全与政府无关。"非政治性"是指非政府组织处于政府体制之外，不属于政府的一部分，

---

[1] 何增科. 公民社会和第三部门 [M]. 北京：社会科学文献出版社，2000：248.
[2] 王杰，等. 全球治理中的国际非政府组织 [M]. 北京：北京大学出版社，2004：38.
[3] 霍金斯，等. 国际组织中的授权与代理 [M]. 白云真，译. 上海：上海人民出版社，2009：13.
[4] 王杰，等. 全球治理中的国际非政府组织 [M]. 北京：北京大学出版社，2004：38-39.
[5] 何增科. 公民社会和第三部门 [M]. 北京：社会科学文献出版社，2000：248.
[6] 盛红生，等. 当代国际关系的"第三者"——非政府组织问题研究 [M]. 北京：时事出版社，2004：309.

也不以取得政权或执政为目标①。虽然传统上非政府组织起源于中世纪的宗教组织，但近代以来非政府组织不可避免地被卷入政治的立场纷争。冷战中，国际非政府组织为了生存只能依附两大政治集团，被迫打上政治或意识形态的烙印，成为政治对抗的工具②。冷战结束后，倡议类国际非政府组织开始积极寻求影响国际决策的途径，希望在某些政治性领域发出自己的声音或表达一种"被其他行为体所忽视的公众愿望"③。对左派知识分子和活动家来说，非政府组织还抱有一种对"新政治"的希望，承担着推动人类社会治理结构转型的义务④。由此可见，非政府组织的行动本质上是政治的⑤。

非营利的志愿部门也不意味着国际非政府组织的活动完全是无收入的。早期的非政府组织资金来源大部分是源于自愿捐赠，但对于现今的国际非政府组织而言，私人捐赠的资金不能保证组织的持续有效运行。在美国，非政府组织具有普遍的经济模式，涉及各类商业活动，如印刷、服装、私立学校、咨询服务、移动电话的销售、货币和债券市场的交易等⑥，以此赢得收入，维持非组织的自治性与独立性⑦。1993 年美国慈善性、非营利组织的收入来源中，服务收费和销售收入占比 71.3%，私人捐赠占比仅为 9.9%，还有 8.2%来自政府⑧。此外，在非政府组织中的工作人员并不全是无薪志愿者。通常在一个组织中需要同时配备领取固定工薪的长期工作管理者以及临时按需征召的志愿者。经济收入与工薪制度并不能否定非政府组织的非营利性和志愿性，这仅仅体现了在新的时期非政府组织的管理模式正在向科学化的企业管理模式看齐。

第二，从角色来看，国际非政府组织将自己区别于政府和企业，乃至要监督政府和企业的"第三部门"。非政府组织被称为独立于政府、企业的

---

① 王杰，等. 全球治理中的国际非政府组织[M]. 北京：北京大学出版社，2004：25.
② 陈宝义. 国际非政府组织与国际关系[M]. 大连：大连海事大学出版社，2016：74.
③ 王杰，等. 全球治理中的国际非政府组织[M]. 北京：北京大学出版社，2004：25.
④ 何增科. 公民社会和第三部门[M]. 北京：社会科学文献出版社，2000：363.
⑤ 何增科. 公民社会和第三部门[M]. 北京：社会科学文献出版社，2000：363.
　王杰，等. 全球治理中的国际非政府组织[M]. 北京：北京大学出版社，2004：26.
⑥ 何增科. 公民社会和第三部门[M]. 北京：社会科学文献出版社，2000：278.
⑦ 王杰，等. 全球治理中的国际非政府组织[M]. 北京：北京大学出版社，2004：21.
⑧ 盛红生，等. 当代国际关系的"第三者"——非政府组织问题研究[M]. 北京：时事出版社，2004：46.

第三部门①。由于政府对公共物品的提供倾向于反映中间选民的偏好，结果导致公共物品无法满足所有民众需求，即为"政府失灵"状态。而私人企业寻求利润最大化，不愿意担负过多公共服务的责任②。发展公民社会组织被视作"第三条道路"，力争建立能够"照顾社会各阶层利益的折中取向"③。但同时，它作为一种私人的、非营利的、代表民众利益的社会组织，在政府、企业和民众之间起着调解的作用，它的"根本属性是中介部门"④。但随着西方非政府组织的发展，往往标榜自己对政府和企业的监督作用，甚至把"公民社会"和"政府权威""市场力量"在一定程度上对立起来。

在全球治理中，在国家政府、政府间国际组织和跨国企业职能所不及的领域，国际非政府组织有了发展的空间。如国际环境非政府组织关注全球气候、生物物种、海洋污染等问题，国际和平与发展非政府组织关注反核、裁军、贸易自由等问题，并不是想为某个具体的国家提供产品和服务，也不是为了让跨国公司赢取私人利润，而是试图"反映人类社会普遍的愿望和价值取向"⑤。与国内情况类似，国际非政府组织也倾向于标榜自己与专制政府和贪婪的跨国公司之间存在着一定的对立关系。但无可否认的是，它在全球治理中作用的发挥在很大程度上取决于与其他行为体的关系⑥，因此国际非政府组织在全球治理中多数情况下仍然起到"中介性第三部门"的作用。它在国家政府和跨国公司之间斡旋，尝试着发出代表"世界公民"的利益诉求。

第三，从使命来看，国际非政府组织要做"全球公民社会"的代言人和奠基者。这使得它们不仅瞄准政府与企业，还瞄准国家和传统国际政治。在西方公民社会理论中，社会组织试图通过其独立和志愿性的努力，对政

---

① 盛红生，等. 当代国际关系的"第三者"——非政府组织问题研究[M]. 北京：时事出版社，2004.
何增科. 公民社会和第三部门[M]. 北京：社会科学文献出版社，2000：257-269.
② 王杰，等. 全球治理中的国际非政府组织[M]. 北京：北京大学出版社，2004：35.
③ 陈宝文. 国际非政府组织与国际关系[M]. 大连：大连海事大学出版社，2016：76.
④ 盛红生，等. 当代国际关系的"第三者"——非政府组织问题研究[M]. 北京：时事出版社，2004：36-37.
⑤ 王杰，等. 全球治理中的国际非政府组织[M]. 北京：北京大学出版社，2004：36.
⑥ 王杰，等. 全球治理中的国际非政府组织[M]. 北京：北京大学出版社，2004.

府和商业部门施加影响,来实现民众,尤其是弱势群体的利益①。当公民社会的概念移植到全球层次上时,西方的国际非政府组织自认充当着"全球公民社会主要代表和代言人的角色"②。公民社会不再只存在于国内层面,不再只是个人与国家之间的社会生活的一个侧面③。它使得国际关系不再只是国家的游戏场。国际政治开始朝着多元主义的方向发展。国际政治的多元主义至少包括两个方面:一方面,权力从国家向非国家行为体分散;另一方面,各种信仰、观念以及倾向自由和谐共存④。由此,国际非政府组织对传统的"将非政府行为体活动排除在政治进程之外的国家中心模式"⑤发起了挑战。尽管当前国际体系中国家仍然是主要行为体,但它们已经不再是世界舞台上的唯一角色。一些非政府组织在它们所擅长的领域内甚至比一些较小国家具有更大的影响力和能力⑥。

3. 旧传统与新角色的矛盾

全球治理时代的到来给西方非政府组织带来了新的发展和角色定位,可是说让西方非政府组织实现了"现代化"。但是在这一转变过程中,西方非政府组织的一些传统基因与当代需求之间渐生间隙,乃至在理论上埋下无法自圆其说的逻辑矛盾。

第一是传统的普世观念与现代多元主义之间的矛盾。如前文所述,西方非政府组织受到西方基督教普世信念的深刻影响,希望全世界各民族接受"共同的价值、信仰、方向、实践和体制"⑦。这种传教士精神和教会文明优越感导致了国际非政府组织在全球治理活动中强势地推广西方价值,引发了当地的文化冲突和反抗。尤其是一些倡议性国际非政府组织,坚持给予援助时必须"附加民主作为限制条件"⑧,对受援国政府往往采取批评

---

① 王杰,等. 全球治理中的国际非政府组织[M]. 北京:北京大学出版社,2004:105-106.
② 杨丽,等. 全球治理与国际组织[M]. 北京:中央编译出版社,2017:21.
③ Michael W. Education, Democratic Citizenship and Multiculturalism[J]. Journal of Philosophy of Education, 1995, 29(2): 181-189.
④ 何增科. 公民社会和第三部门[M]. 北京:社会科学文献出版社,2000:157.
⑤ 盛红生,等. 当代国际关系的"第三者"——非政府组织问题研究[M]. 北京:时事出版社,2004:362.
⑥ Frederic P, Martin R. International Relations[M]. 2nd ed. New York: Random House, 1988: 316.
⑦ 亨廷顿. 文明的冲突与世界秩序的重建[M]. 周琪,等,译. 北京:新华出版社,1998:43.
⑧ Goran H. Civil Society, Social Capital and Development: Dissection of a Complex Discourse[J]. Studies in Comparative International Development, 1997, 32(1): 3-30.

态度，如对其人权政策、发展政策、军备政策等进行抨击与谴责[①]。

然而，当代西方非政府组织大力倡导公民社会理论有一个重要的前提：全球公民社会是一个代表各种美德和规范的领域[②]。全球公民社会所倡导的多元主义还包括了行为体的多元主义和文化的多元主义，这意味着参与国际事务的主体是多样的，他们对公共行为形式和政治表现形式的认知和解读也是多样的[③]。也就是说，在国际非政府组织倡导的全球公民社会里，其实并不存在已经由西方所界定好的普世价值。推广西方普世价值的传教士精神，与崇尚多元主义的公民社会理念之间，存在明显的逻辑矛盾。

第二是利益团体性质与现代公民社会代言人的矛盾。西方非政府组织在传统上有利益集团的影子，代表的是特定群体或者精英的利益。而现代国际非政府组织的定位是在国家政府和跨国公司之间斡旋，尝试着发出"公民社会"的利益诉求，同时协调世界公民、社团与其他行为体之间关系的"第三部门"，它宣称代表的是普遍的全球公民利益。这中间同样存在着矛盾需要解决。有批评家认为，国际非政府组织所引发的社会变革过程在内容上是反动的，因为它们代表的是精英的利益，反映不了平民和被剥削者的真正利益[④]。这些非政府组织声称代表一种普遍利益，实际乃是一种伪装，背后代表的仍然是统治阶级的利益[⑤]。此外，西方非政府组织所关注的领域狭窄，容易"一叶障目"，不利于同社会整体发展相协调。一个单独领域的正义诉求，也不能代表全面视角下的可持续发展要求[⑥]。国际非政府组织如果过于片面强调某一个议题的解决，则难以全面地表达"全球公民社会"的利益诉求。

此外，西方非政府组织号称监督腐败的政府和跨国公司，但相反的观

---

① 王杰，等. 全球治理中的国际非政府组织 [M]. 北京：北京大学出版社，2004：38.
② 王杰，等. 全球治理中的国际非政府组织 [M]. 北京：北京大学出版社，2004：116.
③ 马尔蒂尼埃罗. 多元文化与民主：公民身份、多样性与社会公正 [M]. 尹明明，王鸣凤，译. 北京：社会科学文献出版社，2015：71.
④ 何增科. 公民社会和第三部门 [M]. 北京：社会科学文献出版社，2000：271.
⑤ 何增科. 公民社会和第三部门 [M]. 北京：社会科学文献出版社，2000：271.
⑥ 盛红生，等. 当代国际关系的"第三者"——非政府组织问题研究 [M]. 北京：时事出版社，2004：24.

点则质疑国际非政府组织的代表性、透明度和问责能力[1]。政府至少是经过民主程序产生的,而非政府组织是一群有着相同利益的人自发组织起来的,它只能在相对狭小的一个领域内代表一部分人[2],因此会存在扭曲利益的可能[3]。为了有效发挥作用,也为了获得国际活动的合法性,国际非政府组织及其活动必须接受利益相关方的问责[4]。通过对不同利益相关方问责的回应,国际非政府组织代表性的缺失可以得到一定的弥补。

第三是作为外交工具和非政治属性之间的矛盾。在萨拉蒙看来,非营利部门作为实现"人类关于自我表现、自我帮助、参与和相互援助等"愿望的工具,常被人们赋予一种"神圣的自我印象和角色"[5]。它扮演的是一种德行完美的角色。在全球层面来看,国际非政府组织代表的既不是"权力政治",也不是国家的利益,它以"世界的良心"的面目出现,声称其代表的是一种"权利政治"以及民间立场[6]。而事实上,由于西方非政府组织在相当程度上依赖于政府的资源和政策,其行为常常会偏离自己设定的"政治中立"的角色。比如日本的非政府组织接受私人慈善资助仅占总收入来源的 1%,因此在很大程度上受到国家政策的引导和约束。成为国家外交的"代理人",而不是真正平等的"合伙者"[7]。在实际开展活动中,西方非政府组织一方面表现出对政府和政府间国际组织的疏离,宣称代表中立正义和道德完美;另一方面又依赖其给予的政策和资源支持。这使得西方非政府组织自身标榜道德完美,受援的发展中国家却可能认为国际非政府组织不过是西方外交的政治工具。这在全球治理发展过程中成为一个随处可见的矛盾。西方非政府组织始终处在身份定位的纠结之中。

---

[1] 杨丽,等. 全球治理与国际组织[M]. 北京:中央编译出版社,2017:23.
[2] 盛红生,等. 当代国际关系的"第三者"——非政府组织问题研究[M]. 北京:时事出版社,2004:24.
[3] Walter P, Richard S. The Nonprofit Sector A Research Handbook[M]. 2nd ed. New Haven: Yale University Press, 2006: 344.
[4] 杨丽,等. 全球治理与国际组织[M]. 北京:中央编译出版社,2017:39.
[5] 何增科. 公民社会和第三部门[M]. 北京:社会科学文献出版社,2000:252-253.
[6] 王杰,等. 全球治理中的国际非政府组织[M]. 北京:北京大学出版社,2004.
[7] 何增科. 公民社会和第三部门[M]. 北京:社会科学文献出版社,2000:267-268.

三、国际环境变化带来的挑战

1. 全球治理议程的变化

自 1992 年联合国全球治理委员会（UNCGG）正式以权威方式提出全球治理这个概念以来，联合国、世界银行等国际组织一直是全球治理理念最主要的倡导者。20 世纪 90 年代后，西方非政府组织依托"第三部门治理"和"公民社会"的兴起，以国际组织为其政治杠杆，获得了大量重要的发展资源[①]，迎来了国际化发展的黄金时期。近年来，联合国对如何开展全球治理的观念和方式发生了变化，尤其是联合国《2030 年可持续发展议程》颁布以后，非政府组织参与全球治理的环境正在发生重大变化。

第一是对西方公民社会理论态度的变化。20 世纪 90 年代以来，联合国一直是提倡建设公民社会、鼓励非政府组织参与全球治理的主力军。但是纵观 2000—2018 年的联合国秘书长年度工作报告，可以看出联合国对非政府组织参与全球治理的观念正在发生变化。西方非政府组织所依赖和鼓吹的"全球公民社会"在联合国的治理理念中影响力逐步降低。尤其是在最新的全球治理议程中，联合国明确强调国家的作用和各国政府对全球治理的首要责任。

2000 年是联合国倡导以非政府组织为代表的公民社会参与全球治理的黄金元年。在秘书长年度工作报告中，甚至有专门的章节来强调联合国与公民社会的伙伴关系。报告全文中，"公民社会"一词出现了 24 次，涉及的领域包括冲突预防、建设和平、参与联合国行动（海地、危地马拉）、人权、自然灾害应对、妇女权益保护、卫生、性别平等、司法改革、环境保护、扶贫、法治、千年发展目标的实现、募资等。而"非政府组织"一词则出现了 20 次，一般与"公民社会"相伴，涉及领域包括冲突预防、消除武器贸易、自然灾害、扶贫、禁毒、发展、人权等。该年报告还指出，非政府组织在信息提供与项目实地运作等方面都与联合国有着密切合作。

---

① 胡多克. 非政府组织[M]. 江明修，译. 台北：智胜文化事业有限公司，2003：67.

在 2009 年联合国秘书长年度工作报告中，"加强与公民社会的伙伴关系"仍然是报告的重点之一。"公民社会"一词在报告中出现 13 次，涉及的领域包括危机处理、减低产妇死亡率、禁核、反恐等。"非政府组织"一词出现 3 次，与人权治理领域相关。在该年度的报告中，联合国认可了西方非政府组织在协助联合国展开筹资活动、号召社会民众对联合国主张的认同及支持等多边主义活动中发挥的作用，但也提到了联合国要对南方国家本土非政府组织加大资助的力度。

2015 年联合国秘书长年度工作报告中，不再有单独的章节强调联合国与非政府组织或市民社会的伙伴关系。"公民社会"一词在报告中出现 11 次，涉及的领域包括促进推动可持续发展、筹资、性别平等、民主化、人权、气候变化等。"非政府组织"一词仅出现 1 次，出现背景还是非政府组织参与联合国筹资促发展国际大会（Conference on Financing for Development）。2018 年，新上任的秘书长古特雷斯在他长达 77 页的年度工作报告中仅仅提到过一次"非政府组织"。他提到联合国 2017 年在人权领域的成就包括有"来自 80 个国家 45 000 位受虐待的受害者在 178 家非政府组织的帮助下获得创伤康复治疗"①。报告全篇提到"公民社会"6 次，其中只有三次特别指出公民社会在海洋保护、技术和可持续发展目标（SDG）的制定和践行中发挥作用，其余只是泛泛说明联合国应与公民社会的合作关系。

对比 2000 年至 2018 年的秘书长工作报告，我们可以发现"非政府组织"和"公民社会"相关词汇出现频率的下降和涉及领域的减少。但与此同时，国家政府在全球治理中的主导性作用愈加得到联合国的认可。同样是在古特雷斯 2018 年工作报告中，我们可以发现很多像"加强联合国对国家进程和政府间进程的支持""支持国内司法当局""新一代联合国国家工作队逐步建立……更适合各国国情"②这样的表述。在具体的改革措施方面，联合国通过计划建设新的联合国国别小组（UN Country Team），强调联合国驻地调查员在联系驻地国政府与联合国体系下各机构之间的桥梁作用，加强了联合国与各国政府的直接联系③，这也体现了联合国对政府重要性的认识。

---

① 联合国《秘书长关于联合国工作的 2018 年报告》第 51 页。
② 联合国《秘书长关于联合国工作的 2018 年报告》第 41 页、第 60 页、第 72 页。
③ 联合国《秘书长关于联合国工作的 2018 年报告》第 72 页。

可以说联合国的全球治理观念正逐渐从提倡公民社会参与转到强调各国国家政府主导和国际支持下的国内治理。这一理念的转变也许会导致原先一些依靠与联合国合作来获取发展资源的西方非政府组织改变工作目标。它们未来可能更多地需要转向与发展中国家政府合作以维持运作。

第二是全球治理方式的变化。以联合国为首的国际组织对如何开展全球治理，也有一些新的认识。联合国从传统的西方介入式治理转为重视本土力量参与治理，在传统的南北合作之外，明确推动南南合作。在维和领域，联合国正从过去自由主义观念影响下的介入式维和逐步转为基于实用主义观念的保持和平（sustaining peace）建设。而在保持和平建设中，联合国只是作为协助者帮助冲突国的本国政府和社会组织增强自身应对冲突的能力，实现重建和平的目标①。在发展领域，我们也能发现类似的转变，联合国越来越强调要根据东道国本土的个性化需求配置联合国在该国的行动资源，同时还鼓励发展中国家间的南南合作在消除贫穷和可持续发展领域发挥积极作用，并指出南南合作是国际发展合作的重要组成部分②。联合国对南方国家在全球治理中发挥作用的重视必然导致南方国家本土力量在全球治理中话语权的上升。在这样的情况下，南方非政府组织的本土适应性以及发展中国家立场代表性的优势开始凸显。

对于西方非政府组织而言，联合国的治理方式的变化主要带来了两个影响。首先是对自身定位的影响。在传统的介入式治理模式中，西方非政府组织很多时候就是项目执行者，可以直接插手干预南方国家的社会治理。但是联合国全球治理观的改变要求西方非政府组织从干预者角色转变为协调者和咨询者角色，专注于提供发展建议帮助发展中国家解决社会问题。其次是对业务范围的影响。在南方国家非政府组织还未发展成熟时，许多西方非政府组织通过联合国的支持进入了南方国家填补其国际治理的空缺。但是随着自身经济社会的发展，许多南方国家非政府组织已经有了积极参与全球治理的意愿与独立活动的能力。为了避免西方非政府组织的"代理式民主"，联合国和世界银行等国际组织开始尝试直接与南方非政府组织来往，由此导致了西方非政府组织的影响力受到影响。

---

① Cedric de Coning. Adaptive Peace-building [J]. International Affairs, 2018, 94（2）: 301-317.
② 联合国《秘书长关于联合国工作的 2018 年报告》第 75 页。

2. 西方国家逆全球化浪潮

早在20世纪90年代，来自发展中国家的反全球化者将全球化与"西方化""美国化""殖民化"联系起来，认为南方国家是"全球化的消极接受者，它们毫无保护地听任命运的摆布"，担心国家主权受西方发达国家干涉以及本国环境和资源遭到破坏[①]。近年来，西方发达国家自身出现了逆全球化浪潮[②]。以美国、英国和欧洲的部分国家为代表，西方国家政府承担全球责任的意愿下降，给西方非政府组织的活动造成了不利影响。

逆全球化最显著的特征是发达国家提供全球公共产品的意愿下降。冷战结束后，提供全球公共产品的主要是西方发达国家及其主导的国际组织。西方国家通讨对外援助以及参与国际组织和国际事务，一定程度上提供了包括制止致命的流行病、减缓气候变化以及其他基本科学知识等全球公共产品[③]。由于公共产品具有非排他性和非竞争性，多数发展中国家会选择"搭便车"[④]。在世界贸易组织等多边机制中，也特意对发展中国家区别对待。在发达国家发展水平远远领先于发展中国家时，西方国家出于宏观战略利益对此不太计较。但当发展中国家经济水平渐有起色时，发达国家与发展中国家就会对国际机制的责权利问题产生越来越多的争端。作为"历史阶段性公共产品"的世界贸易组织所设有的争端解决机制，已经不能很好地解决这样的摩擦[⑤]。发达国家对维持现行国际机制的兴趣也越来越低。2016年特朗普总统上台后，美国相继退出了"跨太平洋伙伴关系协议""巴黎气候变化协定""全球移民协定""伊朗核协议"等多边机制，甚至公开与联合国唱反调，退出联合国教科文组织等。2018年，美国是联合国安全理事会五大常任理事国中派遣维和人员最少的国家[⑥]。

西方发达国家在新的政治浪潮影响下，对全球化萌生退意。而国际非

---
① 李慎明，等. 2003年：全球政治与安全报告[M]. 北京：社会科学文献出版社，2003：190-192.
② 王辉耀，苗绿. 全球化 vs 逆全球化：政府与企业的挑战与机遇[M]. 北京：东方出版社，2017：47.
③ 巴雷特. 合作的动力：为何提供全球公共产品[M]. 黄智虎，译. 上海：上海人民出版社，2012：1.
④ 巴雷特. 合作的动力：为何提供全球公共产品[M]. 黄智虎，译. 上海：上海人民出版社，2012：1.
⑤ 吴晓萍. 国际公共产品的软权力研究——以美国、中国参与世界贸易组织为例[M]. 北京：世界知识出版社，2018：151-154.
⑥ United States Institute of Peace. Special Report[EB/OL]. https://www.usip.org/sites/default/files/2018-09/sr_430_lanteigne_final.pdf.

政府组织作为"全球化重要驱动力"①，与西方政府的政策方向出现差异。国际非政府组织在一定程度上依赖于国家政府给予的支持和资源，这也导致了它的发展需要仰仗本国政府参与全球治理的意愿。近来随着民粹主义在西方国家的泛滥，以 OECD（经济合作与发展组织）为代表的国际组织的成员国给非政府组织提供的经费从 2014 年开始逐年降低，给联合国提供的经费也开始减少②。发达国家提供对外发展援助金额的增长也有减缓的趋势③。这势必给西方非政府组织参与全球治理带来了实质性的影响。

有学者认为，现存的"逆全球化"现象是"美式全球化"的终结④，以中国为代表的新兴国家正在引领一场新的"再全球化"革命，全球化动能将从发达国家向发展中国家转化⑤。西方发达国家的逆全球化行为对西方非政府组织而言是巨大的挑战，但对发展中国家的非政府组织来说，这是一个不可多得填补全球治理空缺的大好时机。

3. 发展中国家社会组织的崛起

新兴国家的群体性崛起本身就是全球治理发展的动因。在 20 世纪八九十年代以后，大批新兴工业化国家开始面临环境污染、性别不平等、贫富差距增大等可持续发展议题，对全球治理问题的兴趣和投入不断增加。只听北方非政府组织的"一家之言"显然不足以解决这些日益凸显的全球问题，发展中国家非政府组织的意见开始愈发得到国际社会重视。全球治理格局的变化也是整个世界格局变化的一个部分。

首先，"南北合作"促进了发展中国家非政府组织能力的提升。20 世纪 90 年代后，很多发展中国家的非政府组织开始认识到西方的组织具有它们所不具备的资源和经验，也开始明白"可以影响工业国政府的非政府组

---

① 博尼. 国际 NGO 发展与研究述评 [M]. 杨丽，等，译. 中国非营利评论，2018（2）：48.
② OECDiLibrary. OECD Detailed Aid Statistics [EB/OL]. https://www.oecd-ilibrary.org/development/data/oecd-international-development-statistics/official-and-private-flows_data-00072-en.
③ The World Bank. Net official development assistance received（current US$）[EB/OL]. https://data.worldbank.org/indicator/ DT.ODA.ODAT.CD? end=2017&start=1960&view=chart.
④ 王辉耀，苗绿. 全球化 vs 逆全球化：政府与企业的挑战与机遇 [M]. 北京：东方出版社，2017：91.
⑤ 王栋，曹德军. 再全球化：理解中国与世界互动的新视角 [M]. 北京：社会科学文献出版社，2018：51-53.

织能在国际会议上具有更大的影响力"①。发展中国家政府也意识到非政府组织可以为当时社会亟待解决的问题，如扶贫、教育、平等等问题提供实质性的帮助和解决方案。如在改革开放之初就进入中国的福特基金会、洛克菲勒基金会等非政府组织为中国早期的教育、医疗卫生和扶贫事业都提供了巨大的帮助，其对华援助金额达到 1 亿美元②。因此，这一时期发展中国家的政府和非政府组织对于在治理问题上的"南北合作"总体上持欢迎态度。

在"南北合作"的过程中，发达国家非政府组织主要采取"授权—代理"模式与发展中国家非政府组织进行合作，即只负责提供物资和技术的援助，具体的项目实施由与本土非政府组织的合作来完成。这就催生了发展中国家本土"中介性非政府组织"的出现。这些非政府组织是连接西方非政府组织与当地社区的桥梁，协助发展项目顺利展开，但在一定时间内自身缺乏独立开展项目的资源与专业能力③。在与发达国家非政府组织合作的过程中，发展中国家非政府组织日益成熟，其成功的"能力建构"使西方非政府组织逐渐失去优势④。如今，以中国为代表的发展中国家的社会组织，如中国扶贫基金会、中国青少年发展基金会等，甚至已经具备了像西方同行那样独立开展国际项目的能力。这些新兴的、来自发展中国家的国际非政府组织，将与传统的西方非政府组织一起在全球治理的各个领域开展合作和竞争。

其次，"南南合作"逐渐成为非政府组织国际项目的新趋势。2015 年在印度召开的南南合作大会上，中国提出了"新南南合作"的概念。以往的"南南合作"是在北方国家指导框架下进行的，而"新南南合作"的主导者则是拥有了新的发展经验与知识和新的发展资源的南方国家⑤。一些曾经接受过发达国家援助的发展中国家开始从受援国的角色转向援助国，并发挥出特有的优势。南方国家的发展经验和资源在不干预内政、互惠互利的原则下，按照新的规则在南方国家之间分享和流动，构成了新型南南合

---

① 王杰，等. 全球治理中的国际非政府组织［M］. 北京：北京大学出版社，2004：163.
② Wang. Funding the Rule of Law and Civil Society［J］. China Right Forum，2003（2）：22-35.
③ 胡多克. 非政府组织［M］. 江明修，译. 台北：智胜文化事业有限公司，2003：18-19.
④ 何增科. 公民社会和第三部门［M］. 北京：社会科学文献出版社，2000：298.
⑤ 黄梅波，等. 南南合作与中国的对外援助案例研究［M］. 北京：中国社会科学出版社，2017：2.

作的重要资源力量[①]。来自新兴国家的非政府组织在由发展中国家主导的"新南南合作"框架下拥有了更多参与全球治理的机会。

与此同时,以中国、印度等为代表的新兴国家开始尝试建立新的国际机制,提出新的全球治理理念。传统的"南南合作"一直依托于联合国机制和布雷顿森林体系,南北国家之间处于话语权不平等的状态。随着资源的丰富和经济的发展,新兴国家开始建立具有新兴的发展融资机构,如中国倡导建立的亚洲基础设施投资银行、金砖国家新开发银行等,这些金融机构是基于南方国家发展经验而建立的[②],对南方国家对外援助的资助大有裨益。此外,中国还积极建构如"南南人权论坛"等多边合作机制,提出"以合作促发展,以发展促人权"的新全球治理理念[③]。联合国大会主席埃斯皮诺萨在 2019 年第二届联合国南南合作高级别会议上表示:"南南合作不是取代南北合作,而是补充并丰富它的内涵。"[④] 这说明"南南合作"不再是附庸于"南北合作"的机制,它们是全球治理中相互补充、平等互助的合作机制。西方的国际非政府组织要想更好地参与新时代的全球治理活动,必须适应和融入新的南南合作机制,在新的国际格局下寻找新的资源和自身定位。

---

① 黄梅波,等. 南南合作与中国的对外援助案例研究[M]. 北京:中国社会科学出版社,2017:3.
② 黄梅波,等. 南南合作与中国的对外援助案例研究[M]. 北京:中国社会科学出版社,2017:4.
③ 中国人权研究会. 构建人类命运共同体:南南人权发展的新机遇[M]. 北京:五洲传播出版社,2018:3.
④ 中国南南合作网. 第二届联合国南南合作高级别会议在阿根廷召开[EB/OL].(2019-03-20). http://www.ecdc.net.cn/news/detail.aspx? ContentID=3447.

第五章 中国社会组织的改革与发展

一、中国社会组织体制的起源与演变

1. 结社传统：农业社会中的国家与社会

新时代的中国社会组织要加快开展国际活动、参与全球治理，面对着体制机制问题。按照国际上的一些观点来看，中国的社会组织是国家体制的一部分，不是真正的民间组织，不可能发挥非政府组织"第三部门"的特殊作用，也因此在全球活动中无法超越本国政府的利益为全球治理的公共利益服务。这些论调既反映了西方的理论局限乃至意识形态偏见，也促使我们在民间外交和全球治理的新形势下重新审视中国社会组织的体制改革问题。实际上，中国的社会组织正在开展深入的改革，新的民间组织快速兴起。这些改革本身体现了国家治理能力的现代化，同时也为中国社会组织开展全球活动创造了更好的条件。

与西方非政府组织的历史传统不同，中国的社会组织是中国特殊历史和政治体制的产物。中国古代的民间结社是早期民间社会为实现某种共同目标建立组织的雏形，也是今天中国社会组织发展的历史基因。在漫长的历史进程中，民间结社在与古代中央集权体制合作和抗衡关系中孕育出多样的形式与特征，不仅推动了古代农业生产和社会发展，更在实践中积聚起民族传统精神内涵。简而言之，从历史角度来说，古代的民间结社历经春秋战国时期的萌芽、秦汉魏晋的发展、宋元的兴盛和明清的抑制几个时期，逐渐衍生出包括经济、文化、宗教、武装与暴力、医学与慈善等多种类型的组织形式。中国古代民间结社主要有：

经济结社。为促进社会经济发展，中国古代民间社会在两汉时期便突破以家庭为中心的小农耕作模式，自愿形成了家家户户联合耕作的农业互助性结社。生产资源的集中利用不仅降低生产成本，也在特殊时期起到乡土防卫的功能。这种以乡土关系为中心所建立的小规模结社多半是由本地的乡绅或当地的官吏所发起的。元朝的农业互助锄社运作模式是"先锄一家之田，本家供其饮食，其余次之。旬日之间，各家田皆锄治"，"间有病患之家，共力锄之"，使当地农业"亩无荒秽，岁皆丰熟"①。"行会"则是城市相同行业的工商业者联合组织，是古代商品经济发展到一定阶段的产物，也是城市经济中一种重要的组织形式②。隋唐时期行会虽已成形，但却呈现出浓厚的官办色彩。宋代商品经济的发展推动了"行"的完善。新的商业行会更加接近民间组织性质，呈现出数量和规模大、运行机制渐趋完善、制度约束性强等特征。此后，伴随着商品经济的迅速壮大、交通条件的大幅改善以及白银支付方式的普及，更高级的经济类社团"商帮"也得以兴起。比较著名的地域商帮有晋商、徽商、浙商、潮商、苏商、山东商帮等。这些商帮以血缘、地缘与业缘为基础，建立会馆办事机构，规避恶性竞争，开辟商业版图，对当时的经济发展产生了一定的积极作用。

宗教结社。早在"礼崩乐坏"、新旧生产关系更替的春秋战国时期，中国就已经出现了一些突破地域限制、具有政治反抗意志的民间秘密宗教组织。到隋唐宋元时期，民间宗教组织也各有发展。此时，人们基于共同的宗教信仰兴起了一些佛教诗社，通过造像建塔、刻诵经文、修缮寺庙、植树造林、看病施粥等方式开展社会慈善事业。在此基础上还出现一种以"邑义"为形式的宗教结社，十到几十人自愿通过集资出力铸造佛像，其中由中老年妇女结成的女人社最为典型③。后来，这种结社形式在唐五代时期得到传扬，例如在敦煌、吐鲁番等地都发现了女人社的社约文书，成为中国古代结社女性结社力量的证明。部分宗教结社带有反抗性，在封建统治者的打压下艰难生存。

文化结社。魏晋南北朝因长期处于分裂割据状态，封建统治的松弛为民间自由结社留下了更大的发展空间。文人结社④在这种特殊的时代文化下产生，又以名目繁多的形式和内容推动文化的兴盛，例如"文会"和"诗社"等文化类内容为主题的集会结社。志趣相投的文人聚集在一起或酌酒作文、相互应和，或修身悟道、讲会论道等。这种文化结社到宋元时期逐

---

① 张中秋. 中华法系国际学术研讨会文集［M］. 北京：中国政法大学出版社，2007：366.
② 周俊，张冉，宋锦洲. 社会组织与慈善组织管理［M］. 北京：北京大学出版社，2017：52.
③ 张中秋. 中华法系国际学术研讨会文集［M］. 北京：中国政法大学出版社，2007：367.
④ "文人结社"有两种解释：一是指文化人所结的社，相当于前述的精英文化型结社，此为广义的文人结社。二是指文学人所结的社，属于精英文化型结社中的文学一类，此为狭义的文人结社。不同的学者在研究文人结社时往往采用的标准也会不一样。参见：李玉栓. 中国古代的社、结社与文人结社［J］. 社会科学，2012（3）：178.

步凸显出更多的大众性和娱乐性，最具代表性的便是与杂剧、小说、吟唱等相关的文化社团形式，还有丰富日常生活的猜谜、唱歌、饮茶、品酒的这类结社等，推动了当时社会文化的发展。

慈善结社。明清后期，中央集权逐渐强化并发展至顶峰，民间结社的类型和数量也因此发生变化。为防止叛乱巩固政权，统治者明令禁止私自成立任何带有政治色彩的民间社团，只允许一些慈善性和经济性的民间机构存在。那些赈济灾民、赡养弃婴鳏寡孤独贫病者、施棺助葬的机构也被称作"善会"或者"善堂"。主要有同善会、保婴会、育婴堂、救生局、恤孤局、施药局等。学者统计，明清时期慈善机构数量众多，其中育婴堂有973个，普济堂有399个，栖流所有331个，清节堂有216个，以施棺为职能的善堂有589个，综合类的有338个，其他难以分类的有743个[1]。种类众多、职能不一、无私利民，这些善会不仅让统治者意识到民间结社的价值，也推动了明清时期民间慈善事业的蓬勃发展。

政治结社。除以上这些类型，中国古代还出现过一些伸张正义的游侠集团、为非作歹的群盗亡命或流民地痞组织、宗族豪强宾客兵农合一的组织、以"弹"或"俾"命名的乡村社会组织等[2]。其中，那些具有军事、武装暴力或犯罪性质的结社，都因"反政府"性质而遭到压制。此外，东汉时期兴起的具有政治性的"朋党"或党人集团，独具中国政治体制的特征，历朝历代几乎都有体现。

从体制角度看，中国古代民间结社有以下两个特征：

第一，民间结社与国家之间呈现对立统一的关系。首先是二者互为补充。农业国家的政府规模有限，管理触角难以延伸到基层，对基层经济生产、文化艺术、民间宗教信仰、社会救济等领域的控制力也相对有限，这就需要依靠乡绅和文人集团协助完成社会治理。政府无法解决的社会需求，民间就通过结社来解决，这是中国古代结社存在和发展的空间。国家政权和文人乡绅阶层通过"道统—法统"的思想支撑、科举制度的现实支撑等联系起来。其次，二者又时常紧张对立。中国古代法制体系重点规范民众的法律义务，而对其法律权利鲜有涉及，严重失衡的权利义务关系加剧了

---

[1] 梁其姿. 施善与教化——明清的慈善组织[M]. 河北教育出版社，2001.
[2] 林兴龙. 论汉代的民间互助组织[J]. 历史教学问题，2009（1）：83.

政府与民间的对抗①。从各个朝代的历史来看，国家统治者对于民间结社多少都采取提防、干预、利用、控制的态度，甚至在特殊时期对于一些敏感的政治社团进行残暴的打击与压制，以维护统治阶层利益和政权稳定性。

　　第二，古代的民间结社具备非政府组织的一些属性。以现代非政府组织的定义来界定的话，中国古代例如宗教、行会、游侠等组织都非此类。但正如西方非政府组织的发展历史一样，中国的民间结社打下了社会组织发展的基础，具备社会组织的一些基本属性。一是自发性。历朝历代为巩固政权都在不断加强对地方的管控，也就是在这种社会环境下，民间逐渐形成一些基于共同的利益、价值取向、宗教信仰或者政治主张的合法或非法的组织②。他们以私人的、自愿性的态度加入组织，并进行自我管理和价值实现。二是组织性。为实现组织内部成员的共同目标或多元化诉求，各类结社从松散到逐渐制度化，遵循统一的规则和制度，在制约中保证组织的正常运行。三是功能性。以宋元明清时期民间结社的多样化发展为例，基于社会发展和生活需求的考虑，民众通过灵活运用民间资源而创建了商业性质的"行会"、娱乐性质的"文社"、慈善性质的"善堂"等，都是早期社会治理的雏形。四是广泛性。中国部分民间结社，尤其是文人结社、宗教结社、游侠团体、商业行会等往往突破了乡土和地缘局限，实现跨区域性的发展乃至全国性的分布。在国家分裂的时期，民间结社却未必分裂，形成了保持大一统的一种文化力量。这种传统后来扩展到海外华人群体，成为海外华人同胞建立跨国社团联系的纽带，也成为中国"跨国社团"的一种传统基因。

　　总而言之，中国古代的民间结社一定程度上反映出古代民众自发参与社会自治的意愿。这虽然与现代的公民意识相差甚远，但却恰如其分地反映了中国古代农业社会的发达程度。中国古代的社会组织也具备了相当的成熟度。当近代工业文明的钟声敲响之时，中国社会里并非只是长期专制制度之下麻木、分散的愚民，还有许多的民间结社正在苏醒并且蓄势待发，发展成为中国近代革命的一股重要力量。

---

① 张中秋. 中华法系国际学术研讨会文集[M]. 北京：中国政法大学出版社，2007：363.
② 王名. 社会组织概论[M]. 北京：中国社会出版社，2010：73.

2. 革命传统：社会组织与国家关系的变化

鸦片战争之后，中国迎来三千年未有之大变局。从反抗西方的殖民侵略，到新中国的成立，民间组织始终在时代洪流之中发挥着力量与贡献，也实现了自我的淘汰与新生。作为中国近代革命的重要力量，民间组织与国家间的关系也在革命的过程中发生蜕变。到新中国成立的时候则形成了一种新的国家社会体制。

第一，鸦片战争以后，社会组织深入参与民族和民主革命，获得了巨大的发展空间。随着西方殖民力量的入侵和中国社会的近代化运动，国家从先前的"单质同一性"社会向"异质多元性"社会过渡。这一过渡时代的重要标志就是国家"全能主义"时代逐渐衰微，社会"自由流动资源"的增多和"自由活动空间"的产生和拓展[①]。自1840年开始，内忧外患的封建统治者对于民间组织的管控力逐渐弱化，面对民族危机，一些民间社团逐渐演变成防御盗贼、抵御外来压力、维护社会稳定的机构，传统结社也因此形成多种反抗力量的基础。例如以农民起义为主的三元里抗英斗争、太平天国起义、义和团运动，通过乡土社团组织的湘军、淮军，以知识分子的政治结社为特征的康梁维新派，现代文人志士领导的兴中会、光复会和同盟会，也包括部分的商会组织，都在这一时期登上历史舞台。辛亥革命推翻了长达两千多年的封建专制体制，又在社会广泛播"民权"[②]的种子，近代化的社会团体更是如同雨后春笋般涌现，在传统和现代中探索发展路径，在国家治理中贡献力量与理念，为社会发展注入民主和自由的活力，也逐渐与国家构建起具有现代性的互动关系。

第二，在社会组织和社会运动中产生了现代政党。鸦片战争至甲午战争前夕，国家—社会关系基本上延续了传统中国的强国家、弱社会态势，表现为"公共资源配置的单极化和公共权力利用的单向性，国家作为'特殊的公共权力'凌驾于社会之上，'是和人民大众分离的公共权力'"[③]。太平天国、义和团等宗教性社团表现出明确的政治抱负，剧烈地冲击了国家

[①] 赵泉民. 国家与社会关系视野下的近代民间组织[J]. 中国图书评论，2005（7）：19.
[②] 《中华民国临时约法》中明确规定："中华民国人民一律平等，无种族、阶级、宗教之区别"，"人人有言论、著作、刊行及集会结社之自由"，为民间社团的发展提供了制度保障。
[③] 蔡勤禹，孔祥成. 近代民间组织兴起及与政府关系述论[J]. 南京社会科学，2014（5）：152.

政权，但并不能孕育出现代政治制度。甲午战争以后，国家危机空前深重，社会运动进一步炽盛，撼动国家权威，表现为持续性的国家能力弱化。维新运动中，维新派已经表现出推动制度变革的政党特征。此后，同盟会等终于演变成为现代政党。新兴政党推翻了清王朝的统治。但辛亥革命以后，中华民国没能立即建立稳固的政府权威，而是在空前的内外矛盾中陷入地方割据和党派混战。各类社会组织和社会运动反而获得了更大的空间。此后，蒋介石政府施行"以党训政"，通过对民间组织的渗透、管控和监督而注入政党性质，变其为统治工具，通过合法的或秘密的途径将民间组织纳入国民党所设计的一党专制的框架①。

第三，中国共产党的诞生给近代社会运动带来新的方向。从五四运动开始，先进的知识分子接受了马克思主义思想的熏陶，建立了马克思主义小组，最终发展成为中国共产党。在马克思主义指导下，工人运动、农民运动、学生运动、妇女运动等获得科学思想的力量。在这段历史中，各种工会、农会、学生联合会、社会主义青年团、全国各界妇女联合会等，逐渐演变和改造为革命的力量基础。一方面，共产主义革命本身就基于工人运动，中国共产党更是广泛的动员了农民运动、知识分子和学生运动，动员群众共同参与到民族解放的伟大事业中。工人、农民和知识分子构成了中国共产党和革命军队的主体。与此同时，中国共产党也和其他的近代政党和社会团体建立起合作关系，抗战胜利后共同掀起声势浩大的反内战独裁、争和平民主运动。可以说，没有广泛的统一战线，中国的革命是很难取得成功的。

综上所述，近代以来中国的民间组织适应民族和民主革命的需要，转变为具有现代性质的社会组织。它们在封建压迫与帝国侵略中主动求变，在内部环境和外来思潮的影响下成熟完善，在实业发展和思想宣传中孕育革命的新生力量。跟传统的民间结社相比，社会组织不再仅仅是宗教、利益或者地缘宗族的产物，还获得了现代的科学政治思想指引，致力于改造旧社会，建立新社会。因此，它们不只是政府失灵、国家衰微时期的替补角色，更是民族解放和政治革命的过程中的中坚力量。他们不是起源于西方式的"市民社会"，而是起源于中国革命的社会启蒙和社会反抗。这些因

---

① 蔡勤禹，孔祥成. 近代民间组织兴起及与政府关系述论[J]. 南京社会科学，2014（5）：153.

素，都让中国的社会组织天然成为中国现代国家的一部分。

3. 体制传统：中华人民共和国社会团体的角色

中华人民共和国的成立不但改变了社会组织的性质和地位，更改变了中国的国家与社会关系。在理论上，工会、妇联和共青团都是马克思主义思想指导下的群众团体；在实践中，群众团体本身也是国家治理体系的一部分。因此，新中国成立初期的社会组织与党和国家呈现高度同构的特征。

中华人民共和国成立初期，政府试图把当时存在的各类社会组织都纳入新的体制。中国的社会组织开启了"党政引导"的发展道路[①]。1949年9月29日通过的《中国人民政治协商会议共同纲领》中指出，既主张结社自由，也强调镇压一切反革命性质的活动或团体[②]。到了1950年便正式颁布实施了《社会团体登记暂行办法》，成为指导新中国成立初期社会团体的重要文件，也是党政—社会团体高度同构的源头。根据这两份文件的指导原则来看，政治性贯穿于社会团体运作的各个环节中，结社自由也必须建立在政权稳定基础之上，服务于中国社会独特体制和秩序的构建。例如，"社会团体的登记过程也是新政权用自己的社会主义价值观对当时存在的社团进行判断和选择的过程"[③]。"各社会团体的成立，都是在党和政府及政府有关部门的直接推动、指导下建立的。有些社会团体的成立是有计划的，按指标进行的……体现在组织上是许多社会团体列入了行政、事业编制，或挂靠到某一行政部门，社会组织的负责人有一些由政府机关行政领导兼职，或由行政领导任名誉职务，甚至许多社会团体由挂靠的政府有关部门实际指派负责人等等。"[④]

[①] 韩俊魁. 1949年以来中国社会组织分类治理的发展脉络及其张力[J]. 学习与探索, 2015(9).
[②] 第五条规定："中华人民共和国人民有思想、言论、集会、结社、通讯、人身、居住、迁徙、宗教信仰及示威游行的自由权。"第七条规定："中华人民共和国必须镇压一切反革命活动，严厉惩罚一切勾结帝国主义、背叛祖国、反对人民民主事业的国民党革命战争罪犯和其他怙恶不悛的反革命首要分子。对于一般的反动分子、封建地主、官僚资本家，在解除其武装、消灭其特殊势力后，仍须依法在必要时期内剥夺他们的政治权利，但同时给以生活出路，并强迫他们在劳动中改造自己，成为新人，假如他们继续进行反革命活动，必须予以严厉的制裁。"
[③] 刘培峰. 自由结社及其限制[M]. 北京：社会科学文献出版社, 2007: 275.
[④] 《中国民间组织年志》编辑委员会. 中国民间组织年志：上[M]. 北京：中国社会出版社, 2005.

中华人民共和国成立以前，中国共产党领导的群团组织活跃于革命和发展的最前线，通过人民民主统一战线联络和团结了更广大的社会力量，为革命思想的传播、革命战争的胜利和革命建设的进行做出了巨大的贡献。中华人民共和国成立以后，国家的治理工作愈发规范，党和政府承担了国家治理主要的责任。部分社会组织的活动空间与活力出现下降，甚至群众团体属性的身份意识丧失①。社会团体没有明确的功能分类，失去了灵活性，在管理上越来越像政府机关，甚至出现了娱乐化、贵族化的特征。在特殊时期，群团工作还收到"左"倾思想的影响。改革开放以后，这些特征越来越不适应经济社会发展的需要，阻碍了国家治理能力的现代化，更无法完成参与全球治理的任务。群团组织改革也在新时代中国特色社会主义的建设背景中展开。

二、群团组织改革与新型民间组织兴起

1. 改革开放与社会组织管理政策改革

1978 年开始推行的改革开放也成为中国社会组织规范、整顿的起点。改革开放之初，政府财政匮乏，无法满足社会多元化需求。因此政府直接成立或授权建立非政治性的社会组织，以动员社会资源，帮助政府解决社会问题②。社会组织也逐步进入自主化和规范化发展阶段。

第一，改革开放以来，政府针对社会组织的管理政策适时进行调整与完善。改革初期，群团组织出现机关化和官僚主义作风，办事效率低下。20 世纪 80 年代中后期，政府开展社团改革，激活社会组织的活力。1988 年，国务院机构改革时，在民政部内设社团管理司，开始对社会组织归口管理③。同时，对于良莠不齐的民间团体，政府开展整顿。1989 年，国务

---

① 韩俊魁. 1949 年以来中国社会组织分类治理的发展脉络及其张力[J]. 学习与探索，2015(9).
② 王名，等. 中国社会组织（1978—2018）：社会共治——正在生成的未来[M]. 北京：社会科学文献出版社，2018：49.
③ 韩俊魁. 1949 年以来中国社会组织分类治理的发展脉络及其张力[J]. 学习与探索，2015(9).

院下发了《清理整顿社团的决定》，并在第二年对社会团体展开清理整顿。1991年，在《中共中央宣传部、民政部关于职工思想政治工作类社会团体委托管理的通知》等政策文件中，先后解散了中国现代诗歌学会、中华炎黄协会、国际气功科学联合会等"不利于社会经济发展"的民间组织[①]。1994年，国务院颁布《关于部门领导同志不兼任社会团体领导职务问题的通知》。政策管理的规范化，促使这一阶段社会组织的活跃度和自由度明显增强。1998年，政府先后颁布《社会团体登记管理条例》和《民办非企业单位登记管理暂行条例》。2000年又颁布了《取缔非法民间组织暂行办法》，通过双重管理体制完善社会组织的属性、特征、职责和法律地位。2004年以前，国内较少批准成立新的基金会，但这一年政府修订了《基金会管理条例》，允许企业或个人自发成立非公募基金会。2006年，民政部首次提出使用"社会组织"一词，加强管理工作，民间组织的身份和角色进一步清晰。十六届六中全会更是明确提出发挥社区社会组织、专业合作经济组织在社区建设中的积极作用，鼓励社会力量在教育、科技、文化、卫生、体育、社会福利等领域兴办民办非企业单位；发挥行业协会、学会、商会等社会团体的社会功能，为经济社会发展服务；发展和规范各类基金会，促进公益事业发展[②]。2007年，国务院出台了《关于加快推进行业协会商会改革和发展的若干意见》，明确行业协会发展坚持市场化方向、政会分开、统筹协调、依法监管的原则[③]。在改革开放的伟大历程中，国家—社会关系开始进行新的调整，相关的法律框架逐步完善。到了2008年，汶川地震中社会组织和志愿者的救援壮举使政府进一步认识到了新兴民间组织的社会价值，政府和社会组织的协同关系进一步增强。

2012年以后，中国特色社会主义进入了新时代，政府对社会组织的政策继续调整。十八大报告中明确提出要建立"政社分开、权责明确、依法自治"的现代社会组织体制，加快形成党委领导、政府负责、社会协同、

---

① 1999年12月6日的《民政部部长多吉才让在加强民间组织管理工作会议上的讲话》中指出："对新成立的社会团体要从严把关，重点发展适应社会主义市场经济发展需要的行业协会，严格控制成立那些业务宽泛、不宜界定的社会团体。禁止设立气功法类、特定群体类、宗族类和不利于民族团结与国家法律法规相悖的社会团体。"
② 韩俊魁. 1949年以来中国社会组织分类治理的发展脉络及其张力[J]. 学习与探索，2015（9）.
③ 王名，等. 中国社会组织（1978—2018）：社会共治——正在生成的未来[J]. 北京：社会科学文献出版社，2018：54.

公众参与、法治保障的社会管理体制[①]。政府积极推动社会组织越来越多地参与到公共事务中，社会组织也因此迎来发展的黄金期。2015年，政府出台了《关于改革社会组织管理制度促进社会组织健康有序发展的意见》，明确提出对相关法律法规的制定和修订以及工作部署。也是在这一年，政府公布了《中华人民共和国境外非政府组织管理法（草案）》，该草案拟将国务院公安部门及省级人民政府公安机关统一作为境外非政府组织在中国境内开展活动的登记管理机关，并实行双重管理体制。2016年，《中华人民共和国慈善法》正式出台，慈善组织和慈善行为成为一种法律概念被规范和保护。2016年8月，民政部民间组织管理局（民间组织执法监察局）正式更名为社会组织管理局（社会组织执法监察局），对外可称国家社会组织管理局，在登记管理、事中事后监管、执法检查等方面被赋予更大的权力。2017年8月，政府还发布了《志愿者服务条例》，以鼓励、支持、规范、保障和发展蒸蒸日上的志愿服务事业。民间组织立法要兼顾民间组织培育与社会发展的良性互动关系，这也是解决民间组织合法性困境的最根本出路[②]。因此，从改革开放到今天政府对社会组织的管理政策来看，社会组织的发展数量、规模、运行状况都发生明显的变化，政府对于社会组织在国家治理作用更加重视，政府与社会组织的关系在适应不断变化的社会发展环境过程中也逐渐构建出新的合作模式。

第二，治理型的专业民间组织出现了快速发展。随着改革开放的推进，国家的社会控制幅度逐渐收缩、国家的社会管理手段逐渐多样化，国家自身权力结构也在逐步调整[③]。随着市场经济体制改革的全面开展，自由的竞争机制和市场机制优化了资源配置的方式，出于社会治理的优化考虑，政府开始从一些领域中抽离，释放出更多的活动空间和治理权限给社会组织。1995年在京召开的第四届世界妇女大会期间，非营利组织（NPO）论坛也顺利举办，这是中国社会第一次大规模与境外非政府组织接触，特别是通

---

① 胡锦涛. 坚定不移沿着中国特色社会主义道路前进　为全面建成小康社会而奋斗——在中国共产党第十八次全国代表大会上的报告［R］. 北京：人民出版社，2012.
② 王建芹. 非政府组织的理论阐释——兼论我国现行非政府组织法律的冲突与选择［M］. 北京：中国方正出版社，2005：229.
③ 张钟汝，范明林，王拓涵. 国家法团主义视域下政府与非政府组织的互动关系研究［J］. 社会，2009（4）.

过媒体的报道与传播，普通公众才开始了解非政府组织的概念和知识[①]。20世纪90年代，正是西方非政府组织在全球治理中实现转型和发展的时期。专业性的民间组织开始蓬勃兴起，涉及妇女、儿童、扶贫、环保等多个领域，有的甚至发展成全国性的团体。政府对这些新的民间组织基本采取较为开放的政策，一方面加强政府规范，一方面也给这些民间组织自主权和活动空间，并在必要的时候通过政府购买服务的方式，形成新的政府与民间组织合作关系。2013年国务院下发的《关于政府向社会力量购买服务的指导意见》中就指出，应当加大政府在教育、就业、医疗、住房保障等问题领域对企业和社会机构购买服务的力度，更好地协调社会关系，发挥社会组织的治理职能[②]。

第三，社会组织管理仍然面临巨大挑战。自1978年以来，社会组织虽在数量和规模上有了长足的增加，但其功能的发挥却远落后于政府和市场。从20世纪80年代开始，政府和学界就在社会组织的分类管理上存在分歧。从组织性质的分类出发，经过1988年至2004年的整顿治理，我国逐步演化确立了社会团体、民办非企业单位、基金会三大类型社会组织的分类治理格局。但是在实际操作中，即便对民间组织登记的限制已经放松，很多社会组织在注册和管理过程中仍然面临种种困难，对其运行的管理和监督也存在不到位的现象。2007年年底，民政部发布过关于我国民间组织新的分类统计数据，但是其中对于组织社会效益的衡量指标并不完善。产生这一问题的原因在于政治思维以及技术路线之间的张力[③]。同时，在国家—社会关系转变的过程中，政府对社会组织发展有一个逐步加深政治认识的过程，二者之间的合作模式也需要逐步探索和成熟。但是，这些因素恰恰是中国社会组织区别于西方的非政府组织的地方。

---

① 王名，等. 中国社会组织（1978—2018）：社会共治——正在生成的未来[M]. 北京：社会科学文献出版社，2018：51.
② 国务院办公厅. 国务院办公厅关于政府向社会力量购买服务的指导意见[EB/OL].（2013-09-26）. http://www.gov.cn/xxgk/pub/govpublic/mrlm/201309/t20130930_66438.html.
③ 苏晓慧，杨艳花. 近十年来我国社会组织发展及演变趋势研究[J]. 新西部，2018（27）：22-23.

2. 新时代的群团组织改革

中共十八大以后,中国进入了全面深化改革的新时期。十八届三中全会制定了重大改革举措。其中群团组织的改革尤为引人瞩目。"群团组织"是在党的话语体系之下对于人民团体和群众团体的统称。群团组织作为党联系群众的桥梁和纽带,是国家政权的重要社会支柱。做好新时期群团工作,是加强党的执政能力建设的重要任务,是更好地服务发展、服务群众的客观需要,也是推进国家治理体系和治理能力现代化的内在要求。新时代的群团组织改革具有以下几方面特点:

第一,通过党政会议和正式文件强调群团工作的重要性。2014 年 12 月 29 日,习近平总书记主持召开中共中央政治局会议,审议通过《关于加强和改进党的群团工作的意见》,提出"新形势下党的群团工作更为重要和紧迫,只能加强,不能削弱;只能改进提高,不能停滞不前"①。2015 年 1 月 8 日,中共中央正式印发了《关于加强和改进党的群团工作的意见》,确定了加强党的群团工作的主基调。7 月 7 日,中共中央召开党的第一次群团工作会议,习近平总书记出席会议并发表重要讲话,声明群团组织的政治性、先进性和群众性,以及群团组织工作的重要性、紧迫性。2018 年 3 月,中共中央正式印发了《深化党和国家机构改革方案》。文件中提出:"群团组织改革要认真落实党中央关于群团改革的决策部署,健全党委统一领导群团工作的制度,紧紧围绕保持和增强政治性、先进性、群众性这条主线,强化问题意识,以更大力度、更实举措推进改革,着力解决机关化、行政化、贵族化、娱乐化等问题,把群团组织建设得更加充满活力、更加坚强有力。"②通过领导人的系列讲话和改革文件的颁布,党对于群团组织的指导思想、主要方针、发展道路、实践举措等都有了明确的要求,也突出体现了群团工作的重要程度。

第二,通过群团组织改革促进执政能力提升。改革开放以来的社会阶层不断分化,新的社会群体也带来了新的问题,民众的利益诉求愈发突破

---

① 新华网. 中共中央印发《关于加强和改进党的群团工作的意见》[EB/OL]. (2015-02-03). http://www.xinhuanet.com/politics/2015-02/03/c_1114241174.htm.
② 新华网. 中共中央印发《深化党和国家机构改革方案》[EB/OL]. (2018-03-21). http://www.xinhuanet.com/zgjx/2018-03/21/c_137054755_7.htm.

物质层面向精神层面扩展，经济社会发展不平衡不充分的矛盾日渐突出；加上互联网等新媒体的快速发展，群团工作环境的深刻变化也加深了群众工作的复杂程度。因此，摆在党和政府面前的问题是：如何在新形势下进一步加强和创新群团工作，最大限度增加社会和谐因素，增强社会发展活力，提高社会治理水平。因此，党中央将群团工作的重要性与党的执政能力建设、全面深化改革、"中国梦"的实现以及社会治理等工作相联系，突出群众团体在政治、组织、群众等方面的优势。在新形势下，群团组织所暴露出来的问题急需解决。长期以来，很多社会团体从思想层面上对于组织性质认识不到位，在工作中缺乏问题意识和自觉意识。加上很多不健全的管理机制和政策法规无法与多样化的社会组织兼容匹配，导致组织内部也出现管理问题，组织管理结构不当、实际工作受到滞后法规条例的制约，以及出现中央文件中指出的"四化"现象等。通过改革提升群团组织参与社会治理的能力，对于提高党的执政能力、推进国家政治治理现代化具有全局性意义。

第三，群团组织改革工作方向清晰。面对新的形势和挑战，党从"服务力、凝聚力、影响力"三大目标出发，努力使群团组织适应时代新发展、群团工作适应群众工作新要求。在具体的改革中，为了更好地发挥群团组织的桥梁纽带作用，要求坚持党的领导、服务大局、服务群众三个原则。这不仅有利于保障群团工作的开展、凝聚群众智慧推动经济发展，还能依法表达群众的利益诉求、保证社会和谐稳定。针对管理问题，政府积极搭建各类活动平台，以统筹资源，帮扶群众，保障权益，改善民生，服务人民，构建"大群团"工作格局。针对工作开展问题，政府则支持实施群团组织的项目化推动、社会化运作和规范化管理的"三化发展"，推行"一体化"的工作模式。针对发展问题，政府强调创新要素在群团组织改革中的关键作用，着力从组织体系、工作内容、体制机制三个方面入手，推动群团组织工作的理论创新、实践创新和制度创新，更好地引导群团力量参与到有效的社会治理中来[1]。

---

[1] 新华网. 中共中央印发《关于加强和改进党的群团工作的意见》[EB/OL].（2015-02-03）. http://www.xinhuanet.com/politics/2015-02/03/c_1114241174.htm.

3. 多元化民间组织的兴起

长期以来，我国对于"社会组织""民间组织"等的分类主要依据国务院颁布的三个条例：1988 年的《社会团体登记管理条例》、1998 年的《民办非企业单位登记管理暂行条例》和 2004 年的《基金会管理条例》。基于这些文件，官方界定社会组织包括社会团体、民办非企业单位、基金会三类。然而，随着形势的发展，"社会组织"的概念在不断充实。2016 年，为更好地与新出台的《中华人民共和国慈善法》衔接，民政部对"三大条例"进行修订，将"民办非企业单位"改为"社会服务机构"，对基金会的定义也做了调整，突出其慈善属性等。后两种组织的迅速发展，也是中国社会组织近年来发展转型的重要方面。

（1）行动型的志愿救援组织

近些年来，在中国蓬勃兴起了一批致力于开展各种灾害紧急救援和践行人道主义精神的志愿性行动组织。他们通过集合社会上的专业人才，并进行相关的救助培训，在国内和国际社会的紧急灾害救援行动中亮相。例如，2007 年成立的蓝天救援队（Blue Sky Rescue）是一个中国民间专业、独立的公益紧急救援机构，至今已在全国 31 个各省、直辖市、自治区成立品牌授权的救援队，以"在灾难面前，竭尽所能地挽救生命"为行动宗旨，协助政府应急体系展开防灾、减灾教育培训，参与各种灾害事故救援行动，减少灾害和事故造成的财产和生命损失，自成立以来参与了国内所有大型灾害的救援工作，每年救援案例超过 1 000 起[①]。在 2008 年汶川地震、2010 年青海玉树地震、2015 年尼泊尔地震救援中都有他们的身影。还有 2013 年成立的中国蓝豹救援队——国内首个由全国性公募基金会直接设立的、由专业志愿者参与的民间救援救灾力量，也是典型代表。此外，还有红箭救援队、中安救援队、绿野救援队、绿舟救援队等。实际上，这些开展国际人道主义援助的志愿救援队不仅有中国民间组织的下属机构，还有许多新成立的基金会，都是致力于从事救援、灾情评估、募集和发放救灾物资、灾民安置以及灾后重建等工作。这些专业化人道救援机构不仅在通过统筹

---

① 中青在线. 蓝天救援队 20 万志愿者践行新时代雷锋精神［EB/OL］.（2018-03-02）. http://news.cyol.com/co/2018- 03/02/content_16985379.htm.

社会资源快速应对灾难，还将国际人道精神践行到其他国家和地区，成为新型民间组织发展的亮点。

（2）公益慈善基金会

随着《基金会管理条例》的逐步实施和相关管理体制的不断完善，国内各种形式的民间基金会开始起步发展，并逐渐成为最活跃的新型民间组织类型之一。随着社会环境的转变，以及企业社会责任意识的增强，越来越多的慈善家改变原先组织直接捐助的方式，转向通过基金会的渠道进行慈善捐赠以履行企业社会责任。比如阿里巴巴公益基金会、腾讯公益慈善基金会、李嘉诚基金会等。此外，明星等公众人物也逐渐参与到慈善公益行业，诸如成龙的"成龙基金会"、李连杰的"壹基金"、韩红的"爱心慈善基金"、姚明的"姚基金"、李亚鹏和王菲倡导的"嫣然天使基金"等。慈善公益基金会的参与主体的多元化，以及对于救援、扶贫、教育、医疗等多领域的涉入，是中国社会对慈善和公益的新探索。

民间慈善基金会逐步正规化，一定程度上促进中国公益事业走向专业化道路，并加快国际化发展。以2015年发生的尼泊尔大地震为例，参与的有壹基金、爱德基金会、中国扶贫基金会及其下属救援队、中国社会福利基金会及其下属蓝豹救援队，以及蓝天救援队等。除了知名的大型基金会，一些专注于全球治理的中小型基金会也出现了。比如北京平澜公益基金会，该组织自成立以来主要开展的项目有：2015年的尼泊尔地震救援行动、在津巴布韦的马纳波普斯公园定期实施非洲反盗猎行动、参与2018年泰国青年足球队洞穴救援行动、泰国普吉岛沉船事故救援等，涉及亚、非、拉及欧洲的多个国家①。慈善基金会的活动领域还包括一些教育援助和医疗援助。例如，中国扶贫基金会和中国青少年发展基金会在海外开展涉及学校修建和奖学金、助学金的发放的教育活动；中国红十字会和中国和平发展基金会开展国际医疗活动等。其中，中国和平发展基金会在缅甸、蒙古等国家开展了一系列"光明行"活动，当地白内障病人实施免费手术治疗，为当地捐赠手术器材，还邀请当地医疗人员赴中国交换接受培训②。

---

① 来自笔者与中国平澜基金会的项目负责人的访谈内容，访谈日期：2019年1月15日。
② 季琳，张经伟. 中国民间组织"走出去"：现状、挑战及政策建议[R/OL]. http://www.geichina.org/_upload/file/report/NGO_Going_Out_CN.pdf.

(3) 网络公益和兴趣社团

随着信息技术的不断发展,网络社团作为一种新的社会组织应运而生,并发挥其独特的作用。关于"网络社团"的定义,约翰·哈格尔三世和阿瑟·阿姆斯特朗在《网络利益》一书中说道:网络社团或者称"虚拟社团",就是一个供人们围绕某种兴趣或需求集中进行交流的地方[①]。随着网络的普遍化运用和我国相关管理法案的建立健全,网络成为民间发出声音的便利平台,不少人通过这种平台建立团体。比如,人们以具备聊天室功能的虚拟社区和专题论坛为交流平台,探讨时下热门的话题或者共同关注的社会难题,并逐渐将其发展为线下的社团活动。网络社团虽然是虚拟的,但也具备现实社团的组织特征,比如成员强流动性、跨地域性、组织形式松散、组织结构扁平化等。因此,按照不同的活动内容为划分标准,网络社团主要有以下类型:利用网络平台发布环保、助学等公益信息的公益型或互益型网络社团,根据某一学习目标或兴趣爱好组成的学习型或联谊型网络社团;致力于保障社会弱势群体或者应对某种突发性事件的权益维护型网络社团等。例如,"格桑花西部助学网"于2005年2月19日上线,2009年7月正式在青海省民政厅注册为非营利性民间公益组织——青海格桑花教育救助会。该组织于2012年还获得了中央财政支持社会组织参加社会服务项目,获得了政府的财政资助[②];随着网络社团在社会中扮演越来越重要的角色,它可以促使政府权力下放,增强政治透明度,扩大民主参与和民主监督的范围,协调企业、政府与民众的关系,在许多社会领域形成多方参与的网络型管理组织和合作伙伴关系[③]。

除了这几种类型以外,还有一些行业联合性质的民间协会、草根民间兴趣团体、社区互助性的组织,都是在新的政策变革期之下催生、发展起来的。这些多元化的民间组织不仅是政府政策调整的产物,也是社会治理需求多元化的反映。

---

① 桑伟林,等. 法治视野下的我国网络社团监管研究 [EB/OL]. (2015-12-28). http://www.chinanpo.gov.cn/700105/92460/preindex.html.
② 青海格桑花教育救助会. 格桑花西部助学 [EB/OL]. https://exhibits.stanford.edu/chinese-ngos/catalog/pj147nr3561.
③ 熊光清. 网络社团的兴起与当代中国政治发展 [EB/OL]. (2012-03-01). http://www.aisixiang.com/data/50709.html.

三、中国社会组织的国际化

1. 中国社会组织国际化的现状

与西方的部分国际非政府组织不同，中国绝大多数的社会组织都是首先立足本国，依托中国特色的治理经验和文化，再在合适的阶段谋求国际化发展。在构建人类命运共同体的新外交方针指引下，中国的社会组织需要加快积极贡献于全球治理和"一带一路"的民心相通工作。

第一，中国社会组织国际化的道路起步较晚。冷战时期，中国社会组织受制于国际环境和自身的体制文化，在国际舞台主要是为政府外交服务，在全球治理领域的活跃度不高。20世纪90年代，"结社革命"止在西方国家兴起，大量的国际非政府组织融入全球治理的前线。而中国的社会组织刚刚接触到相关的概念，在国际交往中处在被动接受的地位，更谈不上全面的走出国门，参与全球治理。到了1995年，在北京召开的第四届中国妇女大会及非营利组织论坛成为中国社会组织首次与国际非政府组织大规模接触对话的机遇，也成为社会组织国际化发展的重要契机。21世纪以来，中国扶贫基金会、中国红十字会、中国青少年发展基金会、全球环境研究所等非政府组织开始在海外开展项目，才有了全球治理意义上的中国社会组织国际化。一般认为，民间组织国际化的发展要历经以国内事务为主到逐步关注国际事务，再到成为国际舞台上真正的倡导者和行动者等三个阶段[1]。总体来说，目前中国社会组织刚刚开始进入第三个阶段，国际项目数量仍然不多、活动类型单一、影响力也不足，相关能力建设也还有缺失。中国扶贫基金会常务副秘书长陈红涛在一次接受专访时说，该基金会的海外项目及国际化之路就历经三阶段、十余年的探索。"第一阶段是从2005到2009年，主要针对世界范围内的灾害进行救援，募集的善款主要通过受益国家使馆或第三方机构拨付出去，基金会自己的员工没有走出国门。从

---

[1] 黄浩明. 民间组织国际化的趋势——兼谈中国的现状、挑战与对策[J]. 中国非营利评论，2011（2）：184.

2009年到2015年，以援建中石油捐赠的苏丹阿布欧舍友谊医院项目为标志，开始派员工去受益国开展项目。从2015年注册设立缅甸和尼泊尔办公室开始进入第三阶段，海外项目从"四无"，即无固定办公场所、无固定人员、无长期项目和无长期项目资金，转变成为"四有"①。中国扶贫基金会作为参与全球治理项目的代表性中国社会组织，其经历折射出中国社会组织走向世界的历程。

第二，中国社会组织国际化热情高、发展快。中国社会组织的国际化虽然起步较晚，但随着中国国力的提升和政策环境的改善，近年来却在加速发展。首先，从外在环境上看，中国国家加大对外援助的力度、海外中资企业社会责任需求的增加、全球治理新时代的到来给中国社会组织的国际化提供了广阔的发展空间②。相比于政府和企业的活动来说，社会组织在专业治理领域的活动政治敏感性较低，与国际非政府组织的合作空间很大。除了提供国际公共产品和社会服务，还可以利用自身专长参与国际规则的制定，提升中国在多边外交中的影响力。

第三，十八大以后，在国家治理体系和治理能力现代化的改革进程中，社会组织的发展环境正在变得更加宽松、自由和自主化。从民政部发布的社会服务发展统计公报的数据来看，截至2017年年底，全国共有社会服务机构和设施182.1万个，全国社会服务事业费支出5 932.7亿元，比上年增长9.1%③。2016年以来，《中华人民共和国慈善法》《社会团体登记管理条例》《志愿者服务条例》等文件相继出台，中国社会组织的活跃度进一步提升，服务领域与方式也不断扩展。

最后，国家新的外交政策也推动社会组织自身也在顺应时势、依托资源、开发海外项目的基础不断提升自身的国际化水平。"一带一路"建设、南南合作、主场外交等作为中国外交新的重点方向，为中国社会组织的国家化提供了新的资源和发展平台。社会组织开展国际项目不仅有助于政府和企业援助项目的落实、国际公共产品的提供和发展治理经验的推广，更

---

① 郭媛丹. 中国民间组织"走出去"背后的故事[EB/OL].（2018-10-19）. http://www.huanqiu.com/www/coprdata/hqsb/2018-10/13301906.html? agt=1.

② 杨义凤. 中国NGO国际化的现状、挑战与对策[J]. 湖南师范大学社会科学学报，2014（3）：75.

③ 民政部. 2017年社会服务发展统计公报[EB/OL]. http://www.mca.gov.cn/article/sj/tjgb/2017/201708021607.pdf.

是新时代中国故事的讲述者和民间外交的实践者。

2. 中国社会组织国际化面临的挑战

随着全球化程度的不断加深,关乎全人类生存和发展的新议题不断涌现,全球治理的内涵与实践随之不断延展。中国社会组织"走出去"参与全球治理的深度、广度和影响力与国家不断增长的综合国力和国际地位仍不相称[①],未来还将面临多方面的挑战。

第一是来自国际环境的挑战。当前国际政治环境快速变化、异常复杂,西方国家对外政策出现摇摆,国际秩序处于不确定性之中。在全球治理领域,西方非政府组织掌握着信息和政策资源,积累了先进的经验和品牌,最终形成了相当程度的思想和话语霸权。而中国社会组织国际化起步晚,受到的传统体制机制的局限,实地开展的海外研究和援助项目较少,在国际会议中发出的声音较弱。西方非政府组织在价值观上与中国社会组织有差别,在意识形态方面有偏见。在价值观分歧和意识形态偏见的影响下,即便是中国的人道主义救援、环保、公益等组织的国际活动,也经常受到政治猜疑,被西方世界视作一种威胁。此外,西方对于中国社会组织的合法性和专业能力也有质疑。由于较为单一的政府援助方式、宣传力度和透明度不够、受援国民众参与度不足、多边援助少于双边援助等缺陷,一些西方舆论罔顾中国海外援助的巨大正面作用,而简单排斥以"新殖民主义"和"流浪援助者"[②]。中国社会组织要打破窠臼、消除成见、在合作中提升影响力和公信力,还有很长的路要走。

第二是来自政策机制的挑战。近年来,中国政府不断地调整管理政策,改善社会组织的发展环境,但社会组织要参与全球治理的规则制定和项目实践,在宏观和微观的层面还需要进一步释放管理的活力。例如,社会组织参与全球治理、贡献民间外交的方针、政策和管理机制还需要专门权威文件的认定,这些概念涉及法律定位问题,也在一定程度上妨碍了中国社会组织意义的理解。随着《中华人民共和国慈善法》等法律法规和相关政策的出台,中国社会组织的外部支持体系已经日趋完善,南南合作基金等

---

① 刘振国,罗军. 社会组织"走出去"参与全球治理问题探析[J]. 决策参考,2016(12):40.
② 刘洪武,黄梅波,等. 中国对外援助与国际责任的战略研究[M]. 北京:中国社会科学出版社,2013:444.

多种资金支持的平台也将开始发挥重大作用。但是，社会组织的海外活动也需要互相协调和统筹规划。例如，2015年4月25日，尼泊尔发生8.1级强震，以中国扶贫基金会、壹基金、爱德基金会以及蓝天救援队为代表的中国社会组织自发参与了尼泊尔境内的国际紧急救援。然而，此次被称作"中国社会组织第一次集体走出国门实施的规模最大的一次海外救援行动"暴露出很多问题：在对外救灾方面，政府体系内尚未形成明确的政策和相应的主管部门，尚未建立统一的协调机制，以至于在本次应灾过程中社会组织很难找到专门的职能部门进行相关工作的沟通、协同；在物资捐助程序、税收政策以及通关管理措施方面，社会组织对尼泊尔的政策不甚了解，以至于人员抵达多日之后设备和物资不能顺利清关成运；由于我国外汇资金管理十分严格，大部分社会组织尚未开展过此类运作，对于公募慈善资金的跨境转账没有经验，也缺乏相应的规范渠道；以及对于外语、救援专业人才等的缺乏等[①]。此外，在社会环境上，部分公众对于国际公益活动的合理性仍然有质疑，对全球治理的概念更是认识不清，国内社会还没有形成参与全球治理活动的热情和共识。比起20世纪五六十年代美国青年热情参加"和平队"走向世界来，中国的国际志愿者数量无法满足未来的需求。国家在政策、法律、资金、监管、人才培养、平台搭建、社会生态等方面的支持亟待加强。

第三是来自组织本身的挑战。从参与意识上来说，中国社会组织对于国际化的认识参差不齐。"社会组织国际化"到底是指中国社会组织发展成为"国际非政府组织"，还是"可以狭义上理解为在海外设立分支机构"，乃至仅仅是有国际交流活动，对社会组织来说思想并不统一[②]。截至2018年11月，中国全国性社会组织中，拥有国际性社团37个，外国商会19个，合计占1 934个全国性社会团体总数的2.49%。涉外基金会9个，占204家全国性基金会总数的4.41%。民政部发布的2017年社会服务发展统计报告显示：2017年全国共有民办非企业单位40.0万个，其中国际及其他涉外组织类仅有15个，占比仅为0.003 8%[③]。多数社会组织虽然有国际交往活

[①] 张强，陆奇斌. 我国社会组织走出去的路径与挑战［EB/OL］. http://www.chinareform. org.cn/society/organise/practice/201511/t20151116_238378.htm.

[②] 王名，等. 中国社会组织（1978—2018）：社会共治——正在生成的未来［M］. 北京：社会科学文献出版社，2018：207.

[③] 刘锋. 中国社会组织国际化现状、困境及策略［J］. 理论视野，2019（2）：55.

动,但不能算作国际及涉外类社会组织。

从国际化的能力来看,社会组织的差距更大。社会组织管理能力的高低直接关系到项目运营的效果,关系到捐赠人的捐赠意愿,影响到非政府组织的公信力[①]。而中国民间组织参与全球治理及其国际化目标的最大短板在于组织能力的不足。具体来说,首先是海外项目管理能力的薄弱。中国非政府组织国际化的实践仍然缺乏必要的信息披露,尚未建立起公开透明的问责体系,年报与新闻报道是目前最主要的信息披露渠道。资金使用明细、项目完成后的评估等详细信息缺失严重,这直接影响到组织的公信力[②]。其次是专业化人才的严重匮乏。社会组织参与国际事务,要求专业领域人才、财务人才、传播人才、跨文化沟通人才等,还需要综合素质高、适应能力强的志愿者团队。目前社会组织核心人员一般具有相当的专业能力,但在跨文化沟通能力方面普遍不足。志愿者热情高,但普遍缺乏国际活动的经验和能力储备。最后是社会组织间协同机制不完善。社会组织和政府、研究机构、企业等方面的协同能力还不够强。比起日本等发达国家的对外援助体系来,中国奔赴海外的各类机构之间仍然缺乏机制性的合作,基本处于各自为战、一盘散沙的状态。在紧急情况下,在人道主义救援中"一窝蜂"上,不但浪费资源,而且影响援助的效果。

综上所述,中国的社会组织具有深厚的历史传统,如今又正在进行新的变革和发展。中国的社会组织参与全球治理,必然伴随着深化改革的进程。中国社会组织本身的改革发展,构成了其参与全球治理活动的一个前提条件。

---

① 杨义凤. 中国NGO国际化的现状、挑战与对策[J]. 湖南师范大学社会科学学报,2014(3):77.
② 杨义凤. 中国NGO国际化的现状、挑战与对策[J]. 湖南师范大学社会科学学报,2014(3):77-78.

第六章

全球治理中的社会组织机制改革

一、改造组织管理与文化

1. 非营利组织文化

随着群团组织改革的推进和相关法律法规的完善,无论是官方、半官方社会组织还是新兴的草根民间组织,都迎来了新的发展环境。虽然两种形式的社会组织在改革的方向上不尽相同,要想在全球治理中推出和完成有竞争力的项目,都必须首先实现组织制度和文化的相应变革。这种微观管理层面的变革是宏观政策层面变革的相应结果,也构成中国社会组织参与全球治理能力改造的不可或缺的一部分。

首先,中国社会组织要围绕着某种特殊使命目标,改造出符合国际标准的非营利组织文化。非营利组织之所以被称为第三部门,是因为它们介于政府的公共性质和企业的私人性质之间。从法律地位、资金来源和管理方式等方面来讲,非营利组织不是公共管理结构,但它们追求的却是公共管理的目标。"非营利组织是为使命而存在的,他们的存在是为了改变社会和我们每个人的生活。"[①] 非营利组织的精神,是一种公共精神;非营利组织的文化,是一种公益文化。

引领社会组织的文化改造的是清晰的使命和愿景。但非营利组织和政府不同,一般不会全面介入公共生活的各个领域,而是瞄准专门领域的目标,构建专一化的使命。使命可以给社会组织的发展提供指导方向,也可以向公众传递自身的价值,获得支持。专一化的使命是指社会组织要找准自己的定位。"专"意味着社会组织要聚焦专业领域,比如环境保护、人道主义救援等;"一"意味着在专业的基础上,还要做到独树一帜。比如微笑列车(Smile Train),是一个精准定位于解决世界儿童唇腭裂问题的医疗卫生组织。社会组织的使命专一性越强、定位越精细,就越容易推出与其他机构不同的品牌项目,越有机会在全球治理舞台上占有一席之地。

---

① Peter D. Managing the Non-profit Organization: Principles and Practices[M]. New York: Harper Business, 2006: 3.

社会组织要参与全球治理，其使命还需具有国际性。这包括两个方面：一是价值观层面的国际性。社会组织的使命价值观要符合国际通行的第三部门文化——非政治性、非营利性、志愿性和公益性等，应该具有世界各国人民普遍接受的价值观念。二是技术层面，社会组织使命措辞要精确、直白，让人易于理解和接受。措辞的精确尤其要体现在使命的翻译上。一些社会组织的使命表达在母语中意境深远，但是翻译成外语之后空旷寡淡，堪堪能表达意思，却难以还原深远幽微的韵味。比如，红十字国际委员会（ICRC）的使命宣传语"Let's decide the future of nuclear weapons before they decide ours."包含了三层意思：一是核武器可以毁掉我们的未来；二是我们要努力对核武器进行控制；三是人类可以掌控自己的未来。中文官方版本是："行动起来，把握方向，勿让核武器操控我们的未来。"这样的翻译相对于英文就消耗掉了文学的韵味。因此，如何确定社会组织的国际使命，需要在跨文化的背景中综合考虑。

其次，中国社会组织要加强志愿文化建设，以志愿精神激励员工、志愿者以及其他伙伴开展治理活动。第三部门的志愿文化是指个人或团体出于自由意志与兴趣，秉持协助他人、改善社会的宗旨，不求私利与回报的理念[①]。联合国前秘书长科菲·安南曾说："志愿精神的核心，是服务和团结的理想，是共同使这个世界变得更美好的信念。从这个意义上说，志愿精神是联合国精神的最终体现。"[②]在推动志愿精神国际化的路上，联合国的行动发挥了重要的作用。1970年，联合国确定每年12月5日为国际志愿者日；1991年，宣布21世纪的第一年为国际志愿者年；2001年，通过了《全球志愿者宣言》。志愿精神已经超越国家和社会制度，成了第三部门参与全球治理的价值标准。因此，中国的社会组织应该具有这样的精神内核，才能更好地推出符合国际标准的治理项目。

要建立志愿文化，必须有高质量的志愿人员。提高公众对志愿服务的

---

① Susan E, Katherine C. By the People: A History of Americans as Volunteers [M]. San Francisco: Jossey-Bass Publishers.
② 联合国前秘书长科菲·安南在"国际志愿者年"启动仪式上的讲话。"At the heart of volunteerism are the ideals of service and solidarity and the belief that together we can make the world better. In that sense, we can say that volunteerism is the ultimate expression of what the United Nations is all about."参见：https://www.un.org/press/en/2000/20001128.sgsm7642.doc.html.

了解，是社会组织聚集志愿人员的第一步。长期以来，中国的社会组织运作处于一种"圈内人"模式，志愿服务项目的策划、执行、管理以及效果大多只在同行圈内相传，尚没有充分唤起公众的广泛参与。尤其是在一些二、三线城市，由于缺乏对志愿者活动的宣传活动和认可制度，大量个人志愿者参与志愿服务后雁过无痕，既没有在社会上引起关注，也没有形成激励志愿者再参与服务的奖励机制，因此民众参与志愿活动仍有很大的局限性。近年来，从一些大城市开始，政府和社会组织形成了较为成熟的官方志愿者工作服务网络，比如"志愿北京"平台，具备宣传志愿服务成果、查询志愿团体信息、报名参与志愿服务、积累志愿服务时长、下载志愿服务证书等功能。社会组织可以与城市的志愿者工作服务平台对接合作，充分利用政府提供的资源，提高组织自身的知名度，吸引更多的市民参与社会组织活动。

此外，社会组织还要通过培训和参与服务提高志愿者的认同感。志愿者选择从事志愿服务往往基于爱好和热情，但热情的长期维系需要科学化的管理[①]。为了减少志愿者积极性下降、中途退出等问题的出现，除了要制定相应的管理法规，更重要的是加强团队内的志愿文化建设。比如通过培训，让志愿者明白公益的意义不仅在于社会组织自身开展的服务援助活动，还在于其激活和带动了公共议题的发展；通过实地服务活动体验与定期分享会的引导，让参与者切身体会社会服务需求的急迫性以及公益慈善的重要性，提高其志愿服务意识。只有培养出一批具有真正志愿精神的志愿者，中国的社会组织才能为国际社会做出更多的治理贡献。

2. 企业式的管理制度

尽管非营利机构在目标和使命上更像政府，但它在管理的技术层面却很像企业。特别是在具体的全球治理项目中，社会组织跟企业一样需要寻求项目资金，然后把资金转化为特殊的"产品"和服务，并为了完成这一过程对内建立高效的财务和人事管理制度，对外打造有影响力的品牌项目。在这些方面，传统的群团组织行政化特征明显，而大部分草根社会组织还没有形成规范的管理制度。企业化管理的改革涉及面很广，从资金筹集的

---

① 张远凤，邓汉慧，徐军玲. 非营利组织管理：理论、制度与实务[M]. 北京：北京大学出版社，2016：282.

多元化渠道、人事制度改革和打造品牌项目等三方面下手，是中国社会组织进行管理改革的突破点。

首先是项目资金筹措的多元化和市场化改革。对于群团组织和官办、半官办社会组织而言，资金筹集渠道多元化意味着不能仅仅依赖于政府的拨款，更关键的是要形成自己的特色项目，提高项目筹款能力。官办社会组织有官方机构背书，关系网络以及可使用资源丰富，在项目的合法性和公开推广方面具有先天的优势。将政府的资金支持与项目筹款分开管理，逐渐从依赖政府拨款转向凭借项目捐资运营，官办社会组织才能真正脱离"行政僵化"的泥淖，在全球治理市场上争得一席之地。比如中国扶贫基金会，2000年完成"市场化"改革后，其官方背景的红利尚存，在其后推广母婴平安120项目、新长城大学生资助项目、紧急救援与灾后重建项目、爱心包裹项目、筑巢行动等品牌项目时，相对容易获得相关部门的支持，具体的援助措施也更容易在地方落到实处。品牌项目成功推广后，中国扶贫基金会开始获得公众的青睐，年捐赠额从改革前的2 000万元上升到现在的4亿~6亿元[①]。

对于草根社会组织来说，资金筹款渠道多元化意味着要善于利用政府设立的专项扶持基金、企业慈善捐款和公众资金，培养一批对组织进行常态化捐款的支持者。一般来说，草根社会组织一般是始于一个项目的成功运营，如北京新阳光慈善基金会的前身是北京大学阳光志愿者协会。在其阳光骨髓库项目成功运营后，于2009年在北京民政局注册成立，开始关注白血病等重大疾病领域的社会问题。2016年各类社会组织管理条例相继颁布后，整体的政策是向草根社会组织倾斜的。除了抓住机会，善于利用政府设立的专项扶持基金外，草根社会组织还可以通过对组织使命、理念的宣传，培养向组织本身捐款的月捐客户以弥补行政支出。

其次是人事制度的改革。官办社会组织"去行政化"后将直面市场的竞争，真正热爱公益事业的人才竞争上岗，源源不断的志愿者也成了组织最宝贵的资源。如中国扶贫基金会在打破"铁饭碗"前，事业编制仅20个，一旦需要用人，只能按照非在编人员进入，福利待遇都跟不上。"这就变成了两拨人，人为地制造了不平等。"[②] 行政级别取消后，基金会自秘书

---

① 何道峰. 中国扶贫基金会经典案例 [M]. 北京：社会科学文献出版社，2017：3.
② 灵子. 中国扶贫基金会转制之路：行政级别全部取消 [EB/OL]. (2010-11-10). http://news.sina.com.cn/c/sd/2010-11-10/093221446556.shtml.

长以下实行全员招聘制和竞争上岗,在竞聘和年中评语中成绩不佳者自动离职。除此之外,轮批更换的志愿者也给基金会注入了新的活力。每个成功筹款的新项目都可以面向市场招收专业不同、数量不同的志愿者,人员流动的活力与之前僵化的编制人员管理截然不同。"固定行政人员+项目志愿者"的人才分层管理模式,使官办组织在运营项目时形式可以更灵活,自主性也更强。

对于草根社会组织,规范化和制度化的人事管理,能够吸引更多专业人才择木而栖。2017 年,在民政部门登记注册的社会组织中就业的人员包括大学本科以上学历人数为 1 105 238 人,比上年增加 14.36%。与此同时,就业人员的职业化、专业化水平越来越高。2017 年民政注册社会组织聘有社会工作师 27 126 人,比上年增长 12.06%;助理社会工作师 27 824 人,比上年增长 37.93%。此外,社会组织就业人员还呈现年轻化趋势。2017 年社会组织从业人员中,35 岁以下人员占总就业人数的 34.27%,36~45 岁人员占 36.57%,46~55 岁人员占 20.10%,55 岁以上人员占 9.06%[①]。越来越多职业化、年轻化的人才投身于社会服务事业,对于草根社会组织而言无疑是巨大的发展机遇。这些社会组织与官办、半官办社会组织不同,在组织形式和管理上更像西方非政府组织,开放自由,富有激情活力,对致力于投身公益事业的人才很有吸引力。当然,社会组织的管理收支要合理,可以提供有吸引力的激励和薪酬;人力资源管理要规范,有公平的绩效管理和晋升机制。

最后是打造差异化的品牌项目"产品"。就像企业一样,项目就是社会组织的产品。产品有吸引力,才能获得资金,也才能服务公众,实现价值。近年来,西方非组织数量如雨后春笋,公益项目风靡云蒸,大量的公共和私人资金涌入各式各样的公益项目。在全球治理中,国际非政府组织的项目更是多样和成熟,有着激烈的竞争。如果中国社会组织项目缺乏独特的定位和创新,仅仅做成"散财型"项目,仅仅停留在捐款捐物的层面,那么项目就会同质化,失去生命力和竞争力。

项目的定位决定着社会组织的品牌。按照企业品牌的理论,品牌战略的演变可以划分为三个时代:产品时代、形象时代和定位时代[②]。产品时代对应劳斯·瑞夫斯提出的独特销售主张理论,即提出竞争对手没有提出过

---

① 根据《中国民政统计年鉴 2017》以及《中国民政统计年鉴 2016》C-3-2 社会组织总表数据计算得出。
② 邓德隆. 2 小时品牌素养[M]. 北京:机械工业出版社,2011:12.

的主张进行宣传。形象理论提出者是大卫·奥格威,即在宣传产品功能价值时,为产品赋予感性价值,为品牌打造一个独特的形象。定位理论提出者杰克·特劳特认为,在信息爆炸式增长时代,消费者在选择品牌时无暇区分品牌之间的形象差别,而是把产品"分成类别储存起来,同时每个类别又只记几个足够应付的品牌"①。社会组织的品牌也是这样。比如提到教育援助,大家首先想起的是中国青少年发展基金会的"希望工程"项目;说到妇女儿童援助,中国扶贫基金会的"母婴平安"项目马上浮现在人们脑海;说到扶贫攻坚,为人津津乐道的是四川海惠助贫服务中心的"小母牛"项目。所谓产品的"定位",就是当顾客产生相关需求时,便会将该品牌作为首选,也就是说这个品牌占据了这个"定位"②。

因此,社会组织在设计品牌项目时,要符合以下三个原则:第一,要有针对性。品牌项目在设计初期需要找好定位,这个项目要解决什么问题?这个项目的受益群体是谁?好的项目定位一般从一个聚焦点向外扩展。比如世界自然基金会的"60+地球一小时"项目,定位是节能环保倡议活动,初始倡议内容是"倡导关注气候变化,关注蓝天",后来慢慢变成"号召公众做出环保改变",受益群体为"全体地球居民"。第二,要便于公众熟记。品牌项目的名字要简单易记,区分度强,可以在描述性词语前后加上特定的内容,比如北京新阳光慈善基金会的"联爱工程——儿童癌症综合控制项目"、中国扶贫基金会的"母婴平安120行动项目"等。第三,要符合组织自身的使命。在经营品牌项目的同时,其实也是在为组织自身的使命建设搬砖添瓦。和组织本身契合的项目才可以长期稳定地发展下去。

若一个品牌项目运行效果好或者潜力巨大,最好可以采取商标注册方法对品牌项目进行保护。中国是《商标注册用商品和服务国际分类尼斯协定》的缔约国之一③,采用国际通用的尼斯商标分类方法,将商标按照商品特性或服务特性总共分成45个类别。其中1~34类是实物类别,35~45类是服务类别④。对于影响力较大,准备打造成国际品牌的项目,最好申请

---

① 邓德隆. 2小时品牌素养[M]. 北京:机械工业出版社,2011:19.
② 邓德隆. 2小时品牌素养[M]. 北京:机械工业出版社,2011:22.
③ 《商标注册用商品和服务国际分类尼斯协定国目录》,参见:https://www.wipo.int/export/sites/www/treaties/en/documents/pdf/nice.pdf.
④ 中国好公益平台. 六成公益产品没有商标注册?公益产品应该怎么做品牌保护[EB/OL]. (2018-11-15). http://www.haogongyi.org.cn/Home/Resource/articleDetail/article_id/5.html.

"全类别保护"，即 45 个商标类别全部申请。在信息时代，公益产品的运营模式开始呈现多元化，项目的涉及范围广泛。全类别的保护可以让产品做到该系列品牌的独占享有，便于日后推出品牌项目的周边产品。对于其他影响暂时较小的品牌项目，至少需要申请 5 类商标才妥当，比如 35 类 "3501 组广告；3506 组办公事务"、36 类 "3607 组慈善募捐"、38 类 "3802 组通信服务"、42 类 "4209 组提供研究和开发服务" 等。还应根据项目的定位选择一个专业类别，比如 41 类 "4102 组织和安排教育、文化、娱乐等活动；4103 组图书馆服务"、43 类 "4303 组养老院"、44 类 "医疗服务" 等[1]。

3. 媒体式的传播能力

中国社会组织还要逐步具备传播机构的能力特征。传播能力是西方非政府组织运营管理所依靠的核心能力。非政府组织可能需要面对政策、资本、产品等不同性质的竞争性市场。它们必须让自己的主张得到最广泛的舆论支持，也必须寻求更大的机会影响政策；它们想要获取公众和私人的捐赠，必须与捐资方有良好的沟通，最好是形成品牌形象；它们的治理项目要让受益对象和当地政府、媒体等利益相关方接受，也必须建立在宣传的基础上。后一点对于中国社会组织来说教训尤为痛切，有时候筹措了资金、打造了项目，却由于舆论上的被动，饱受误解，无法施展。

社会组织传播能力的核心是话语能力。受到资金等条件的限制，社会组织往往没法像大型企业一样聘用公关公司或专业媒体来为自己传播，因此公益人才常常需要同时兼做传播人才。尤其是社会组织的领导人，往往同时是传播理念、沟通思想的高手。对那些开展全球治理项目的社会组织管理者来说，还需要有跨文化传播的能力，才能推动项目的国际化发展。

社会组织传播的首要任务，是能够将自身使命转化为具有动员能力的话语。一般来说，社会组织的使命较为正式，字数较多，不易于让人铭记。因此社会组织还需要直击人心的标语口号。标语甚至有可能成为社会组织形象的化身。比如野生救援组织（Wild Aid）的标语口号是："When the buying stops the killing can too." 句中没有提到任何 "反盗猎" 的字眼，也没有提

---

[1] 商标分类表：类似商品和服务区分表（基于尼斯分类第十一版），参见：http://www.sbfl.cn/.

到"动物",但是"killing"一词容易让人联想到有生命的东西,和"buying"组合在一起会让人联想到杀死有生命的东西获得商品,这就直接导向了象牙、皮草等沾染动物鲜血的商品。"stop"一词直接联结两个动词,表达了"停止纵容、停止伤害"的意思。短短的八个单词,就清晰地表达了问题和对象。更精妙的是,中文翻译"没有买卖,就没有杀害"也按照同样的逻辑,精准地表达了上述意思。

许多社会组织将真实的故事、经历与使命结合,容易激发人们的共情。比如北京新阳光慈善基金会的发起人刘正琛曾经也是白血病患者,为了帮助自己和所有患者,在家人和同学的支持下,他发起了中国大陆第一个民间骨髓库——阳光骨髓库,并成立了北京大学阳光志愿者协会①。后来恢复健康的刘正琛注册了新阳光慈善基金会,致力于帮助中国白血病儿童恢复健康。新阳光的宣传语是"用爱自己的心去爱别人",结合平时机构大力宣传的创始故事,该标语容易引起共鸣,让人耳目一新。

撰写使命宣传语的另一种逻辑是将组织的项目核心特色融入宣传语中。比如国际小母牛组织(Heifer International)多年来闻名于其独特的"传送礼品"可持续扶贫模式,要求受助农户在依靠饲养牲口脱贫后,必须将所获牲口的后代或同等价值的捐款、知识和技术传递给其他有需要的家庭,受惠农户因此能获得参与公益的尊严。国际小母牛的宣传语是:"Give a life-changing gift to a family in need."(大致意思:给有需要的家庭送上一份改变生活的礼物。)这很巧妙地将小母牛项目的核心模式与使命结合,引人入胜。

部分在中国的知名国际组织和中国社会组织使命及宣传语,如表6-1所示。

表6-1 部分在中国的知名国际组织和中国社会组织使命及宣传语②

国际非政府组织		
组织	使命/宗旨	宣传语
野生救援组织(Wild Aid)	保护野生动物	When the buying stops the killing can too 没有买卖,就没有杀害

---

① 北京新阳光慈善基金会. 大事记[EB/OL]. http://www.isun.org/index.php？m=content&c=index&a=lists& catid=199.
② 根据各社会组织中英文官方网站信息整理。

续表

国际非政府组织		
组织	使命/宗旨	宣传语
世界自然基金会（WWF）	遏止地球自然环境的恶化，创造人类与自然和谐相处的美好未来	Building a future in which people live in harmony with nature 创造人类与自然和谐相处的美好未来
乐施会（Oxfam）	消除贫穷和不公	World without poverty 无穷世界
世界宣明会（World Vision）	在不分宗教信仰、种族、文化背景或性别的情况下致力于为孩童及其家庭和社区服务，对抗贫穷与不公	Life in all its fullness for every children 愿每一个孩子，活出丰盛；求每一颗心灵，矢志达成
救助儿童会（Save the Children）	推动全社会在对待儿童方面取得突破性的进步，为儿童的生活带来及时和持久的改变	Save the children 救助儿童
英国海外志愿者服务社（VSO）	促进志愿服务以消除全球贫困和弱势。通过把人们聚合在一起，分享经验、共同创新、共同学习、共同努力建立一个更加公正的世界	Fighting poverty through volunteering 通过志愿服务与贫困作斗争
微笑列车（Smile Train）	以可持续的方式救治并解决世界儿童唇腭裂问题	Give every child the chance to smile 给每个孩子微笑的机会
国际小母牛组织（Heifer International）	消除贫困，关爱地球	Give a life-changing gift to a family in need 给有需要的家庭一份改变生活的礼物
红十字国际委员会（ICRC）	为武装冲突和其他暴力局势受害者提供保护和援助，促进人们遵守国际人道法及该法在国内法中的贯彻和实施	Let's decide the future of nuclear weapons before they decide ours 行动起来，把握方向，勿让核武器操控我们的未来
AIESEC	维护世界和平，开发人类潜能	Go aboard & explore your world 更大的世界，更好的自己
中国社会组织		
组织	使命/宗旨	宣传语
北京新阳光慈善基金会	提升白血病等重大疾病的预防、服务与治疗水平	用爱自己的心去爱别人
阿拉善SEE基金会	从事生态环境保护工作，推动企业家承担更多的环保责任	凝聚企业家精神，留住碧水蓝天
中国扶贫基金会	扶持贫困社区和人口改善生产条件、生活条件、健康条件并提高其素质和能力，实现脱贫致富和持续发展	播善减贫，成就他人，让善更有力量 Disseminate good and reduce poverty, help others to achieve their aims, and make the good more powerful

续表

中国社会组织		
组织	使命/宗旨	宣传语
中国青少年发展基金会	通过资助服务、利益表达和社会倡导,帮助青少年提高能力,改善青少年成长环境	—
中国宋庆龄基金会	继承和发扬宋庆龄毕生致力的增进国际友好,维护世界和平;开展两岸交流,促进祖国统一;关注民族未来,发展少儿事业	—
中华少年儿童慈善救助基金会	救助有特殊困难的少年儿童,帮助他们获得生存与成长的平等机会和基本条件,资助民间公益慈善组织为少年儿童服务,坚持以慈为怀、从善如流、呵护未来、促进和谐的理念,倡导人人助我、我助人人的精神	以慈为怀,从善如流 Be benevolent and be ready to embrace what is right
中华慈善总会	发扬人道主义精神,弘扬中华民族扶贫济困的传统美德,帮助社会上不幸的个人和困难群体,开展多种形式的社会救助工作	慈心为民,善举济世
四川海惠助贫服务中心①	消除贫困,关爱地球	授人以渔,消除贫困
公众环境研究中心	推动信息公开,服务绿色发展,找回碧水蓝天	—
教育资助网	心系学子,善行天下,帮助每一个需要帮助的学生	帮助每一个需要帮助的学生
自然之友	建设公众参与环境保护的平台,让环境保护的意识深入人心并转化成自觉的行动	真心实意,身体力行
世界运河历史文化城市合作组织	以运河为纽带,促进运河城市间经济文化交流,共享发展经验,推动互利合作,促进运河城市共同发展和繁荣	—

从表 6-1 中可以看出,成熟的社会组织都有自己的使命或宗旨,但是使命宣传语的质量良莠不齐。像救助儿童会、微笑列车、国际小母牛组织等国际组织的使命宣传语,没有官方的中文版本,这不利于国际组织在中国的宣传和长远发展,毕竟"被客户记住"是组织扎根的第一步。反过来,中国的社会组织大部分没有用心设计的使命宣传语,更别说形成外文的版本。优秀的宣传语,可以让人在提到这个组织的时候,下意识地想起并联

---

① 国际小母牛组织中国本土化后的社会组织,已注册为中国民营非企业单位。

想到它的使命。比如提到乐施会（Oxfam），大家会想到简洁有力的"World without poverty"，甚至中文版本的"无穷世界"更加出色。而更高级别的宣传语，是一提起标语，就可以自动对应到产品。就像在中国提到"没有蛀牙"，就会想起高露洁牙膏一样。中国的社会组织在敲定使命和使命标语时，应该往这个方向看齐，争取精益求精，让使命深入人心。

　　社会组织的品牌项目也需要进行宣传和推广。社会组织的大部分资金来源于捐赠与公募，在资金使用上面临各利益相关方的问责，因此难以投入大量的资金用于广告宣传。对于社会组织而言，事件营销和活动公关是推广品牌最强有力的手段。营销是一种把外部世界的需求和愿望与组织的意图、资源和目标协调一致的方法[①]。与企业的"顾客导向型"产品营销不同，社会组织通过事件营销宣传品牌项目，最重要的目标是向社会推广公益理念，普及志愿精神，从而鼓励更多的民众关注项目，主动捐款。通常社会组织会采取成本低廉、效果显著的网络营销方式，包括建立自己的网站、通过网络发布信息、进行网上调研、网络募捐、建立微信公众号、注册微博加 V 账号等。非营利组织活动与网络营销十分契合，两者都具有公民的自发性[②]，活动都是由公民或网民自发兴起、自发组织和自发传播的。比如 2014 年风靡全球的"冰桶挑战"运动[③]之所以能成为热点，就是因为其新颖的挑战方式极具娱乐性和体验性，首先引起了美国体育界和影视界明星、政界人士甚至是美国总统的积极参与，然后通过"参与者可向另外三人发起挑战"这一"病毒式"的传播方式迅速蔓延全球。在"冰桶挑战"最开始进入中国时，也是雷军、林丹、章子怡等名人的率先应战引起了公众的关注。通过这样的营销方式，"冰桶挑战"不但让 ALS 这种罕见疾病知识短时间内得到普及，而且筹款收益也大大提高。仅从营销活动开始的 7 月 29 日到 8 月 18 日，ALS 组织受到的善款就已经达到 1 560 万美元，而 2013 年同期该组织得到的捐赠只有 180 万美元[④]。

　　除了依靠网民自发兴起的营销活动，中国社会组织还要发挥主观能动

[①] 德鲁克. 非营利组织的管理［M］. 吴振阳, 等, 译. 北京: 机械工业出版社, 2007: 68.
[②] 张远凤, 邓汉慧, 徐军玲. 非营利组织管理: 理论、制度与实务［M］. 北京: 北京大学出版社, 2016: 248-249.
[③] "冰桶挑战"运动（ALS Ice Bucket Challenge），要求参与者在网络上发布自己被冰水浇遍全身的视频内容，然后该参与者便可以要求其他人来参与这一活动。活动规定，被邀请者要么在 24 小时内接受挑战，要么选择向 ALS（肌肉萎缩性侧索硬化症）组织捐出 100 美元。
[④] 张远凤, 邓汉慧, 徐军玲. 非营利组织管理: 理论、制度与实务［M］. 北京: 北京大学出版社, 2016: 236-237.

性主动创造营销热点。当项目的宣传出现一个舆论热点时，运营团队要及时抓住时机对进行热点事件营销，用最小的成本达到品牌宣传与推广的效果。比如 2017 年的"一元购画"活动①在朋友圈刷屏后，主办方之一的"WABC 无障碍艺途"机构负责人即表示，将在南京、上海等城市举办"小朋友画廊"线下体验活动，用户可以现场挑选画作购买。在事件关注度最高的时候，充分把握时机，趁热打铁推出相应的后续活动，由此该组织的品牌项目得到进一步的推广。

要引起关注就离不开流量，寻找合适的明星参与项目"直播"是引起公众关注的有效途径。从传播"引爆点"的角度分析，"个别人物法则"是引发"病毒式传播"的三个条件之一②，即社会流行浪潮的驱动是由特定的人引发的。比如中国扶贫基金会和善品公社合作的"石棉黄果柑"项目，邀请演员陈妍希作为石棉黄果柑推广大使，赴四川省雅安市石棉县坪阳村与当地 80 岁果农一起到田间采果、选果。除了在微博、微信公众号实时报道采果过程，善品公社还将拍摄成的公益宣传片置顶微博，创建微博话题"扶贫路上她力量"，主动将项目进程向公众公开。当然，再多的营销套路和把握时机都比不上优质的项目产品，毕竟对于品牌项目而言，项目的效果才是营销和公关活动最大的底气。

二、透明化和可问责

1. 资金管理的规范与透明

非营利组织的出现是为了弥补政府失灵和市场失灵，但自身实际上也存在着"志愿失灵"的情况，如非营利组织只能满足部分特定群体的需求、

---

① "一元购画"活动，2018 年 8 月 29 日由"WABC 无障碍艺途公益"和腾讯公益平台共同发起，微信用户可以用一元钱的价格购买由患有自闭症、智力障碍、脑瘫等病症的特殊人群创作的绘画作品。购买后，用户可保存画作用作手机壁纸，也可以点击倾听画作上小朋友留下的感谢录音。

② 格拉德威尔. 引爆点［M］. 钱清，等，译. 北京：中信出版社，2006：4.

慈善组织的家长作风和官僚化、非营利组织内部腐败贪污等①。因此，为了防止一些管理不善、绩效不佳的社会组织造成公共资源的浪费，也为了给现存的社会组织带来改革的压力和动力，对社会组织的问责是大有必要的。除了进行组织制度和文化改造，提高内部运作效率外，社会组织还要面对来自政府、捐赠者与受助者、媒体和公众等多方的问责。其中政府是唯一具有法律权威的问责主体，可以通过立法和法规对社会组织实施问责；捐赠者与受助者则是与社会组织直接利益相关的问责主体；媒体和公众则代表的是第三方问责主体。它们都可以对社会组织的资金管理、项目执行情况、项目成效等方面进行监督。非营利组织接受利益相关方问责的三个维度包括：财务责任、过程责任和效益责任。财务责任是指非营利组织的资金收入和支出都要遵守适当的规则，资金的管理要公开透明；过程责任是指非营利组织实施项目时要积极作为，严格遵守规则和程序；效益责任是指要关注工作质量，确保行动和资源投入取得预期的效果②。因此，中国的社会组织要从这三个维度出发，积极改进，提高自身应对问责的能力。

对于社会组织来说，要取得捐款人的信任，提高公信力，最重要的一点是规范和公开组织的资金管理情况。

首先，社会组织要严格遵守国家制定的社会组织管理条例，依法进行财务管理和信息公开。中国现行的社会组织三大管理条例为1998年10月25日国务院发布、2016年2月6日修订的《社会团体登记管理条例》，2004年3月8日国务院公布的《基金会管理条例》，1998年10月25日国务院发布的《民办非企业单位登记管理暂行条例》，其中规定了社会组织必须委托审计单位对自身的财政、财务收支、经营管理活动及其相关财务资料进行审查和监督，规范组织内部的财务管理制度③。社会组织在进行会计核算

---

① 张远凤，邓汉慧，徐军玲. 非营利组织管理：理论、制度与实务［M］. 北京：北京大学出版社，2016：356-357.
② 张远凤，邓汉慧，徐军玲. 非营利组织管理：理论、制度与实务［M］. 北京：北京大学出版社，2016：353.
③ 《社会团体登记管理条例》第二十七条：社会团体必须执行国家规定的财务管理制度，接受财政部门的监督；资产来源属于国家拨款或者社会捐赠、资助的，还应当接受审计机关的监督。社会团体在换届或者更换法定代表人之前，登记管理机关、业务主管单位应当组织对其进行财务审计。《民办非企业登记管理暂行条例》第二十二条：民办非企业单位必须执行国家规定的财务管理制度，接受财政部门的监督；资产来源属于国家资助或者社会捐赠、资助的，还应当接受审计机关的监督。民办非企业单位变更法定代表人或者负责人，登记管理机关、业务主管单位应当组织对其进行财务审计。《基金会管理条例》第三十七条：基金会应当接受税务、会计主管部门依法实施的税务监督和会计监督。基金会在换届和更换法定代表人之前，应当进行财务审计。

和财务管理时,要遵循 2005 年 1 月 1 日财政部发布的《民间非营利组织会计制度》的相关规定,使用国家统一的标准对活动的原始单据进行分类、归档和记账。除了社会组织自律进行财务规范管理和会计审查外,现行的三大管理条例还规定了社会组织应依法向登记管理机关报送上一年度工作报告,主动进行信息披露,接受年度检查①。

2016 年颁布的《中华人民共和国慈善法》(以下简称《慈善法》)、《关于慈善组织开展慈善活动年度支出和管理费用的规定》(以下简称《支出规定》)则进一步对社会组织的资金使用情况做了严格规定。《慈善法》规定,慈善组织的财产应当根据章程和捐赠协议的规定全部用于慈善目的,并向社会公开慈善财产资助的项目,及时告知捐赠人募得款物的管理和使用情况②。《支出规定》则根据社会组织的现行身份、是否取得公募资格、上年末净资产剩余等不同情况,制定了其年度慈善活动支出和年度管理费的标准。对于取得公募资格的慈善组织,年度慈善活动支出不得低于年总收入的 70%,年度管理费用不得高于当年总支出的 10%~13%;对于不具备公募资格的慈善组织,年度慈善活动支出不得低于上年末净资产的 6%~8%,年度管理费用不得高出当年总支出的 12%~20%等③。为了对社会组织的资金使用情况进行更严格的监管,2017 年,民政部和财政、税务、金融、公安等部门一起建立了社会组织资金监管机制,对社会组织资金管理的规范和透明提出了更高的要求④。

为了加强对社会组织的统一管理,民政部起草了《社会组织登记管理条例(草案征求意见稿)》(以下简称《新草案》),并于 2018 年 8 月 3 日向社会各界征求意见⑤。新条例正式施行后,现行的社会组织管理三大条例将同时废止⑥。《新草案》中对社会组织的信息公开和监督做了更严格的要求。

---

① 罗辉. 非营利组织管理[M]. 北京:北京大学出版社,2018:332.
② 详见《中华人民共和国慈善法》第六章 慈善财产、第八章 信息公开。
③ 详见《关于慈善组织开展慈善活动年度支出和管理费用的规定》第七条到第十一条。
④ 中华人民共和国中央人民政府. 社会组织资金监管机制正式成立[EB/OL]. http://www.gov.cn/xinwen/2017-08/18/content_5218449.htm.
⑤ 中华人民共和国民政部. 民政部关于《社会组织登记管理条例(草案征求意见稿)》公开征求意见的通知[EB/OL]. http://yjzj.mca.gov.cn:8280/consult/noticedetail.do?noticeid=52.
⑥ 《社会组织登记管理条例(草案征求意见稿)》第八十三条:本条例自 年 月 日起施行。1998 年 10 月 25 日国务院发布、2016 年 2 月 6 日修订的《社会团体登记管理条例》,1998 年 10 月 25 日国务院发布的《民办非企业单位登记管理暂行条例》,2004 年 3 月 8 日国务院公布的《基金会管理条例》同时废止。

一是现行条例下的年度检查模式将被"信息报告和公开"模式取代,即不再由登记管理机关对社会组织及其年度工作报告进行检查,而是通过登记管理机关统一的信息平台公开社会组织的情况和年度报告,由社会各界共同监督。二是社会组织要按照2018年9月1日开始施行的《慈善组织信息公开办法》履行信息公开义务。未按照规定履行信息公开义务的社会组织,将被取消其承接政府转移职能和购买服务等资格。连续2年或者5年内累计3次未按照规定履行年度报告义务的,将由登记管理机关吊销法人登记证书。三是《新草案》明确指出国家鼓励公众、媒体对社会组织进行监督,对违法违规行为予以曝光,发挥舆论和社会监督作用[①]。国际上通行的非营利组织信息披露模式有两种:一是完全披露式,即公众可以随时申请查阅非营利组织的财务信息和年度报告。二是不完全披露式,非营利组织主要向监督机关披露财务报告等信息,监督机关向公众负责[②]。从《新草案》的变化可以看出,中国对社会组织信息公开的管理正从不完全披露式转向完全披露式。

其次,除了依法在官方信息平台公开信息,社会组织还应该主动向捐资人公示资金的使用情况。社会组织资金来源复杂,主要途径包括会费收入、个人和社会捐赠、企业捐助、基金会资助和政府拨款。由于其所得资金大多是无偿捐助资金,因此社会组织有责任向捐资人说明资金的去向及使用情况,也就是接受捐资人的问责。在中国,"捐资人问责"的标志性事件是发生于2010年。那年3月西南大旱后,福耀玻璃创始人曹德旺拟向灾区捐赠2亿元善款,中国扶贫基金会希望曹德旺可以将这笔善款捐给基金会,然后通过基金会发到灾民手上。由于对慈善组织信任不足,曹德旺坚持要亲自监督善款的发放,并与中国扶贫基金会签下了问责协议。基金会需要按照捐资人的要求发放善款,若基金会没有在规定时间内将善款发放到户或发放善款对象为非灾区贫困家庭,捐资人有权将善款全部收回[③]。捐

---

① 《社会组织登记管理条例(草案征求意见稿)》第七十二条:任何单位和个人发现社会组织有违法行为的,可以向登记管理机关或者其他有关部门投诉、举报。国家鼓励公众、媒体对社会组织进行监督,对违法违规行为予以曝光,发挥舆论和社会监督作用。
② 张远凤,邓汉慧,徐军玲. 非营利组织管理:理论、制度与实务[M]. 北京:北京大学出版社,2016:361.
③ 高嘉亦. 详解中国慈善"问责第一单"[EB/OL].(2011-03-22). http://www.chinadevelopmentbrief.org.cn/news-3226.html.

资人的强势导致了基金会在执行项目时如履薄冰——细致认真地筛选受助家庭、精打细算节约管理预算、严防紧盯杜绝内部贪污行为等，最终项目得以顺利完成。"问责第一单"先例的成功不仅让捐资人看到了"问责"带来的甜头，也让社会组织的管理者意识到向捐资人公开信息，提高双方信任度的重要性。

最后，社会组织的资金情况也应该适度向公众公开。网络技术的发展使得信息的大范围公开成为可能，社会组织资金公示最常用的方法是在官方网站上发布组织的年度报告。比如连续几年获得"中国基金会透明指数"第一名的北京新阳光慈善基金会，在其官网上"信息公开"栏目中设有"理事会情况""规章制度""工作报告""年检报告""审计报告""财务公示"以及"内部刊物"等7个板块[①]，组织内部的资金流向一目了然，收到的捐款也每年增加。除此之外，社会组织还可以主动参与建立第三方数据共享平台，公示组织的信息。目前中国的三大类社会组织中，基金会类社会组织联合建立了第三方数据共享平台，即中国基金会中心网。其使命是建立基金会行业信息披露平台，提供行业发展所需的能力建设服务，促进行业自律机制形成和公信力提升，培育良性、透明的公益文化[②]。通过该网站，公众可以轻松查阅和对比中国各大基金会的财务数据，包括净资产、捐赠收入、公益支出、中基透明指数FTI等。这不但有利于捐资人和公众对社会组织进行问责，而且有利于在社会组织之间形成竞争，推动整个行业管理规范化和专业化的发展。

2. 项目进程的公开与反馈

为了维持社会组织的合法性和公信力，资金管理的规范和透明只是迈出的第一步。要想满足越来越"挑剔"的问责主体，最好的办法是定时为捐资人提供项目进程的实时反馈，利用互联网与媒体公众等进行互动，使利益相关方尽可能多地"参与"到项目中来。

传统的捐助模式中，最能体现实时反馈的是"一对一"贫困儿童助学捐助模式。如由陕西福智慈善基金会创建的教育资助网，是中国首个公开、

---

① 北京新阳光慈善基金会. 信息公开 [EB/OL]. http://www.isun.org/index.php?m=content&c=index&a=lists&catid=14.
② 基金会中心网. 机构简介 [EB/OL]. http://new.foundationcenter.org.cn/about/about_cfc.shtml.

透明的民间公益助学组织与社会化教育资助平台，在线提供一对一学生资助、在线学费资助等相关助学服务①。人们可以在网站中浏览贫困学生的基本信息以及他所需要的捐赠数额，以此确定捐款对象。一旦资助完成，工作人员会致电确认，并建立爱心档案，将孩子班主任或者监护人的电话及转款截图发给捐资人。此后捐资人可以通过平台提供的反馈、与孩子直接通话等方式，实时掌握受助孩子的成长情况。这样的反馈使得捐资人的参与感和满足感大大提升，从而提升对该社会组织的信任与认可。

除了"按需捐款"模式外，在西方非政府组织中很流行的"代表童"模式也是典型的能接收实时反馈的"一对一"捐助方式。如救助儿童会（Save the Children）推出的"助养儿童计划"②，人们同样可以在网站上浏览贫困儿童的基本信息，自由选择想要助养的儿童。不同的是，这位即将与捐资人建立"一对一"联系的助养儿童是一位"代表童"。捐资人的善款不直接汇入"代表童"的账户，而是汇入救助儿童会的专项基金中，由专业人员管理使用，统一对一片地区的儿童进行救济。捐资人可以收到与自己建立联系的受惠地区"代表童"的成长信息，并与他进行互动。"代表童"模式的优势在于：一是与直接"按需捐款"模式一样，捐资人可以接收到受助者的成长信息，减少对项目执行的质疑。二是人们可以自由选择捐赠的金额，也可以自由选择捐款的次数，是可持续性的捐款模式。三是可以避免因每位捐资人捐款数额不同而造成的受助儿童生活水平不平等问题。

通过这样的"一对一"配对方式，捐资人与受助者之间搭起了联系的桥梁。这不仅增加了捐资人的参与感，还为其提供了监督社会组织项目执行的新方式。"一对一"捐款方式是社会组织争取民众信任的好方法，但同时它也给社会组织带来了更多的监督与压力。

而在互联网时代，在线公益产品可以同时为多位参与者提供项目进程的实时反馈。比如阿拉善SEE公益机构与支付宝合作，在绿色线上公益产品"蚂蚁森林"上推行"一亿棵梭梭树"项目。支付宝用户每攒够17.9克绿色能量即可在线上捐赠一棵梭梭树，而阿拉善SEE公益机构则负责联合相关部门和民间组织，在阿拉善沙漠生态区种植梭梭树。梭梭树实际种

---

① 教育资助网.资助网简介［EB/OL］.http://www.ceezz.cn/article.php？id=102.
② Save the Children. Frequently Asked Questions［EB/OL］. https://www.savethechildren.org/us/about-us/frequently-asked-questions.

植完成后，用户可随时通过"蚂蚁森林"的"电子稻草人"查看梭梭树林的实景照片。点击"电子稻草人"后会进入"实景相册"界面，相册中存有每一片林地每一天的实景照片，摄像头每天会定时拍摄林地画面，实时更新①。多名用户可同时查看梭梭树的种植和成长情况而互不影响，这就极大地增加了"一亿棵梭梭树"项目的监管者。

此外，技术的发展还可以为项目过程的问责提供便利。比如支付宝"蚂蚁金服公益"上的捐赠项目，会定期自动为捐款用户推送项目进度的最新情况。以平台上中华少年儿童慈善救助基金会与春晖博爱合作的"给孤儿妈妈般的爱"项目为例，捐款用户捐款完成后，立刻可以点击查看项目的进度情况。第一类可查询的是捐款情况，包括每个月捐款爱心人士的数量、所得的捐款总额、每日筹款目标、每日筹款进度等，公开透明。第二类是项目支出情况，包括每月总支出金额、费用所属周期、具体项目名称、每所福利院受益金额、直接受益儿童数量、间接受益儿童数量、基金会行政花费、春晖博爱行政花费、支付业务付款回单等，事无巨细。第三类是近期开展的活动情况，如春晖老师手工艺课堂、受助儿童"艺术小人才"比赛、春晖宝宝迎春节活动等，图文并茂。第四类是工作报告，包括年度项目工作报告、与具体地方儿童福利院合作说明等。第五类是项目探访邀请，如到福利院探访春晖幼儿项目、春晖学前项目和春晖家庭项目等，捐款用户可自行报名参与。当以上进度情况有更新时，捐款用户的支付宝会自动收到消息提醒。由于区块链技术的支撑，社会组织和公益平台向 1 个用户推送消息和向 10 000 个用户推送消息成本是一样的，因此用户只需捐款 0.01 元，即可随时查阅该项目的进度。这样的设置充分调动了用户捐款和监督的积极性。

社会组织还应该充分利用新浪微博、微信、知乎，甚至是豆瓣和抖音等用户量高的社交软件，向媒体和公众"直播"项目进程。上述的两种反馈方式都是需要用户主动去查看才有监管的功效。而通过在社交平台每日更新项目进展，与留言粉丝互动，则是社会组织主动向社会"曝光"自己，积极应对问责的行为。比如中国扶贫基金会，每天都会在官方微博上对最近资助或参与的公益项目进行精心运营，将诸如援助的物资数量、项目的最新进程、受援群体的情况等信息逐一发布。每日的更新既有利于基金会

---

① 小淳. 蚂蚁森林新增"电子稻草人"：随时查看林地实景照片［EB/OL］.（2019-04-04）. http://news.mydrivers.com/1/621/621690.htm.

自身的宣传，也有利于公众对其项目的执行进行监督。关注的人越多，社会组织收获的潜在捐赠用户越多。

此外，扶贫基金会官方微博还会主动曝光网友私信或转发的负面评价消息，比如质疑扶贫基金会的小额信贷项目存在向农民放贷以获取盈利的嫌疑，言辞激烈攻击扶贫项目扶的是"专家组"等。通过主动转发和解释负面微博，与网友互动留言等举动，扶贫基金会在努力消除民众对于公益的误解[①]。社会化媒体是一个开放的平台，除了能给社会组织带来流量关注外，与之相伴的还有各种各样的负面评价。如何开诚布公，理性客观地处理媒体平台上的负面评价，是社会组织提高应对问责能力的必修课。

除了重视微博、微信上的公开宣传，中国扶贫基金会还于2018年7月27日正式入驻抖音，通过抖音的短视频、直播等功能，对项目进行公开和宣传，与关注粉丝互动回复。在2018年的国家扶贫日，中国扶贫基金会联合字节跳动扶贫、抖音共同发起了#关注贫困助力攻坚#话题，以短视频的形式记录和发现贫困地区的特色美食、美景和人文风情，助力贫困地区实现脱贫。话题吸引了交通运输部、中国铁路、人民网、中国教育电视台、浙江之声等多个机构和媒体参与，讲述扶贫背后的感人故事，相关视频播放量超6.8亿次，点赞量超4 000万次[②]。此外，中国扶贫基金会还会在抖音上发布团队内部工作的小剧场视频，比如工作人员和志愿者分类整理和邮寄月捐人证书，团队筹备外交部"大爱无国界"义卖活动等。

通过多渠道的社交平台互动，社会组织除了可以向公众"提交"工作汇报，还可以展示组织自身的活力和热情。结合互联网带来的新机遇，增信释疑，讲好故事，可以为中国社会组织国内和国际治理项目的运营添砖加瓦，保驾护航。

3. 项目效果保障机制

社会组织的生命体现在机构行动的能力上，包括机构实施公益项目的效率与效益以及机构的公信度[③]。资金管理的规范和透明，项目进程的公开

---

① 曹宇. NGO/NPO 微博营销案例——中国扶贫基金会[EB/OL]. (2010-06-17). https://socialbeta.com/t/case-study-ngo-social-media.html.
② 张明敏. 中国扶贫基金会联合抖音发起视频征集助力脱贫攻坚[EB/OL]. (2018-10-23). http://www.gongyishibao.com/html/gongyizixun/15136.html.
③ NPO 信息咨询中心. NPO 能力建设与国际经验[M]. 北京：华夏出版社，2003：29.

和反馈，都是社会组织取信于利益相关方、提高机构公信度的辅助手段。真正用于评判社会组织优劣的标准，是其开展项目所取得的效益。因此，要提高社会组织应对问责的能力，最重要的是保障项目的效果，并让相关的效益具有可持续性。

首先要用充分的调研来保证项目的可靠性。充分地调研对于国际项目来说尤为不可或缺。好的调研是"审时度势"的综合考察，它可以引导管理团队思考"选择什么样的项目""在什么地方开展""与哪些潜在伙伴合作"才可以取得更大的项目效益。解决这些问题要从环境和能力两个维度进行思考。环境维度的指标包括中国外交的需求、援助国与中国的关系、中资企业与该国的交往、当地民众对华的态度、国际社会的要求等。比如深圳市国际交流合作基金会，综合多方调研，基于2014年中国—东盟领导人会议上提出的"澜沧江—湄公河合作机制"，联合深圳市政府和本市其他社会组织，筹划了"深系湄澜"品牌项目集群，推出了"湄公河太阳村""湄公河光明行"等一系列项目[①]。能力维度则是指社会组织是否有足够的能力、经验去开展项目。比如中国扶贫基金会在母婴项目上经验丰富。2000年9月，"母婴平安120"项目作为中国扶贫基金会第一个自己创立的项目[②]，开始在云南省丽江纳西族自治县实施。经过多年的发展，该项目已经发育成熟，成为基金会的品牌项目之一。基于对开展母婴项目经验以及能力的综合评估，中国扶贫基金会相继向苏丹、埃塞俄比亚推出"微笑儿童"项目，并取得了良好的社会反响。

其次是通过创新来提升项目效果。巧妙的项目实施方法可以让社会组织在同样的社会环境中用更少的资金取得最大的效益。比如南都公益基金会2009年推出的"新公民计划"，该项目旨在改善农民工子女的成长环境以及帮助农民工子女获得更好的教育，项目内容包括为农民工子女提供课业辅导、健康成长指导、社会交往指导、就业服务等帮助以及为无法进入公立学校的孩子开办新公民学校。南都基金会的新公民学校项目采取了公益创投的模式，其与上海浦东非营利组织发展中心合作建设了公益组织孵化器，通过采取公开招标的方式招募初创或关注教育的非营利组织开发与建设新公民学校。南都基金会持有新公民学校品牌，为中标非营利组织提

---

① 李超."深系澜湄"和"城市+"两大重点项目正式发布[N].深圳晚报，2017-12-18（A10）.
② 何道峰.中国扶贫基金会经典案例[M].北京：社会科学文献出版社，2017：125.

供场地设备、能力建设、注册协助、小额补贴等帮助，为每所新公民学校提供 150 万~200 万元种子资金，其余的具体事项实施均由中标非营利组织完成①。这样的公益创投模式带来了多重效益：首先，为农民工子女兴办了多所新公民学校；其次，每捐建一所学校就相当于资助创立了一个教育非营利组织；再次，新颖的公益创投方式吸引了政府企业的支持，带动了多方力量投资建设。以银川新公民学校为例，南都公益基金会捐款 200 万元，撬动了宁夏回族自治区各级政府 2 000 多万元资金，政府还将提供后续支持，比如配备一定数量的公办教师等②。创新项目的实施方式可以让社会组织在同类的竞争对手中脱颖而出，获得更高的项目效益。

再次，通过建立伙伴关系网络提升项目效益的可持续性。传统的捐赠和援助项目属于"交钥匙"工程，在项目交付使用后，其效益就开始脱离管控，影响力也与日俱减。要改变这样的现状，社会组织就要转向关注可持续开展的"治理型"公益项目。维持项目效益最有效的办法是与当地政府或非政府组织合作，使与当地生活息息相关的个人或组织成为项目的维护方。

比如中国扶贫基金会的埃塞俄比亚水窖项目，由中国企业徐工集团捐资，联合埃塞俄比亚的第一夫人办公室以及当地社会组织埃塞俄比亚雨水集蓄协会，为埃塞俄比亚奥罗米亚州和阿姆哈拉州的居民兴建收集雨水的小型水利设施。两期工程竣工后，41 口水窖交付使用③。项目结束后，由埃塞俄比亚当地社会组织和水利专家组织安排，将此技术教授给当地村民，为更多的居民解决生产生活用水紧张的问题④。此外，通过当地民间组织积极动员社区参与，受益农户投工投劳，水窖的维护和维修成本进一步降低⑤。通过动员当地个人或群体参与项目的维护，可以使援建项目的效益得到最好的

---

① 张远凤，邓汉慧，徐军玲. 非营利组织管理：理论、制度与实务［M］. 北京：北京大学出版社，2016：325-328.
② 张远凤，邓汉慧，徐军玲. 非营利组织管理：理论、制度与实务［M］. 北京：北京大学出版社，2016：327.
③ 中非合作论坛. 中国扶贫基金会捐建非洲水窖项目竣工仪式举行［EB/OL］.（2017-06-12）. https://www.fmprc.gov.cn/zflt/chn/zxxx/t1469374.htm.
④ 中国新闻网. 徐工集团"非洲之角"公益项目第一口水窖竣工［EB/OL］.（2016-11-11）. http://www.chinanews.com/business/2016/11-11/8060104.shtml.
⑤ 中非合作论坛. 中国扶贫基金会捐建非洲水窖项目竣工仪式举行［EB/OL］.（2017-06-12）. https://www.fmprc.gov.cn/zflt/chn/zxxx/t1469374.htm.

维持。

又如北京平澜公益基金会（以下简称"平澜基金会"）的津巴布韦反盗猎项目，截至2018年9月，一共开展了五期活动。2015年5月，第一期由中国志愿者组成的反盗猎团队刚到津巴布韦马纳波尔斯时，装备简陋，经验不足，更关键的是无法获得同样在当地开展项目的西方非政府组织的信任。经过一段时间的适应、磨炼、进步，中国反盗猎团队开始逐步打消了津巴布韦政府和动物保护工作者的疑虑，获得了开展反盗猎工作的许可，在公园内建立了固定的营地。但此时，中国国内对平澜基金会的反盗猎活动仍处于不甚了解的状态，甚至还有反对和质疑的声音。小试牛刀成功后，平澜基金会趁热打铁，又连续开展了四期反盗猎活动，与此同时，野生动物考察和调研也同步进行。第五期行动结束后，平澜基金会已经在马纳波尔斯公园建立了长久巡逻营地，津巴布韦官方、西方非政府组织、中国大使馆和外交部门等，都对中国志愿者的实地反盗猎活动给予了高度的评价。而新华社、中国中央电视台、腾讯等重要媒体的持续跟踪采访也让国内民众对该项目的了解和认可不断增加[1]。积跬步方可至千里。一次完工的捐赠项目难以取得长久的影响力，而可以持续开展的治理项目则能一直维持并增加其所带来的效益，给社会组织带来源源不断的发展动力。

三、适应国际化的管理架构

1. 总部机构

中国的社会组织要想开展好国际项目，还需要建立好相应的管理架构。西方大型的国际非政府组织具有类似西方跨国公司的"总部—分支"管理结构。国际化程度越高，总部的结构越精干，分支机构越强大，本地化程度越高。中国的社会组织的国际化刚刚起步，跟西方国际非政府组织的组

---

[1] 公益中国. 中国志愿者非洲反盗猎图片展暨平澜公益发展合作国际论坛在北外举行[EB/OL].（2018-06-11）. http://www.appbw.com/news/articles-2241.html.

织架构还无法比拟。但根据国际项目开展的情况，社会组织必须建立国际项目所需的计划、实施、监督和评估能力①，这就要求其必须逐步建立国际化组织管理架构以及专业的管理人才。

随着国内公益服务市场与国际志愿服务需求的变化，社会组织要逐渐在其机构内部搭建完善的组织管理架构，明确各部门的职能。国外非营利组织典型的管理结构核心是理事会（Board of Trustees）和首席执行官（Chief Executive Officer，CEO）②，理事会是组织的最高决策机构，首席执行官则同时承担执行和管理的重任。美国的理事会之源（Board Source）是一家专门为非营利组织提供管理层咨询和培训的非政府组织，其主要使命是为国际非政府组织提供规范的领导管理模式③。中国的社会组织管理结构则略有不同。目前国内的社会组织管理条例、章程示范文本对各机构内部的组织架构都有相关规定。其中社会团体需要设置会员大会（或会员代表大会）、理事会、监事会和秘书长④；社会服务机构需要设立理事会、监事会和行政负责人⑤；基金会的管理架构则明确规定为理事会、监事和秘书长⑥。而新起草的《社会组织登记管理条例（草案征求意见稿）》则对三大社会组织的管理架构有更明确、系统的规定⑦。

---

① NPO 信息咨询中心. NPO 能力建设与国际经验［M］. 北京：华夏出版社，2003：29.
② 张远凤，邓汉慧，徐军玲. 非营利组织管理：理论、制度与实务［M］. 北京：北京大学出版社，2016：153.
③ 前身为美国非营利理事会中心内（National Center for Nonprofit Boards），是世界各地 NPO 理事会成员获取实用信息、工具和最佳实践案例、培训及领导力发展的主要资源中心。其官方网址为：https://boardsource.org/about-boardsource/。
④ 《社会团体章程示范文本》第十四条：团体的最高权力机构是会员大会（或会员代表大会）；第二十一条：团体设立常务理事会（理事人数较多时，可设立常务理事会）。常务理事会由理事会选举产生。第二十四条：团体设有理事长（会长）、副理事长（副会长）、秘书长。
⑤ 《民办非企业单位（法人）章程示范文本》第十条：本单位设理事会。理事会是本单位的决策机构。第十九条：本单位院长（或校长、所长、主任等）对理事会负责。第二十条：本单位设立监事会，其成员不得少于3人，并推选1名召集人（人数较少的民办非企业单位可不设监事会，但必须设1～2名监事）。
⑥ 《基金会管理条例》第二十条、第二十一条：基金会设理事会，理事会是基金会的决策机构。第二十二条：基金会设监事。监事任期与理事任期相同。第二十三条：基金会理事长、副理事长和秘书长不得由现职国家工作人员兼任。
⑦ 《社会组织登记管理条例（草案征求意见稿）》第四十条：社会团体的组织机构包括会员大会或者会员代表大会、理事会，可以根据需要设立常务理事会、监事或者监事会。第四十五条、第四十六条：基金会、社会服务机构设理事会，理事会是基金会、社会服务机构的决策机构，依法行使章程规定的职权。第四十七条：基金会、社会服务机构设监事。第四十九条：基金会、社会服务机构的负责人从理事中选举产生。社会服务机构执行机构负责人可以通过聘任产生。

对于致力于开展国际项目的中国社会组织来说，一个粗糙的组织架构显然是不够的，部门职能的细分是国际化管理的起点。以中国扶贫基金会为例，随着业务的发展，其组织内部的部门划分也在与时俱进，精益求精。目前中国扶贫基金会秘书处下属部门分为企业运营、筹资运作、后勤支持三大板块。其中"后勤支持"板块中的六个部门负责基金会的人力资源、财务、研究、品牌宣传等事务，不参与项目的具体运作，但其与项目实施前期的计划、评估，实施过程的资金审批、行政报销以及实施完成后的效果宣传等方面密不可分。"后勤支持"板块中的六大部门管理与前文所说的企业式管理模式正好对应，是科学的组织管理模式在社会组织中应用的体现。"筹资运作"和"企业运营"板块中各大部门则是根据项目业务细分，运用关键绩效指标（Key Performance Indicator，KPI）进行目标量化式管理。每个部门根据该年度筹款数额、运作项目数量、项目影响力等目标，制定关键绩效指标，便于衡量各部门的绩效表现。此外，精准把握时局变化，与时俱进分编新的部门是社会组织保持活力的有效方法。比如中国扶贫基金会早在 2012 年即设立了移动互联网部，搭上了网络募捐的首班车；2015 年中共中央、国务院发布《中共中央、国务院关于打赢脱贫攻坚战的决定》后，扶贫基金会精准设立脱贫攻坚协作部，创造了更高的业务绩效。

中国扶贫基金会组织架构，如图 6-1 所示。

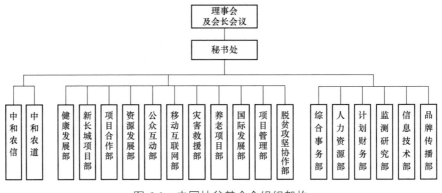

图 6-1 中国扶贫基金会组织架构

对于新成立的社会组织，尽管一开始不能实现部门精细化管理，但是组织的管理者要清晰明确各个团队的职能和分工，根据业务的发展适时调整分编部门，规范化管理内部机构，为日后社会组织业务的进一步扩展做好充足的准备。

为了更好地规范海外事务的管理，循序渐进解决问题，社会组织总部需要设立专门的海外事务管理部门，由该部门负责机构的涉外事务。比如中国扶贫基金会的国际发展部、中国红十字基金会的海外与青少年项目部、中国宋庆龄基金会的国际合作交流部（港澳台事务部）等。海外事务管理部门统筹国内资源、管理海外项目的合作、运营以及给予海外分支机构指导和支持。

搭建完善的组织管理框架后，社会组织更需要的是专业人才的支撑。2003年发布的《中共中央、国务院关于进一步加强人才工作的决定》指出要重视社会组织人才工作[1]，《国家中长期人才发展规划纲要（2010—2020年）》则明确提出"实施鼓励非公有制经济组织、新社会组织人才发展政策"[2]，加快社会组织人才队伍建设。2016年国务院发布的《关于改革社会组织管理制度促进社会组织健康有序发展的意见》则进一步提出要完善社会组织人才政策[3]。由此可见，培养吸纳专业社会组织人才不仅是社会组织自身的需求，也是国家发展的需求。目前中国社会组织普遍反映从业人员缺乏公益领域的能力、经验和专业知识，同时也缺乏吸引优秀专业人才的机制[4]，这

---

[1] 《中共中央、国务院关于进一步加强人才工作的决定》第18条：重视非公有制经济组织和社会组织人才工作。非公有制经济组织和社会组织中汇集着越来越多的人才，是我国人才队伍的重要组成部分。要把新的社会阶层中的各类人才纳入党和政府的工作范围，努力形成与社会主义初级阶段基本经济制度相适应的人才思想观念和人才创业机制。要消除体制和政策障碍，在政治上对非公有制经济组织和社会组织人才一视同仁，在政府奖励、职称评定等人才政策上统一安排，在面向社会的资助、基金、培训项目、人才信息库等公共资源运用上平等开放，在改善创业环境和工作生活条件上积极提供服务。

[2] 《国家中长期人才发展规划纲要（2010—2020年）》四、重大政策中（八）：对社会主义市场经济体制下各种所有制组织中的人才，坚持一视同仁、平等对待。把非公有制经济组织、新社会组织人才开发纳入各级政府人才发展规划。制定加强非公有制经济组织、新社会组织人才队伍建设意见。政府在人才培养、吸引、评价、使用等方面的各项政策，非公有制经济组织、新社会组织人才平等享受。政府支持人才创新创业的资金、项目、信息等公共资源，向非公有制经济组织、新社会组织人才平等开放。政府开展人才宣传、表彰、奖励等方面活动，非公有制经济组织、新社会组织人才平等参与。

[3] 《关于改革社会组织管理制度促进社会组织健康有序发展的意见》四、完善扶持社会组织发展政策措施中（三）：完善人才政策。把社会组织人才工作纳入国家人才工作体系，对社会组织的专业技术人员执行与相关行业相同的职业资格、注册考核、职称评定政策，对符合条件的社会组织专门人才给予相关补贴，将社会组织人才纳入国家专业技术人才知识更新工程。建立社会组织负责人培训制度，引导其自觉践行社会主义核心价值观，增强社会责任意识和诚信意识。积极向国际组织推荐具备国际视野的社会组织人才。有关部门和群团组织要将社会组织及其从业人员纳入有关表彰奖励推荐范围。民政部、人力资源社会保障部要会同有关部门研究制定加强社会组织人才工作的意见。

[4] 腾讯公益，南都公益基金会，等. 中国公益人才发展现状及需求调研报告[R/OL].（2010-12）. https://max.book118.com/html/2018/0804/8035111024001117.shtm.

在一定程度上制约了中国社会组织的发展。

社会组织要吸引人才，首要工作是充分运用具有凝聚力的使命文化。清晰准确和具有说服力的使命能够团结、激励全体工作人员一起齐心协力为组织做出贡献。其次是改善人才发展空间，为员工提供能力课程培训和对外交流学习的机会，重视其职业能力的提升。最关键的一点是尽可能提高薪酬待遇和完善晋升机制，为员工提供有保障的生活环境和有发展潜力的职业空间。

国际非政府组织的岗位可以分为操作型岗位、发展型岗位和支持型岗位。其中操作型岗位包括项目管理、志愿者管理等直接关系到项目的实施和开展的岗位；发展型岗位包括公关传播、筹资和研究等不直接参与项目，但对机构或项目的持续发展起关键作用的岗位；支持型岗位指行政、财务、IT等为机构管理和运营提供基础支持的岗位①。官办、半官办社会组织的支持型岗位设置比较完备，而草根社会组织则更注重操作型岗位的建设。然而，社会组织业务的扩展与参与全球治理的需求，决定了其必须重视组织内部发展型岗位的建设与人才的吸纳。

社会组织专业人才的稀缺促进了公益慈善教育的发展。2012年5月，由北京师范大学珠海分校、上海宋庆龄基金会、基金会中心网合作创办的全国首个公益慈善管理本科专业正式招生，其培养目标为"培养具有较强公益慈善相关岗位的实操能力且能胜任公益机构大中型企业社会责任部门的组织管理、项目运作、宣传推广、专业服务以及理论研究等工作的应用性、复合型高层次专门人才"②。此后，南京工业大学浦江学院也尝试进行四年制本科招生，深圳大学则以"辅修双学位模式"招收本科生。2016年，公益慈善大专课程列入教育部学科专业目录③。国内公益慈善教育的兴起和发展，将鼓励和推动更多的青年人才投身于社会组织工作，为中国社会组织"走出去"提供更鲜活的动力。

---

① 腾讯公益，南都公益基金会，等. 中国公益人才发展现状及需求调研报告[R/OL].（2010-12）. https://max.book118.com/html/2018/0804/8035111024001117.shtm.
② 北京师范大学珠海分校宋庆龄公益慈善教育中心. 公益慈善事业管理专业方向本科生培养方案[EB/OL].（2015-11-12）. http://ecop.bnuz.edu.cn/info/1016/1078.htm.
③ 中国公益慈善项目交流展示会. 如何为公益慈善事业培养专门人才[EB/OL].（2018-06-19）. http://www.cncf.org.cn/cms/content/11432.

2. 本地化机构

中国社会组织参与全球治理有一个循序渐进的过程。早期中国社会组织刚开始接触国际项目的时候，大多数是与国外非政府组织合作，采用捐款捐物的形式，参与重大灾害人道救援项目。比如中国扶贫基金会即是从国际救灾领域开始走出国门。2005年1月7日，中国扶贫基金会、美国美慈组织向印度尼西亚海啸灾区捐赠价值530万美元的药品；2005年10月，向巴基斯坦地震重灾区捐赠国内募集的专项救灾物资和资金等[1]。随着参与海外援助次数的增多，羽翼渐丰的中国社会组织开始在海外自主开展项目，比如中国扶贫基金会的"苏丹微笑儿童"项目、"缅甸胞波助学金"项目、"埃塞俄比亚国际水窖项目"；中国青少年发展基金会的"非洲希望工程"项目；北京平澜公益基金会的"非洲国家公园反盗猎"项目等。从简单的援助到自营的国际项目，社会组织就开始了本地化的进程。

在国际项目运营的开始阶段，多数项目是短期或者阶段性的，因此社会组织只需在特定的时期派工作人员和志愿者到国外参与项目的开展活动，其他事务可以由国内总部的海外事务管理部门或工作小组进行管理。但若从长远的发展来看，远程遥控管理很难达到直接管理的效果，尤其是当海外项目的规模巨大、面临当地问题较多的时候，如果仍然通过总部的一个海外事务部门来管理所有的对外事务，难免会使效率大打折扣。社会组织参与全球治理的必由之路是建立海外分支机构，通过"海外据点"直接进行管理，开展国际治理项目。

设立海外分支机构首先需要进行登记注册，获得在国外合法运营的资质。海外分支机构的注册首先需要获得国内主管部门审批。目前国内现行的管理条例对社会组织设立分支机构做了一定的说明，比如社会团体不得设立地域性的分支机构[2]，民办非企业单位不得设立分支机构[3]，基金会设

---

[1] 何道峰. 中国扶贫基金会2005年工作及2006年计划报告[R/OL]. https://www.jinchutou.com/p-73224128.html.
[2] 《社会团体登记管理条例》第十七条：社会团体的分支机构、代表机构是社会团体的组成部分，不具有法人资格，应当按照其所属的社会团体的章程所规定的宗旨和业务范围，在该社会团体授权的范围内开展活动、发展会员。社会团体的分支机构不得再设立分支机构。社会团体不得设立地域性的分支机构。
[3] 《民办非企业单位登记管理暂行条例》第十三条：民办非企业单位不得设立分支机构。

立分支机构前应向原登记管理机关提出登记申请，准予登记后发放《基金会分支（代表）机构登记证书》①。此外，2016年颁布的《关于改革社会组织管理制度促进社会组织健康有序发展的意见》中规定，境外分支（代表）机构的设立必须经业务主管单位或者负责其外事管理的单位批准②。因此，基金会在开展海外注册前需要先获得登记管理机关颁发的分支机构证书，以便日后对海外分支机构的汇款和管理。

目前，中国的海外组织在国外注册成立海外办公室或分支机构的数量较少。2015年7月1日，爱德基金会在埃塞俄比亚成立了爱德非洲办公室，成为第一家在非洲正式设立办公室的中国慈善组织③。2015年8月13日，中国扶贫基金会尼泊尔办公室注册成功。同年，中国扶贫基金会还获得了由缅甸内政部颁发的国际非政府组织运营牌照，成为第一家在缅甸正式注册的中国社会组织。作为在缅甸的分支机构，基金会设立了专门的办公室管理在缅甸的项目和活动，同时开展一些扶贫、教学、技术培训等项目④。

各国对境外民间组织注册的政策法规都不尽相同。以美国为例，任何个人或者群体都可以在无须政府参与或批准下成立一个社会组织。若社会组织想要获得一些法律权益，比如减免税或豁免权等，则可以根据美国任意一州的法律，正式提出登记为具有法人资格的非政府组织。《外国代理人注册法》规定，在美国申请成立非政府组织的人不要求必须具有美国公民的身份。因此，外国非政府组织在美国注册的程序相对较简单，大多数州都有通用的法规，只要根据各州的要求，提供有关该组织及其使命的简介、

---

① 《基金会管理条例》第十二条：基金会拟设立分支机构、代表机构的，应当向原登记管理机关提出登记申请，并提交拟设机构的名称、住所和负责人等情况的文件。登记管理机关应当自收到前款所列全部有效文件之日起60日内作出准予或者不予登记的决定。准予登记的，发给《基金会分支（代表）机构登记证书》；不予登记的，应当书面说明理由。基金会分支机构、基金会代表机构设立登记的事项包括：名称、住所、公益活动的业务范围和负责人。

② 《关于改革社会组织管理制度促进社会组织健康有序发展的意见》第七条：引导社会组织有序开展对外交流，参加非政府间国际组织，参与国际标准和规则制定，发挥社会组织在对外经济、文化、科技、体育、环保等交流中的辅助配合作用，在民间对外交往中的重要平台作用。完善相应登记管理制度，积极参与新建国际性社会组织，支持成立国际性社会组织，服务构建开放型经济新体制。确因工作需要在境外设立分支（代表）机构的，必须经业务主管单位或者负责其外事管理的单位批准。党政领导干部如需以个人身份加入境外专业、学术组织或兼任该组织有关职务的，按干部管理权限和有关规定报批。

③ 俞灵. 援助非洲，爱德在行动［EB/OL］.（2018-09-07）. http://www.mzb.com.cn/html/report/180930276-1.htm.

④ 陈光. 漫谈缅甸的国际NGO与中国社会组织的国际化［EB/OL］.（2018-01-20）. http://www.sohu.com/a/217913650_721774.

名称、在州内代理人的地址以及交付有限的手续费即可注册。在成立非政府组织后，该组织就可以和美国国内非政府组织一样，享有各类优惠待遇和免税政策①。与美国注册程序相类似的还有英国、德国。

与欧美国家不同的是，东南亚和非洲国家对境外非政府组织的注册设有较为严格的程序。以缅甸为例，要注册国际民间组织至少需要三步：第一步，社会组织需要与所开展项目相关的缅甸管理部门签署合作备忘录，而且备忘需要得到缅甸大法官的审批通过；第二步，该组织还应获得缅甸国家计划与经济发展部和外交部的推荐信；第三步，持上述备忘录和推荐信到缅甸内政部进行审核并申请注册，申请材料通过后提交内阁签字，最后由内政部发放注册证书，至此境外非政府组织注册流程才算完成②。

新加坡则将非营利组织分为三类：公共有限担保公司（public company limited by guarantee）、社会团体（society）以及慈善信托基金（charitable trust）。所以在新加坡成立社会组织可以通过三种渠道：第一种是先注册有限责任公司，在至少有两位新加坡公民担任公司董事的情况下，可以向社会及家庭发展部申请免税资质再开展相关活动，这类公司的性质是具有担保性和非营利性的慈善机构；第二种是申请成立社会团体，这种情况需要至少十位新加坡公民担任发起人，而且总裁、秘书、财务主管必须为新加坡公民或永久居民；第三种是成立慈善信托基金，这种类型是任何人都可以设立的法律实体，要求公司必须有两名董事，其中一名董事要具有本地身份，如果均为非新加坡籍，则需要提供新加坡籍的挂名董事③。

在越南，由非政府组织事务委员会负责发放非政府组织的运营许可证、建立项目办公室许可证和建立代表处许可证。首先，国际非政府组织申请许可证前应构想出至少一个依据越南国家政策，在越南境内从事社会经济发展或人道主义援助的项目计划，并承诺严格遵守越南法律和传统习俗。其次，国际非政府组织管理者须向事务委员会提交以下申请材料：申请信（信的内容包括：组织的全称和主要工作地点、指导原则和活动目的、该组织的

---

① IIP Publications. The NGO Handbook—Handbook Series［EB/OL］. https://publications.america.gov/publication/the-ngo-handbook-handbook-series/.
② 陆波，郭婷，向颖. 中国民间组织走出去操作手册［EB/OL］. http://www.chinadevelopmentbrief.org.cn/news-17581.html.
③ 陆波，郭婷，向颖. 中国民间组织走出去操作手册［EB/OL］. http://www.chinadevelopmentbrief.org.cn/news-17581.html.

发展历史概述、财政资源和能力、在越南境内运作的项目、规划和计划）；非政府组织的法规；由非政府组织原建立地或主要办公场所所在地主管当局签发的能证明其法人地位的文件或公证文件。此外，若非政府组织要申请设立办公室或代表处许可证，则还需要提供已被越南相关当局批准的项目或规划的文件，维持该办公室运转所需的外籍和越南籍职员的数量等材料[①]。

埃及政府没有拒绝过国外非政府组织设立分支机构的申请，但其相关登记注册的审批程序非常严格。首先，国外非政府组织要向埃及的外交部社会组织司和社会团结部提出申请，并递交相关材料说明所从事的活动是依据何项条约或协议、活动的内容、范围、时间以及担保方和资金来源等。如果申请被接纳，则自递交申请之日起60日，外交部与该组织签署协议或互致换文，予以确认。其后，该组织应将和外交部签署的协议副本送至社会团结部备案，该部自收到协议副本15日内发布活动许可证[②]。

除了海外注册以外，国际非政府组织在其他国家开展活动应该遵守该国的法律法规。各国在管理境外非政府组织方面也颁布了相关法律，根据相关资料，各国针对境外非政府组织的管理主要有三种方式：第一种是美、英、德等发达国家采用的"统一式"管理，即国内不设立针对境外非政府组织的专门机构和法律，其在国内的项目活动等均与国内非政府组织同等对待，实行相同的法律规则和监督。第二种是菲律宾、巴基斯坦、孟加拉国等亚洲国家和埃及、土耳其等中东国家采用的"宽松式"管理，即只要满足国内对境外非政府组织的法律要求就可以进行注册、设立代表处和开展活动。第三种是越南、老挝、马来西亚、日本等国采用的"慎重式"管理，即以谨慎的态度对待境外非政府组织，一方面对宗教性非政府组织进行严格监管，另一方面利用非政府组织开展的项目来实现国内人民生活条件的改善。其中最典型的就是印度，印度对宗教性非政府组织的监管相当严格，采取多种措施防止传教和转宗活动。但同时，印度也接受跨国企业埃森哲和阿克莎亚·帕提拉基金会（Akshaya Pātra）合作推出的"印度儿童午餐计划"等公益项目，这是迄今为止全球规模最大的免费午餐计划[③]。

---

① 崔晶. 越南对外国非政府组织的管理模式及对中国的启示[J]. 经济社会体制比较, 2010(6): 127-134.
② 樊欢欢. 对外国社会组织规范管理的国际比较研究[EB/OL]. http://www.chinanpo.gov.cn/700108/92675/newswjindex.html.
③ 腾讯公益. 印度全球最大"免费午餐"计划日供给120万儿童[EB/OL]. (2014-02-28). https://gongyi.qq.com/a/20140228/010785.htm.

为了更好地服务于中国的社会组织在国际化道路上的发展，我们整理了部分国家在针对境外非政府组织注册、管理等方面的法律，供社会组织从业人员参考（表6-2）：

表6-2　部分国家非政府组织法规[①]

国家	法律名称
美国	《外国代理人注册法》（The Foreign Agents Registration Act）《国内税收法》（Internal Revenue Code）
俄罗斯	《非政府组织法》（2006年颁布）
巴基斯坦	《团体注册法》《非营利性社会福利团体法律》
土耳其	《结社法》《基金会管理总局和职责条例》
澳大利亚	《协会法》《企业法》《社团法》
韩国	《非营利组织法》《非营利机构成立与运作法案》
日本	《特定非营利活动促进法》
英国	《慈善法》《政府与志愿及社区组织关系协定》
匈牙利	《公益组织法》
拉脱维亚	《拉脱维亚公共组织及其组织的联合法案》
新加坡	《社团法令与条令》《互惠组织法》《慈善法》

3. 人事管理

海外分支机构的工作人员主要有三种：第一种是由社会组织总部派驻到各个分支机构任职的管理者，多为办公室主任；第二种是在分支机构所在地直接招募的员工，一般任项目经理；第三种是在国内或国外招募的参与项目的志愿者。

目前大多数设有海外办公室的中国社会组织都会向海外分支机构派遣常驻人员。社会组织外派员工的薪酬模式分为两类：一类是建立独立的薪酬体系，海外常驻员工工资与国内总部员工工资的计算标准完全不同。国际非政府组织大多采用这种做法。另一类是"固定工资+出差补助"模式，即社会组织在向外派人员支付国内固定工资和额外的出差补助，如中国扶贫基金会采取的即是这种模式。国外一些成熟的非政府组织建立海外分支机构时，会逐渐实现人员的本土化，即最后在其海外分支机构工作的员工

---

① 李本公. 国外非政府组织法规汇编[M]. 北京：中国社会出版社，2003.

全部为本地招聘，总部只需要进行远程遥控管理，如国际小母牛组织在中国四川设立的办事处，其员工均为中国人，总部会偶尔派遣专家到中国进行指导。

因此，对于社会组织来说，在海外分支机构所在地直接招聘员工尤其重要。这些熟悉当地文化和情况的员工可以帮助社会组织更好地开展项目。比如英国海外志愿者服务社在肯尼亚和菲律宾开展项目时，会在当地招募一些高技术人员，因为在欧洲及北美很难招到这些既在发展中国家有直接工作经验，又在自然资源、社会发展、健康医疗等领域具有较高水平的员工[1]。对于中国社会组织这样的来自发展中国家的社会组织而言，在缅甸、尼泊尔等地招募项目相对容易。首先是当地的非政府组织平均工资水平高于一般的工作，人们非常愿意到国际非政府组织任职。其次是非政府组织管理人才较多，西方非政府组织在当地长时间开展项目，其"项目周期制"的聘用模式培养了一批深谙非政府组织管理之道的当地人才，这对初来乍到的南方非政府组织而言是一笔宝贵的财富。

除了正式的合同制员工，海外分支机构还应该重视招募志愿者参与项目。志愿服务是非营利组织实现绩效的重要途径[2]。美国环球志愿者组织（Global Volunteers）一直采取旅行社招揽游客的方式来募集海外志愿者。该组织秉持着让志愿者以"旅游者的形式、非旅游者的心态"投身于全球志愿服务的使命，鼓励志愿人员自主报名、自费参加国际志愿服务活动。报名者可以根据自己的专业和个人爱好选择志愿服务区域和领域[3]。如今，在国内，"义工旅行"成为一个越来越热门的词语，而一些社会组织或营利性机构也开始迎合潮流，采用"体验式项目"的方式招募海外志愿者，比如 EASIN、Lean In、WWB（World Without Boarders）等，其提供的海外志愿者项目包括"斯里兰卡野象保护""纳米比亚野生动物保护""四川大熊猫保育项目""斯里兰卡海龟保护""泰国中小学英语教育""摩洛哥孤儿院帮扶"等。此外，还有一些老牌的国际非营利机构也在中国推出具有竞争性的"义工旅行"项目，比如 AIESEC、WWOOF、HelpX 等。其中，AIESEC 由全球在校大学生和青年领袖运营，它以学生社团的方式进驻高

---

① 江汛清.与世界同行——全球化下的志愿服务[M].杭州：浙江人民出版社，2005：252.
② 江明修.志工管理[M].台北：智胜文化事业有限公司，2003：311.
③ 江汛清.与世界同行——全球化下的志愿服务[M].杭州：浙江人民出版社，2005：232.

校，目前其志愿者网络已经铺设到全球126个国家和地区的高校，在同类非营利机构中具有极大的优势。可以说中国的海外志愿者市场已经是一片"红海"，社会组织若想从国内招募合适的海外志愿者，有两种方式：第一种是综合考虑已有"国际义工旅行"项目的吸引点，推出与其不同的志愿活动方案，出奇制胜；第二种是与运行得比较成功的"义工旅行"机构合作，共同推出海外志愿者活动项目，事半功倍。

在社会组织派出员工或志愿者参与项目之前，对其进行有效的培训必不可少。一方面，培训是为了向参与项目的人员提供所需的知识、技能和态度以确保其可以顺利进入工作情境。在工作一段时间后，可能因为任务的改变、新技术的出现、新趋势的需要，必须再接受训练[①]。另一方面，培训可以提高参与项目人员的使命观和归属感，提高其开展工作的积极性和主观能动性。

培训内容主要分为三类：国际通识培训、专业技能培训和素质拓展培训。其中国际通识培训包括三方面：一是志愿理念引导，比如参与志愿服务的价值；社会组织的历史、使命；中国志愿者参与全球志愿服务的国际责任等。二是项目的基本情况，比如本次活动的具体计划、设备以及有关人事安排等。三是跨文化沟通培训。如志愿者与特殊服务对象的相处技巧、语言能力、沟通及聆听技巧、建立关系技巧、社会资源运用技巧以及管理技巧，当地法律法规及宗教习俗等。四是安全培训。由于海外的生活状况与国内迥异，加之一些项目的开展地在自然条件较为恶劣的地区或战乱地区、传染病疫区，对员工和志愿者进行安全风险培训尤为重要。比如国际救助儿童会总部则为员工编制了安全手册以提醒外派员工可能遇到的生活问题。社会组织有时也会委托大学等教育机构开展国际通识培训。

专业技能培训一般因项目而异。一般来说，全球治理项目都要求一定的专业能力，如医学、动物学、政治学、人类学等。对于具有较高专业要求的项目，志愿者在招募的时候就已经具备了一定的专业水平。社会组织只需要根据项目的具体要求，再开展一些工作层面的适应性培训即可。

---

① 江明修. 志工管理[M]. 台北：智胜文化事业有限公司，2003：309.

素质拓展培训包括身体和心理两个方面。项目的工作环境不同，对身体和心理带来的压力不同。成熟的社会组织会让志愿者在正式开始项目工作之前，完成充分的身体和心理准备。志愿者的身心调整最好在机构的指导下完成。西方非政府组织在这些方面积累了较为丰富的经验，也可以为中国的社会组织提供参考。

第七章

贡献来自中国的全球治理项目

一、选择治理项目

1. 符合全球治理的重点方向

中国社会组织需要通过开展实际的治理项目，才能深入影响全球治理的实践。广义的项目是非政府组织在全球治理体制内开展的一切具有一定目标的、在一定时间和资源限制内完成的创造性活动，可能包括推动一项议事日程、普及一种知识或观念、完成一项发展援助等。狭义的项目主要是指非政府组织开展的发展援助项目。这一章我们集中于讨论中国社会组织到海外完成发展援助项目。社会组织选择有特色的项目推广到海外，会把中国的发展和治理经验带到全球治理之中，给全球治理带来中国的贡献；反过来，要完成好海外的治理项目，也要求中国的社会组织必须引入国际先进经验，搭建好利益相关方网络、多渠道筹集资金，提升项目的本地化能力等。

中国社会组织在参与全球治理时，首先要进行甄别和筛选，设立适合国际推广的治理项目。总体来说，一个合适的项目需要符合全球治理的重点方向，能够发挥中国的优势和特色，就能够得到受援方和内外政策的支持，有利于项目后续的筹资和执行。

对于中国的社会组织来说，要汇入全球治理的主航道，必须沿着联合国《2030年可持续发展议程》的航线行动。联合国《2030年可持续发展议程》是判断全球治理重点发展方向的最高指针。《2030年可持续发展议程》提出了17个可持续发展目标，包括无贫穷，零饥饿，良好健康与福祉，优质教育，性别平等，清洁饮水和卫生设施，经济适用的清洁能源，体面工作和经济增长，产业创新和基础设施，减少不平等，可持续城市和社区，负责任的消费和生产，气候行动，水下生物，陆地生物，和平、正义与强大机构，促进目标实现的伙伴关系[①]。2017年，新任联合国秘书长古特雷斯上任后，联合国各领域的全球治理工作都沿着《2030年可持续发展议程》提

---

① 黄晓勇. 中国社会组织报告（2018）[M]. 北京：社会科学文献出版社，2018：277.

出的思路靠拢。这为社会组织融入全球治理体系进一步打开了大门,国际社会在致力于消除贫困的同时,在促进经济增长、性别平等、满足教育、卫生、气候变化和环境保护等方面也需要中国社会组织新鲜的血液。

在全球治理的优先事项上,联合国综合地看待发展、安全和人权的关系,尤其对发展问题给予更多重视。中国减贫、教育等方面的优秀成绩单,如1986年到2011年,普及九年义务教育和扫除青壮年文盲;1978年到2017年,减少农村贫困人口7.4亿人[①]等,为中国社会组织参与全球治理提供了充分的条件。总体上看,当前中国社会组织已经在以下五个领域积累了部分成功的项目经验:

(1)紧急人道主义援助。开展国际人道主义援助的中国民间组织以基金会及其下属的专业救援队为主,扮演的角色可以分为救援、灾情评估、募集和发放救灾物资、灾民安置以及灾后重建[②]。以2018年6月发生的泰国青少年足球队洞穴救援事件为例,中国平澜基金会专业的洞穴救援志愿者积极参与国际联合救援,以其专业知识和热情投入赢得了国际社会的尊重。

(2)减贫。在海外开展减少贫困和消除饥饿行动的社会组织主要是中国扶贫基金会,其活动地域主要为拉美、非洲和东亚发展中国家,采取与受援地政府和国际非政府组织合作的方式,将中国的扶贫经验进行国际推广。以国际水窖项目为例,中国扶贫基金会将在中国成熟的水窖技术推广到埃塞俄比亚,帮助解决当地的旱季用水问题。

(3)教育。在海外开展教育活动的社会组织以中国青少年发展基金会和中国扶贫基金会为主,主要的活动形式为援建校舍,发放奖学金、助学金。如中国青少年发展基金会通过"希望工程走进非洲"项目将中国成功的治理经验推广到非洲的坦桑尼亚、肯尼亚、纳米比亚、布隆迪、卢旺达等国;中国扶贫基金会在缅甸实施"胞波助学金项目",为上万名当地大学生提供为期4年的助学金。

(4)卫生健康。开展医疗活动的主要是中国红十字会和中国和平发展基金会。其中,中国和平发展基金会在亚洲和非洲开展了一系列援助活动,包括在缅甸、蒙古、苏丹等国家开展"光明行"活动,对当地白内障患者

---

① 张翼. 改革开放40年:我国农村贫困人口减少7.4亿人[N]. 光明日报, 2018-09-04(12).
② 季琳, 张经纬. 中国民间组织"走出去":现状、挑战及政策建议[R/OL].(2016-11). http://www.geichina.org/_upload/file/report/NGO_Going_Out_CN.pdf.

进行治疗和手术，在当地援建医院和诊所，邀请当地医护人员赴中国进行专业技术交流等。

（5）环境保护。环境发展类社会组织关注海外投资环境，开展能源援助项目。例如，北京市朝阳区永续全球环境研究所在缅甸开展"清洁能源示范村"项目，对当地环境和能源进行调研，探索可持续金融项目，致力于推广以市场为导向的解决环境问题的模式。

部分可持续发展目标相关的联合国机构和国际非政府组织，如表 7-1 所示。

表 7-1 部分可持续发展目标相关的联合国机构和国际非政府组织

可持续发展目标	联合国相关机构	国际非政府组织
紧急人道主义援助	联合国人道主义事务协调厅 联合国世界粮食计划署 世界卫生组织	乐施会 红十字国际委员会 国际行动援助组织 世界宣明会 无国界医生
减少贫困，消除饥饿	联合国粮食及农业组织 联合国世界粮食计划署 联合国开发计划署 联合国儿童基金会	乐施会 红十字国际委员会 国际行动援助组织 世界宣明会
教育	联合国教科文组织 联合国开发计划署 联合国秘书长青年问题特使办公室 联合国儿童基金会	世界宣明会 比尔及梅琳达·盖茨基金会
卫生健康	世界卫生组织 联合国艾滋病规划署 联合国开发计划署 联合国儿童基金会	红十字国际委员会 比尔及梅琳达·盖茨基金会
环境保护	联合国环境规划署 世界卫生组织 联合国粮食及农业组织	绿色和平组织 大自然保护协会 世界自然保护联盟 世界自然基金会 国际爱护动物基金会 能源基金会

人道主义援助、减贫、教育、卫生和环境保护都是直接与受援地区民生相关的重要方面，既涵盖当地公众对生存权的需求，也代表了当地社会可持续发展方面的需求。中国的社会组织在这些领域内可以进行成功的推广，既得益于对《2030年可持续发展议程》的密切配合，又充分依靠国内

相关的经验积累。

正如本书第三章所述，在联合国当前的治理思路中，女性、青年和新技术等问题被赋予特殊的重要地位。在联合国看来，性别平等、青年发展等问题的解决将会有力带动减贫、教育、就业、人权等问题。在这些重点方面，中国的社会组织还有较大的项目开发空间。

实际上，中国在妇女、青年和消除技术鸿沟等方面都有极富特色的经验。妇联、共青团、科协等都是最主要的群团组织和社会组织，在资源统筹能力方面比西方的相关非政府组织更有优势。这些组织也在国内开展了大量的项目，积累了丰富的经验。但是相比较于前述的几个领域来，妇女、青年和技术领域的对外援助和全球治理项目发展还不够突出。总体来看，相关社会组织不是缺少项目，而是缺少以全球治理的视野对项目的挖掘、转化和国际推广。

以妇女工作为例，中国的性别平等事业在中华人民共和国成立以后取得了举世瞩目的成就。可以说和减贫工作一样，中国的性别平等发展是系统性工程的结果，有中国社会主义制度下的特色。但要挖掘一些有潜力的项目进行国际推广，就需要跳出国内的思维模式，寻找符合国际潮流的角度和话语。以下我们以北京市妇联开展的"巧娘工作室"项目为例，来说明一个具有国际化潜力的项目的具体特征。

北京市东城区巧娘工作室发展协会（"巧娘协会"）是在东城区民政局登记注册的、有东城区妇联监督指导的一家公益性社会组织。巧娘协会管辖的24个工作室分布在东城区的17个街道，共吸收了离退休妇女、残疾妇女、下岗女工、低保贫困妇女及外来失业妇女组成的500余名巧娘。巧娘协会主要通过为巧娘传授中国传统手工工艺，传承中国传统文化，帮助社区失业和离退休妇女实现就业、再就业。各个工作室分别有固定的活动产地和主打产品，主要工艺产品包括刺绣、陶艺、中国结、丝网花、珠艺等，主要用于各种庆典、外事、建筑、汽车装饰等场所。2008年成立以来，东城巧娘已经从几十个人发展到了500余人，组织开展手工技能培训4 000余场，受益人群达到10万余人[①]。

"巧娘"项目是典型的中国妇联群团组织设立的基层治理项目。如果从

---

① 谷田田. 东城区巧娘工作室发展协会的发展问题研究 [D]. 长春：东北师范大学，2014：15.

全球治理的新趋势出发，则可以挖掘转化出"巧娘"项目的诸多特点，社会组织把"巧娘"模式进行国际推广，是符合新时代民间外交要求的一个潜力项目。

首先，巧娘的发展故事直指女性经济和社会"赋权"的核心领域，有潜力在国际上产生共鸣和影响力。性别平等是联合国 2030 年可持续发展 17 个目标之一，并被放到影响其他目标发展的关键地位。在全球范围内，女性在劳动市场的平均收入仍比男性少近四分之一；而在北非，仅有不到五分之一的非农业部门有偿工作由女性从事[①]。2015 年 9 月，习近平主席在联合国全球妇女峰会发表讲话时指出，妇女是物质文明和精神文明的创造者，是推动社会发展和进步的重要力量，并提出了推动妇女和经济社会同步发展、积极保障妇女权益、努力构建和谐包容的社会文化、创造有利于妇女发展的国际环境的四点主张。社会组织的全球治理项目，要抓住国际脉搏，尤其是吸引西方听众。北京巧娘的故事，实际上是赋予处于弱势地位的妇女社会交往权利、经济收入的故事。根据我们的调研，在其发展过程中还延伸到囚犯人权、生育权等西方舆论对华误解最大、杂音最多的焦点问题上。讲好巧娘的故事，是讲好中国故事难得的优质剧本。

其次，巧娘模式有在国际上复制的潜力。利用女性的自我组织和手工劳作，为妇女经济赋权，国际非政府组织已有探索和尝试。巧娘项目的特色，不在于其思路，而在于其组织方法和文化，渗透着中国文化的特色和女性的智慧。社会组织讲巧娘项目进行国际推广的关键点之一，在于总结巧娘的组织方法，精选一些跟中国家庭社会文化相接近的"一带一路"国家，派出有经验的巧娘以社会组织援助的方式，在国外复制几个成功的女性草根组织经济赋权范本。

巧娘模式如果在国外成功复制，有机会成为联合国讲坛上明星级的模范项目。目前中国缺少这样的女性赋权和发展项目。我们的调研也发现了巧娘项目的一些关键短板，尤其是工艺制品的质量标准和销售渠道问题。解决不了这些短板，就难以实现巧娘模式的可持续、可复制。巧娘模式要成为北京妇女社会组织民间外交的拳头项目，应该开展国际化专项研究，站在西方非政府组织的肩膀上前进，克服手工制品销售渠道等关键挑战，

---

① 联合国. 实现性别平等，增强所有妇女和女童的权能[EB/OL]. https://www.un.org/sustainabledevelopment/zh/gender-equality/.

谋定而后动，方能实现真正的超越和创新。

2. 发挥中国优势与特色

中国社会组织的项目要在国际上取得成功，除了要把握世界的脉搏，还要发挥中国的优势。中国参与全球治理最大的优势在于自身的发展经验。中国的发展起步于受剥削、受援助的薄弱地位。改革开放40年来，中国经济社会发展迅速，跃居世界第二大经济体。中国政府在改革开放之初确立的解决人民温饱问题和人民生活达到总体小康水平的两个战略目标已经实现，并计划到2020年全面建成小康社会。

在这个过程中，中国也开始由受援国向援助国转变。自20世纪80年代起，中国开始建立与世界银行等国际组织合作，随后接纳了一批国际非政府组织，包括美国的福特基金会等。作为受援国，中国在国际援助项目合作中不断磨合、调整和适应，多数的援助项目最终实现了目标，成功转化为中国发展和治理领域的成就。随着经济实力的增长，中国逐渐减少对援助项目的依赖，增加对外援助的责任。"一带一路"倡议提出以后，中国的对外援助进入了新的发展阶段。

中国有丰富的接受对外援助的成功经验，又在开展雄心勃勃的对外援助计划。实际上中国的对外援助可以追溯到冷战时期，在基础设施建设、医疗援助等领域也形成了传统和优势。中国的社会组织加快开展国际援助项目，不仅可以为西方经验占主导的援助模式注入中国的特色，也更能够站在受援国的角度思考问题，克服"水土不服"的问题，减少援助中的政治和文化摩擦，实现更好的效果转化。

以下我们从两个角度来说明中国社会组织的援助和治理项目如何发挥出中国特色和优势：第一个角度是中国社会组织的项目怎样改变国际援助中的权力关系；第二个角度是中国社会组织的项目如何在功能层面上贡献中国的发展经验。

首先是在国际援助中推动实现更加平等的关系。正如《中国的对外援助（2014）》白皮书开篇就点明：中国是世界上最大的发展中国家，中国在南南合作框架下向其他发展中国家提供力所能及的帮助。因为中国也是发展中国家的一员，也在探索适合自身的发展道路，所以在向其他国家提供援助时是"朋友"间的共享，不是自上而下的"教育"。而西方国家在过去的援助中常常将自身置于更优越的地位上,"教导"受援国"什么是发展""如何实现发展"等,与受援国是一种不平等的关系①。

在平等的基础上,才能实现尊重。《中国的对外援助(2014)》白皮书指出:中国提供对外援助,坚持不附带任何政治条件,不干涉受援国内政,充分尊重受援国自主选择发展道路和模式的权利②。作为外交政策的一部分,中国的对外援助政策也必须坚持互相尊重主权和不干涉别国内政的基本原则,因此,无论是政府还是社会组织都不能在援助条件中附加政治条件,干涉受援国的发展道路。然而在西方传统的发展援助理念中,发展援助这一概念是和外交、战略紧密相关的。一方面,援助谁、不援助谁本身就是一个政治问题,服从外交政策的总体目标;另一方面,利用援助来"规范"受援国的发展道路是西方国家的一贯做法。这让西方非政府组织的援助时常引发政治和文化争议③。

缺乏足够的平等和尊重,是西方对外援助的主要缺点,这在过去多年间也在一定程度上影响到世界银行、国际货币基金组织等政府间国际组织的政策风格,从而饱受争议,乃至阻碍了"千年发展目标"的全方位实现。联合国已经意识到了这个问题。在《2030年可持续发展议程》中,联合国已经明确地提出要发挥受援国本身的作用,要强化当地政府在治理问题上的责任和能力。这势必意味着建立更加平等和相互尊重的关系。中国社会组织的加入,无疑会助力于这项变革。

第二个方面是贡献一个成功的发展中国家的治理经验。中国的治理成功不是靠对外援助而取得的。但是在使用西方援助的资金、技术和人力资源的过程中,中国不断结合实际,总结经验,既学会了如何进行援助,又学会了如何接受援助。与此同时,中国还有长期对发展中国家援助的历史。中国在国内外取得过成功的治理项目,对于发展中国家来说可以起到直接的作用。

以中国扶贫基金会在非洲开展的项目为例。2016年,中国扶贫基金会将在中国得到有效运行的"饮水项目"推广到了非洲。"饮水项目"是中国

---

① 张严冰. 中国和西方在对外援助理念上的差异性辨析[J]. 现代国际关系, 2012(2): 45.
② 国务院新闻办公室. 中国的对外援助(2014)[EB/OL]. http://www.scio.gov.cn/zfbps/ndhf/2014/Document/1375013/1375013.htm.
③ 张严冰. 中国和西方在对外援助理念上的差异性辨析[J]. 现代国际关系, 2012(2): 42.

扶贫基金会在国内开展的"贫困农户自立工程"的三大项目之一，主要是资助西北干旱地区的贫困农户建造家庭用小型贮水设施、收集雨水，解决缺水问题。资助资金主要用于资助农户购买水泥、胶管、手压水泵等材料和设备，贫困农户自己投入劳动，进行建设。从20世纪80年代后期开始，中国扶贫基金会在甘肃省、陕西省实施"饮水项目"，积累了许多成功经验[1]。2016年7月30日，由中国扶贫基金会和徐工集团赞助的水窖项目在非洲之角埃塞俄比亚正式开工，将在中国实施了20多年的成熟水窖技术带到非洲之角，旨在通过推广中国的水窖技术，为长期深受困扰的非洲解决旱灾问题提供示范，促进雨水集蓄技术在非洲的应用和推广[2]。至2018年第四季度，中国扶贫基金会已经在埃塞俄比亚干旱地区完成了第二期水窖项目，并着手进行第三期项目的调研。

中国扶贫基金会第一次往非洲派驻人员的项目是2008年在苏丹援建阿布欧舍友谊医院。2011年10月，苏中阿布欧舍友谊医院正式投入使用。2012年，随着新医院就诊环境的改善，前来医院就诊的病人逐步增加，全年达到52 128人次，覆盖方圆100千米范围。就诊病人的增加带来了医院财务收入的增加，对于增收部分，医院投入旧病房装修、花园绿化、院墙粉刷、排污系统改建等方面，整个医院呈现出一派生机勃勃的景象。2012年7月至12月，中国扶贫基金会联合苏丹卫生部、苏丹比尔特瓦苏慈善组织和苏中阿布欧舍友谊医院，正式启动苏中阿布欧舍友谊医院后续管理项目。例如，中国志愿者医生协助医院项目管理办公室建立起一整套社区孕产妇信息收集系统，对阿布欧舍周边社区的孕产妇信息进行动态管理，培训了20人次的助产士，举办孕产妇学校活动49次，共927人次参加；捐赠了50个助产士包[3]。

中国扶贫基金会开展的项目可以在受援地实现可持续发展，受到中外各界的持续好评，成功的起点是对于项目的正确选择。这些项目往往基于长期的国内和国际发展基础。"饮水项目"在中国已发展了20多年，为缺水山区实现可持续发展做出了重要贡献。在埃塞俄比亚干旱地区援建水窖，不但可以促进当地农业增产，增加当地农民的收入，而且可以为农民根据

---

① 王名. NGO及其在扶贫开发中的作用[J]. 清华大学学报（哲学社会科学版），2001（1）：77.
② 中国扶贫基金会. 国际公益项目[EB/OL]. http://www.cfpa.org.cn/project/GJProject.aspx?id=56.
③ 中国扶贫基金会国际发展部. 苏中阿布欧舍友谊医院运营报告[R], 2013.

市场需要改变生产模式提供动力。中国扶贫基金会选择阿布欧舍医院的原因之一，便是中国援外医疗队长期在此援助，有良好的群众基础。该医院地处偏僻的杰济拉州，人口贫困，对医疗卫生援助的需求巨大。这些项目都是中国经验和当地需要的紧密结合。

二、筹集项目资金

1. 筹资渠道多样化

社会组织选定了有潜力的海外项目，接下来面临的首要问题就是为项目筹集资金。资金管理对社会组织来说，具有"牵一发动全身"的"牛鼻子"作用。首先，社会组织只有扩展项目资金来源，才能有足够的资源扩大活动范围，用更多地项目支撑专业品牌，在全球治理相关领域提升地位和影响力；其次，通过多元化的筹资，社会组织必然走向"市场"，提供更优质的理念、产品和服务，才能获得资金的支持。最后，资金来源的变化将倒逼资金管理的规范化，并带来人事、流程、架构等方面深层次的变化。

随着中国社会组织对全球治理项目的深入参与，其筹资渠道正在呈现出多样化的特征。目前来看，官方发展援助、基金会资助、企业捐赠和公众捐赠是社会组织获得资金的四个主要方式。

社会组织海外项目资金来源，如图 7-1 所示。

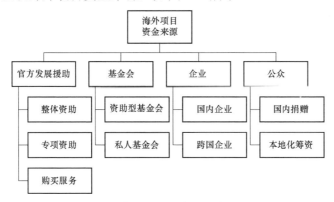

图 7-1　社会组织海外项目资金来源

一般来说，政府对全球治理项目的资助有直接和间接两种方式。直接方式包括对社会组织进行整体性的资助和专项资助，间接方式以政府购买社会组织服务为主。多数中国的群团组织和枢纽性社会组织，都有政府直接的拨款支持。但这些款项受制于严格的财政预算，一般用于组织管理支出，能够用于海外治理项目支出的预算较少，社会组织需要申请针对专项项目的官方发展援助资金。中国政府的国际发展援助，多数是由国家国际发展合作署、商务部等政府部门统筹管理。传统上，这些援助资金多数是面向企业招标的、基于政府间协议的援助基建项目和人力资源开发援助等，一般草根民间组织参与的空间比较小，项目类型也会受到限制。当然，民间组织接受政府援助还有不同程度的政治风险。一国政府拨款资助、在别的国家开展的项目，在项目运营的过程中容易被贴上政治标签，给项目的执行增加难度。因此，很多社会组织除了争取政府资金以外，还开始申请政府间合作协议和国际组织来源的资金支持，如从"南南合作援助基金""澜湄合作专项基金"等获得项目资助。

基金会是全球治理项目的重要资金来源之一。中国的基金会与国外成熟的基金会略有不同。美国基金会中心对基金会的经典定义中提到，基金会创办的目的是"支持或援助教育、社会、慈善、宗教或其他活动以服务于公共福利，主要途径是对其他非营利机构进行赞助"[1]。但在中国，除了筹资和资助，基金会还带有项目运作的特质。比如中国扶贫基金会、中国青少年发展基金会等，在资助其他社会组织开展项目的同时，也花费很大的精力经营自己的品牌项目。尤其是民营企业基金会，多为运作型基金会。2016年《慈善法》颁布后，越来越多的民营企业成立了自己的基金会，将慈善捐赠款项放到了自家的基金会。这些基金会大多数开展"简单的公益性救助捐赠项目"，也就是说处于"初期的散财阶段"[2]。从发展趋势看，成熟的基金会大多以资助型为主，委托专业机构以专业的方式参与到社会事业的多个方面，对社会治理及社会群体的影响广泛深远，这也代表着基金会的发展水平和趋势[3]。中国较为领先的慈善基金会也开始出现这种发展

---

[1] 王名，等.中国社会组织（1978—2018）：社会共治——正在生成的未来[M].北京：社会科学文献出版社，2018：167.

[2] 王名，等.中国社会组织（1978—2018）：社会共治——正在生成的未来[M].北京：社会科学文献出版社，2018：125.

[3] 王名，等.中国社会组织（1978—2018）：社会共治——正在生成的未来[M].北京：社会科学文献出版社，2018：124.

趋势。例如中国扶贫基金会慢慢地从操作型基金会向资助型基金会转变，现在逐渐发展为打造国际公益平台的资助型基金会[①]。资助型基金会的优势在于可以摆脱运营项目的利益相关方关系制约，转而关注如何创新筹资的方式、如何装饰项目故事以吸引投资者等。资助型基金会将成为中国社会组织全球治理项目最重要的筹资渠道之一。

企业对全球治理和对外援助项目的捐赠往往与企业间接的商业利益诉求关联在一起。随着中国企业越来越多地"走出去"开展国际投资，其利益分布也越来越国际化，在海外市场开展社会责任和声誉提升项目的需求也越来越大。社会组织可以帮助企业执行社会责任项目，从而获得企业慈善捐赠。这些治理项目不只是帮助企业履行社会责任，为企业形象"加分"，还可以有针对性地消化政治和舆论风险，防止"丢分"。由于中国企业面临特殊的地缘政治环境，占中国企业海外项目比重很大的基础设施建设、产能合作等项目，在国外都面临着环境保护、劳工和人权保护等方面的质疑。这些质疑大多数来自国际非政府组织，经过媒体的炒作，利用国际地缘政治和当地政治关系的罅隙，演变为巨大的政治挑战，最终可能对企业资产和人员安全造成威胁。例如，著名的缅甸密松水电站项目事件，就是西方和当地的环保组织最先炒作所引发的多米诺骨牌效应。中国企业已经越来越意识到这一类的道德和政治风险，但仅仅依靠企业管理层面的加强，如合法合规、第三方认证等，都还只是消极防御层面的。企业资助敏感领域的公益、民生和治理项目，可以主动争夺话语权。在这个方向上，中国企业的需求和社会组织的能力还没有充分对接，资源更没有充分匹配。对于中国社会组织来说，与国际化企业的合作将会有越来越大的发展空间。

全球治理项目也在利用公众捐款的支持。与其他渠道的资助比起来，公众的捐赠具有更强的公共属性。也就是说，公众在捐赠的过程中没有统一和特定的利益诉求，只期待看到项目的成果和资金的善用。利益的超脱性也使得捐赠不会被政策、利益和权力的变化所左右，很多个人捐资者会对项目进行长期、持续地资助。这一点对于社会组织建设可持续项目来说至关重要，也对社会组织的公共关系、规范管理和品牌建设能力提出更高的要求。我国《慈善法》第二十二条规定："慈善组织开展公开募捐，应当

[①] 何道峰. 中国扶贫基金会经典案例［M］. 北京：社会科学文献出版社，2017：4.

取得公开募捐资格。"一些社会组织因为没有公募资质、缺少专业募款团队、没有成熟有效的募款活动，在政府、基金会和企业停止资助后，其项目就处于停滞状态或面临流产。对于没有取得公开募捐的社会组织，有时候也可以与取得公开募捐资格的慈善组织合作进行公募①，比如在民政部指定的慈善组织互联网募捐信息平台发布募捐信息。

目前我国民政部指定的慈善组织互联网募捐信息平台，如图7-2所示。

图 7-2　目前我国民政部指定的慈善组织互联网募捐信息平台②

2. 筹资方式的改进

筹资过程就是社会组织对自己的使命、产品和服务进行营销的过程③。它是关乎项目存亡的重要环节。巧妇难为无米之炊，再好的项目没有找到慧眼识珠的"伯乐"也难以开展。目前我国社会捐赠总量逐年提升。2017年，我国社会捐赠总量约为1 558亿元④。数额庞大的社会捐赠为社会组织开展国际项目提供了越来越多的资金来源。但多年以来，中国社会捐赠流向海外治理项目的还比较少。以目前国内开展项目最多的中国扶贫基金会为例，

---

① 《慈善法》第二十六条：不具有公开募捐资格的组织或者个人基于慈善目的，可以与具有公开募捐资格的慈善组织合作，由该慈善组织开展公开募捐并管理募得款物。
② 数据来源：慈善中国。
③ 谢家琛，等. 公益慈善组织运行新模式研究［EB/OL］. http://www.chinanpo.gov.cn/700105/92466/newswjindex.html.
④ 杨团. 中国慈善发展报告（2018）［M］. 北京：社会科学文献出版社，2018：27.

2018年收到的国际项目捐款为230万元，仅占全年总捐款的3.14%[①]。虽然，近年来中国政府、企业和公众对于对外援助项目的关注度在提升，但社会组织也需要精心选择项目，提升筹款的"技术"，创新筹款的方式。跟国际同行比起来，中国社会组织的筹款"技术"是明显的弱项，主要的改进方向包括：

第一是精准定位捐赠者需求。这一点对于寻求企业捐赠来说尤为重要。企业捐赠公益项目往往有具体的需求和"投资"的思维。社会组织应该按照"投资人需要什么""我的优势是什么""我能提供什么"的思考逻辑，为特定的企业量身定做项目规划。一般来说，企业参与公益事业的动机包括：一是免税；二是树立和维护企业形象；三是重视履行企业社会责任带来的长期回报；四是促进销售；五是改善企业内部关系[②]。为了刺激商业机构的捐款积极性，可以根据企业的具体需求，策划有创意的宣传活动，获得企业青睐的同时也提高组织自身或者品牌项目的影响力。

以毕嘉士基金会的"马拉维咖啡豆计划"为例，为了帮助非洲马拉维的咖啡农，项目团队成员设计了线上"公益豆的英语小学堂"活动。小学生每经过测验学会一个英语单词，毕嘉士基金会就帮忙寻找企业购买一颗咖啡豆，为贫穷国家的咖啡农扩大销售市场。而最终捐赠的企业，包括了贩售文具用品厂商、贩售小学生英语资料厂商等，其目标顾客正是学生群体。此外，若企业购买的咖啡豆数量多到无法自行消化，项目团队成员还会帮它们联系一些慈善组织开设的餐厅、咖啡馆等捐赠咖啡豆。这样既解决了咖啡豆的剩余问题，又降低了慈善组织餐馆的运营成本，一举两得[③]。在这个项目中，直接经济受益方有马拉维的咖啡农和慈善组织开设的餐馆。而购买咖啡豆的企业既通过线上活动实现了广告效应利益，也通过线下捐赠咖啡豆活动提高了企业的声誉。"马拉维咖啡计划"完美地动员了可运作的资源，为企业作推广的同时，也使项目惠及多方。

又如香港小母牛基金会"竞跑助人"品牌筹资活动则重点抓住企业追求"曝光度"的心理。"竞跑助人"为香港小母牛基金会举办的年度盛

---

① 根据《中国扶贫基金会2018年财务报告》计算得出。
② 张远凤，邓汉慧，徐军玲. 非营利组织管理：理论、制度与实务[M]. 北京：北京大学出版社，2016：310.
③ 黄愉婷. 募款是资源的动员，更是一场"交换"[EB/OL].（2018-01-29）. http://www.chinadevelopmentbrief.org.cn/news-20883.html.

事，是一个集运动、亲子和慈善于一身的跑步活动。"竞跑助人"鼓励社会各界通过跑步共享善举，让市民大众，无论是个人、家庭还是机构员工，都能在挑战自我、享受家庭之乐和发挥团队精神之余，同时帮助贫穷农户对抗逆境。自 2006 年起，"竞跑助人"已扶助了国内数以万计的农户踏上了自力更生的脱贫路。"竞跑助人"项目组织香港市民进行团体性障碍跑，将之策划为令人瞩目的事件。对此活动提供赞助的公司将获得冠名权，品牌得到推广。同时，资金在投入中国内地"小母牛"项目时，资金提供者的品牌将会再次被宣传[①]。通过大力宣传"花一次钱，能够得到两次宣传机会"的筹集亮点，"竞跑助人"活动现已成为香港小母牛筹资款项的主要来源之一。

第二是创新筹款方式。捐款人愿意为项目捐款有很多因素，比如基金会认为这个项目与自己的使命和理念相符合，企业觉得捐赠项目是在当地担负社会责任的一种方式，民众觉得这个项目的故事能够打动到自己等。有学者提出了吸引捐资人的 4P 因素：参与（participation）、人员（people）、目的（purpose）以及额外收益（perk）[②]，对于筹集公众的捐款最有启发意义。"参与"是指捐资人希望通过捐款，提高对该项目甚至是该领域议题的参与感。这就需要项目实行后给予捐款人反馈，或者对项目进行更多互动式的宣传，可以形成"捐款—效果—捐款"的良性循环。"人员"是指捐资人关注和相信运行项目的人员并愿意支持他们。这一点是从传统的"关系筹款"衍生而来的。项目运营团队要正面回应捐资人的问责，公开项目信息，获得捐款人的信任。"目的"是指捐资人认可项目的目标并愿意推动目标的实现。项目的目标与组织的使命、项目要解决的热点问题息息相关。因此团队要厘清自身的使命和选择合适的、公众关注的热点问题开展项目，吸引捐资人的注意。"额外收益"是指通过捐款可以获得一些回馈或礼物。比如对于个人捐款者，希望捐钱后可以收到明信片、小纪念品，或者接收项目的成果汇报以获得满足感等。

向公众公开募资的传统方式有"一日捐"、街头募捐、关系筹款、活动

---

① 泰蒙资本."财神爷"梁锦松怎么为"小母牛"找钱[EB/OL].（2013-09-26）. http://blog.sina.com.cn/s/blog_c8b723a40101r9f0.html.
② Erin M G，Breanna D. Crowdfunding for Nonprofits [J]. Stanford Social Innovation Review，2014（5）.

募捐等线下方式。中国扶贫基金会的"捐一元·献爱心·送营养"项目是目前国内做得比较好的线下筹款品牌项目。从2008年10月开始,中国扶贫基金会携手百胜餐饮集团发起了向汶川灾区儿童"捐一元·献爱心·送营养"募捐活动,并携手百胜餐饮集团旗下所有品牌餐厅,通过餐厅向顾客劝捐的形式,倡议全社会一人捐一元钱,为汶川地震灾区儿童每天提供加餐[1]。活动持续开展了10年,共吸引超过1亿人次消费者参与募捐,累计捐款总额超过1.7亿元。2018年荣获第十届"中华慈善奖"慈善项目(慈善信托)[2]。

该项目的成功经验包括:首先是筹款数额的目标定位。项目团队最终把落脚点放在"人人公益"的概念上,以每人捐一块钱的低门槛策略,希望公众能够认同这种公益模式和理念[3]。这一点对应上文提到的4P因素中的"目标"因素。其次是劝捐方式的创新。餐厅消费者结账时,收银员会多说一句话:"这是一个为贫困地区儿童提供加餐的募捐活动,您愿意参加吗?"[4]这看似不起眼的一句话,对身处食物香气四溢餐厅的消费者有着微妙的催化作用,使其更容易产生对饥饿灾区孩子的同情,进而捐款。这样的劝捐方式提高了捐款人的参与感。

除了传统的线下筹款方式,随着互联网成为社会公共生活基础设施,网络募捐、公益众筹、社交圈筹款等已经成为新兴的筹款模式[5]。目前,越来越多援助项目借助互联网信息平台发起公募,而互联网公益信息平台的捐赠流量也在逐年增多。其中,国内发展最好的是腾讯公益平台、以蚂蚁金服公益平台和淘宝公益平台为主的阿里巴巴公益平台以及新浪微公益平台[6]。腾讯公益2017年推出的"一元购画"公益项目,甚至引发了全民参与的"现象级"捐款盛况,7小时即筹集15 028 994.79元,捐款人数超过580万人次[7]。此次"一元购画"募捐活动中贩卖的画作是由公益机构组织

---

[1] 何道峰. 中国扶贫基金会经典案例[M]. 北京:社会科学文献出版社,2017:329.
[2] 中华人民共和国民政部. "捐一元·献爱心·送营养"项目[EB/OL].(2018-09-30). http://mzzt.mca.gov.cn/article/zt_zhcsr2018/10zhcsj/hjzxjsj/201809/20180900011637.shtml.
[3] 何道峰. 中国扶贫基金会经典案例[M]. 北京:社会科学文献出版社,2017:330.
[4] 何道峰. 中国扶贫基金会经典案例[M]. 北京:社会科学文献出版社,2017:331.
[5] 谢家琛,等. 公益慈善组织运行新模式研究[EB/OL]. http://www.chinanpo.gov.cn/700105/92466/newswjindex.html.
[6] 杨团. 中国慈善发展报告(2018)[M]. 北京:社会科学文献出版社,2018:33.
[7] 杨团. 中国慈善发展报告(2018)[M]. 北京:社会科学文献出版社,2018:319.

患有自闭症、智力障碍、脑瘫等病症的特殊人群创作的,微信用户可以花一元钱购买画作,保存成壁纸使用。善款将直接存入公募机构账户,用于帮助精神障碍和智力障碍的特殊人群融入社会①。

成功的线上募捐同时也是一次优秀的产品营销。这个项目与上文提到的线下"捐一元"项目有异曲同工之妙,一元的低门槛设置提倡了"人人可公益"的理念。此外,"一元购画"项目还充分利用了线上募捐的优势。项目团队利用 H5 链接技术动态展示 36 幅自闭症儿童的画作,并附上作者亲自录制的感谢语音。用户可以点开链接花一元购买自己喜欢的作品和录音,以买代捐。此外,用户还可以下载感谢语音、给小朋友留言、将画作分享给好友等,这一系列操作,提高了用户的参与度。而付款成功后,用户还可以将电子版画作用作手机壁纸,这满足了捐款人希望获得小馈赠的心理需求。

第三是开拓国际筹资。社会组织的国际项目不能仅仅依靠国内筹款,最理想的状态是可以培育多元的国际筹资路径。国际筹资的路径与国内筹资类似:与政府合作、向企业募资、向公众募捐等。下面我们以国际小母牛组织在中国的本土筹资为例,说明如何通过项目的成功落实,逐步实现筹措资金的本土化。

国际小母牛组织于 1984 年正式在中国开展以赠送牲畜和培训技术为主的扶贫和社区发展项目。2000 年前,小母牛中国办公室的资金全部依赖于美国总部支持。2001 年,小母牛香港分会正式独立注册,成为小母牛中国办公室的筹款基地。2008 年,国际小母牛组织成都办公室注册为中国民办非营利企业单位——四川海惠助贫服务中心(以下简称"海惠"),实现了海外分支机构的本土化。2013 年,海惠的资金 52%来自小母牛香港分会,22%来自美国总部,26%为中国内地自筹。2015 年,海惠 65%的资金来自香港,13%的资金来自美国总部,22%为内地自筹②。

国际小母牛组织刚进入中国开展项目时即选择与政府合作。小母牛的项目主要宗旨是减缓贫困,关爱地球,项目的开展需要与社区建立紧密的联系。在中国,政府不仅在慈善资源动员方面具有强大的号召力,还在善

---

① 新华网."一元购画"筹得 1 500 万元后停止 活动方回应质疑[EB/OL].(2017-08-30).http://www.xinhuanet.com//fortune/2017/08/30/c_1121566323.htm.
② 康晓光,等. 中国第三部门观察报告(2016)[M]. 北京:社会科学文献出版社,2016:150.

款的使用和管理方面起着主导作用①。与政府合作既可以获得"合法"的身份认可，也可以得到信息、技术、行政等方面的资源支持。如海惠和深圳市民政局在新疆喀什地区的合作项目。2011年，深圳市对口支援新疆（喀什）社会工作站（以下简称"深喀工作站"）与海惠合作，推行"农村社区发展（小母牛）项目"②。该项目只是深喀工作站众多援助项目之一，初始资金量很小，但是因为海惠做得沉稳踏实，效果很好，在第一年项目成功后，深圳市民政局连续几年给小母牛项目匹配了资源③，资金配额也不断提高，截至2018年4月，"小母牛"项目已经为1 430户喀什贫困农户提供约700多万元的启动资金④。

此外，海惠还与多家企业展开了长期合作，这些机构多为在华跨国企业，对国际小母牛组织较为了解，认同小母牛的理念，愿意与其合作⑤。2016年3月18日，海惠宣布与汇丰银行共同启动在广东省恩平市的贫困农村开展生态扶贫项目。此间，汇丰银行捐资150万美元（折合人民币960万元），这是双方合作以来捐赠额最大的项目，同时也是海惠2016年投入最大的项目⑥。寻找汇丰银行合作前，海惠的项目小组对"投资人需要什么""我的优势是什么""我能提供什么"三大筹资问题进行了精准定位——汇丰银行需要在中国树立良好的企业形象；汇丰银行一直是香港小母牛分会的合作伙伴；海惠在中国扶贫领域有口皆碑的服务。定位完成后，海惠先是尝试与汇丰银行进行小范围的项目合作，一步步积累投资人的信任，最终成为汇丰银行在中国的最大合作伙伴。

国际小母牛组织在中国的注册之路可谓一波三折，目前四川海惠扶贫中心还没有取得公开募捐的资格。为了能获得更多的本土捐资，2001年，小母牛香港分会正式独立注册。小母牛香港分会是注册慈善组织，主要职责是为内地偏远农村项目筹集资金。它的使命是"为香港人提供一个渠道，

---

① 张远凤，邓汉慧，徐军玲. 非营利组织管理：理论制度与实务［M］. 北京：北京大学出版社，2016：314.
② 王莉英. 在喀什播下社工的"火种"［N］. 深圳特区报，2016-10-11（A6）.
③ 康晓光，等. 中国第三部门观察报告（2016）［M］. 北京：社会科学文献出版社，2016：151.
④ 中国喀什特区. 援疆工作如何助力南疆打赢脱贫攻坚战？系列报道之四［EB/OL］.（2018-05-03）. http://www.kstq.gov.cn/xwpd/tqxw/201805/00003851.html.
⑤ 康晓光，等. 中国第三部门观察报告（2016）［M］. 北京：社会科学文献出版社，2016：152.
⑥ 新浪网. 汇丰与海惠·小母牛年内最大扶贫项目在恩平启动［EB/OL］.（2016-03-18）. http://jiaju.sina.com.cn/news/20160318/6117504433606951892.shtml#wt_source=pc_qwss_search.

支持国内的扶贫项目"。为了让香港捐赠人能更深入地了解小母牛在国内的扶贫项目,也为了吸引更多的人捐款,除了策划"开卷有益""竞跑助人"等常规筹款活动,香港小母牛每年都组织月捐者考察团,到内地一些偏远乡村,考察接受"小母牛"资助的农民现状①。

除了依赖香港的筹资,近几年海惠也在国内开始尝试其他的公募筹款渠道。比如,海惠与北京联益慈善基金会②合作,启动联益基金会海惠小母牛项目,公众可以通过联益慈善基金会官方网站进行捐款。此外,海惠还通过与基金会合作举办慈善晚宴,现场拍卖筹款等。

通过多样的本土化筹款方式,海惠在中国的项目发展越来越好,所受到的关注和所获得的资源也越来越多。为了让项目有更大的灵活性与自主性,海惠将更进一步拓展国内筹资渠道,预计至2023年,国内的筹资比例将由20%提升到60%以上③。

第四是自我造血。除了依靠捐款,社会组织还可以主动适应市场机制,采用商业运作模式为项目筹集款项。一些社会组织会进行有款项收入的活动,以补充经费来源。比如喜憨儿社会福利基金会的烘焙坊与餐厅、伊甸社会福利基金会的轮椅事业、阳光社会福利基金会的洗车中心与加油站,还有荒野保护协会的贩卖保护荒地书籍、卡片以及付费的生态之旅等④。以下介绍目前做的较成功的商业运作筹资项目:柬埔寨大象谷项目。

2007 年,柬埔寨当地非政府组织——大象生活环境改进组织(Elephants Livelihood Initiative Environment)发起大象谷项目(Elephant Valley Project),该项目旨在推行生态旅游的基础上,关注大象的健康福利,自然康复以及栖息地保护。大象旅游业是柬埔寨蒙多基里省的重要产业,当地居民的收入多来源于养育大象供游客骑行。大象谷项目是一个施行退役工作象半散养模式的收容所项目。工作象免除劳役、回归森林。游客在大象谷游览过程中,人与象不能有肌体接触,不能喂食,也没有大象杂技表演。

---

① 泰蒙资本."财神爷"梁锦松怎么为"小母牛"找钱[EB/OL].(2013-09-26).http://blog.sina.com.cn/s/blog_c8b723a40101r9f0.html.
② 北京第一家具有公募资格的民间慈善机构,2011 年 3 月获准成立。
③ 凤凰公益.国家扶贫倒计时:站在风口的"小母牛"[EB/OL].(2016-05-06).https://gongyi.ifeng.com/a/20160506/41604631_0.shtml.
④ 冯虹,等.北京社会组织发展研究[M].北京:社会科学文献出版社,2015:306-307.

大象谷项目的商业模式运作收入来源有二个：一是游客旅游费用，游客可以通过大象谷项目官方网站预约参观，或者选择半参观半志愿者游览，并缴纳相应预约费用。比起当地的其他大象旅游项目，大象谷项目收费相对昂贵，但因其新奇的纯漫步自然旅行方式、专业的志愿者科普讲解以及成功的项目宣传，游客和志愿者络绎不绝。游客的旅费是大象谷的最主要收入。二是志愿者报名费用。志愿者同样可以在官网报名，大象谷项目方收取一定的管理费用。志愿者项目的最主要目的不是资金补贴，而是吸引有相关专业知识的人才到山谷中开展工作。对于非政府组织、非营利组织、慈善团体的工作人员，环境保护、兽医专业的学生，申请项目可享受 2.5 折的优惠。三是培训课程费用。大象谷还结合自身优越舒适的自然环境，与相关机构合作，开设培训课程增加收入。比如目前比较成功的蒙多基里瑜伽疗养课程，每期课程持续 2~3 天，活动形式包括课程教授、工作坊、参观丛林等。

大象谷项目通过捐赠与旅游收入所筹的款项，不仅用于照顾大象和保护栖息地，还用于为象夫及其社区提供医疗和教育等服务项目。这个案例的成功之处在于，将当地优势的大象旅游业与项目本身的需求相结合，抓住消费者的猎奇心理开发旅游活动与培训活动，将收入所得反哺大象谷和社区的日常维护，从而获得当地居民的支持。

三、搭建项目利益相关方网络

1. 识别利益相关方

在筹得项目资金以后，国际援助和治理项目就要进入实施阶段。对于中国的社会组织来说，还有一项重要的技能需要学习国际经验，那就是为项目搭建利益相关方网络。

利益相关者是指与客户有一定利益关系的个人或组织群体。搭建项目利益相关方网络分为三步：一是识别利益相关方对于项目的影响或相关性；二是分析每一个利益相关方对于项目的诉求；三是制定更好的与这些利益相关方开展合作的方案。可以分别用"各司其职""各有所求""各尽其责"三个词语来形容这三个阶段要实现的目标。

搭建项目利益相关方网络步骤，如图7-3所示。

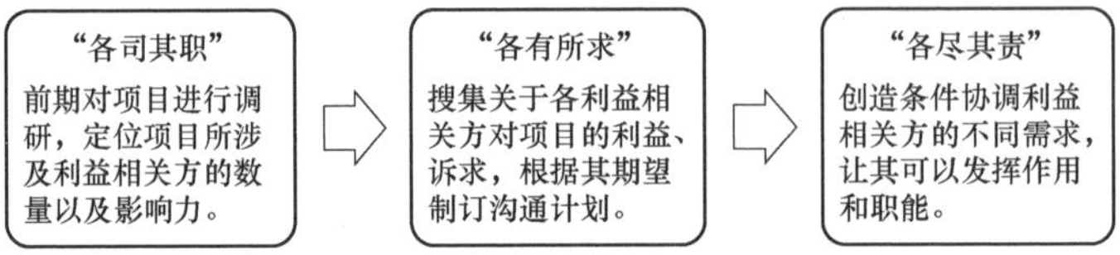

```
"各司其职"                    "各有所求"                    "各尽其责"
前期对项目进行调      →       搜集关于各利益相      →       创造条件协调利益
研，定位项目所涉              关方对项目的利益、            相关方的不同需求，
及利益相关方的数              诉求，根据其期望              让其可以发挥作用
量以及影响力。                制订沟通计划。                和职能。
```

图7-3　搭建项目利益相关方网络步骤

在一个治理项目的运营周期里，会涉及很多不同的主体，包括使用方、管治方、影响方、执行方、从属方、维护方等①。使用方是服务直接得益人群，即可以享有项目运行后的直接产品，比如山村儿童享用免费早餐，医护人员接受了培训，社区医院获得了捐赠的医疗设施等。从理论上来说，使用方的利益应该优先考虑，因为使用方的反馈是项目效果的最重要评判标准。

然而因为利益相关方拥有的权力和话语权不同，项目的命运很容易受管治方影响。管治方是项目运营中最有话语权的影响方，包括了捐资人和组织内部的理事会等。在开展项目的过程中，也要充分考虑到管治方的诉求，比如是否有提高捐资企业在消费者中的声誉，是否让个人捐款者及时收到资助反馈，项目的资金使用情况是否有公开等。

影响方是有能力改变项目方向的主体，包括媒体、政府、商业利益团体、社区领袖。影响方虽然不直接参与项目，但是因为其权力和影响力很大，所以在一定程度上可以给项目的开展带来不同程度的阻力或推力。比如四川海惠助贫服务中心②80%资金来自香港。在2016年中国政府出台《境外非政府组织境内活动管理法》后，香港小母牛分会的筹款资金无法像以往那样直接进入内地开展慈善活动。在境外资助机构注册或境内合作机构项目备案申请获得批准之前，香港小母牛资助的项目都必须先叫停③。无论是在国内还是国外，要更好地开展项目，必须时刻关注影响方的相关政策或者报道，尽量不产生和影响方之间的利益冲突。

---

① Users, Governance Stakeholders, Influencers, Providers, Dependents, Sustainers.
② 小母牛中国办在2008年正式注册为四川海惠助贫服务中心（民营非企业单位），2011年成立上海海惠社区民生发展促进中心（民营非企业单位）。
③ 中国慈善家网. 这家国际NGO进入中国30余载，助13万农户脱贫，他却为其合法身份费尽心力［EB/OL］.（2017-11-13）. http://www.philanthropists.cn/2017/1113/5935.html.

执行方是项目的直接执行人，比如赴国外参与救援的行动小组，赴日的地修建学校的中标企业，自发前往灾害发生地救援的志愿者等。执行方一般是利益相关方的协调者，其利益诉求一般与完成项目的成本和收益相关，比如行动小组成员要报销来回路费，委托中标企业需要工程尾款的清付，志愿者需要志愿者证明等。

从属方也可以成为项目的间接受益者，他们不直接使用项目的产品或服务，但是可以从项目成果带来的改变中受益或者至少期望项目产品不损害自身利益。比如妇女赋权项目受益妇女的家人，基础设施项目的邻近村民，儿童教育项目受益儿童的父母等。从属方的利益诉求一般与使用方一致，但是在一些项目中也存在利益相斥的情况。比如在上游的 A 村修建小型水坝，会影响到下游 B 村的水源等。

维护方指项目结束后，负责项目持续运营或维持的主体。又如上述举例的海惠中心在中国的农村进行扶贫，完成向第一批村民传递养殖小母牛技术的目标后，就会将项目交给当地的相关政府部门接手，让已经接受训练、成功养殖小母牛的村民继续培养下一批村民，共同致富。在这个案例中，第一批村民是项目的使用方，其他村民是从属方。

项目利益相关方，如表 7-2 所示。

表 7-2 项目利益相关方

利益相关方	特点	例子
使用方	会直接从项目产品或服务中获益	受援助的社区居民
管治方	关心项目如何管理	机构理事会、审计、捐款人
影响方	有能力改变项目方向（积极或消极）	当地媒体、政府、商业利益团体、社区领袖
执行方	实际参与项目执行	项目管理执行团队、承包商、供货商、专家、志愿者等
从属方（间接影响者）	期望从项目最终产品/服务之外的东西中获益	妇女赋权项目受益妇女的家人，基础设施项目的邻近村民
维护方	在项目完成后，持续接管或运营项目成果	项目所在地的非政府组织、相关政府部门等

2. 平衡各方的诉求

识别利益相关方后，要分析利益相关方之间的利益关系并加以协调解决。要在项目正式开始前就完成利益相关方诉求分析，尽量解决好利益冲突。等到项目开展之后，如果有重要的利益相关方突然提出反对意见，那么项目就会陷入被动，改错成本也很高，甚至有可能会导致项目流产。利益相关方的诉求存在差异，不可能对所有问题具有一致意见。这时候社会组织需要考虑到哪些方面的影响力更大、对项目的执行最为关键、各类诉求的轻重缓急程度，由此来制定平衡各方利益的解决方案。值得注意的是，利益相关方辨别是一个不断发展的过程，在整个项目期间，利益相关方的主体会改变，同样的利益相关方的诉求也可能会改变，所以应该每隔一段时间重新识别分析利益相关方数据。

社会组织的项目管理团队在制订利益相关方沟通计划时，最好可以在线下见面开会，采用头脑风暴、焦点小组讨论、工作坊等方式梳理思路。在分析时利用白板、纸笔、便利贴等直观可视工具记录观点，而不要过于依赖电脑记录，更有助于抓住一闪而逝的灵感，厘清利益相关方之间的关系。在与单一利益相关方沟通协商时，可以采取签署备忘录、协议合同或邀请其出席参加具体活动等方式，消除疑虑，让项目得以顺利开展。若与多个利益相关方同时沟通，则可以成立指导委员会、咨询委员会或通过邮件组和微信群沟通等。

下面我们将通过一个实际的案例（中国扶贫基金会援建苏丹妇幼保健系统示范项目）来说明如何完成项目利益相关方网络的搭建。

2010年，中国扶贫基金会援助苏丹项目得到了国务院扶贫办的批准。先后顺利完成了援苏医疗设备捐赠，苏丹社会基本情况拍摄和苏丹非政府组织扶贫能力建设培训班，并启动了援建苏丹妇幼保健系统示范项目。计划通过3年时间，通过软硬件设施的援建帮助苏丹建立起一个妇幼保健的示范系统。项目内容包括：援建13所彩钢房妇幼保健医院并配备设备；进行医院管理和医护知识培训及派遣志愿者赴苏丹工作；帮助在项目区构建妇幼保健网络。2011年5月，援建苏丹妇幼保健系统示范项目第一所援建的医院——苏中阿布欧舍友谊医院竣工[1]。

首先，我们先识别项中的利益相关方。在这一过程中，最重要的是把所有利益相关方的具体名称写出来，包括统一机构的不同部门。越精细的描述，越有利于后续分析中的定位。

---

[1] 中国扶贫基金会. 中国扶贫基金会援助苏丹项目介绍［EB/OL］.（2011-05-10）. http://gongyi.sina.com.cn/gyzx/2011-05-10/155626258.html.

中国扶贫基金会援建苏丹妇幼保健系统示范项目利益相关方，如表 7-3 所示。

表 7-3 中国扶贫基金会援建苏丹妇幼保健系统示范项目利益相关方[①]

类型	具体利益相关方
使用方	阿布欧舍医院、阿布欧舍镇[②]居民
管治方	中石油国际事业部、中石油尼罗河公司[③]、中国扶贫基金会秘书处
影响方	中国外交部西亚非洲司、中国国务院扶贫办、中联部、中国驻苏丹大使馆、苏丹副总统夫人[④]、苏丹人道事务署、苏丹卫生部、苏丹海关、苏丹新闻媒体（苏丹国家电视台、《关注报》《见证报》）、中国新闻媒体（《人民日报》、新华社、凤凰卫视）
执行方	中国扶贫基金会工作小组、比尔特瓦苏慈善组织[⑤]、中国台湾长荣公司[⑥]、中国江苏国际经济技术合作公司[⑦]、中国派遣医疗队（政和县妇幼保健院）
从属方	苏丹卫生部、杰齐拉州[⑧]居民
维护方	阿布欧舍镇政府、阿布欧舍医院、BTO、中国派遣医疗队

接下来，根据第一步识别的项目利益相关方，我们可以使用维恩图（Venn diagram）对他们进行分析（图 7-4）。制作维恩图的目的在于从单一利益相关方的角度，分析及阐明与其他利益相关方之间的关系。图内的每一个圆圈各代表一个参与项目的利益相关方，圆圈的大小可用作协助表明每个利益相关方的权力和影响力，而空间分隔是用来表明不同相关方之间的互动相对强弱。从不同主体的角度出发绘画维恩图，利益相关方圆圈的数量、大小、远近会有所不同。比如从主要执行方中国扶贫基金会工作团队的角度看，项目中所有的利益相关方都要在维恩图中出现；而从阿布欧舍镇居民（使用方）的角度来看，利益相关方圆圈只有医疗队、阿布欧舍医院、镇政府、杰齐拉州居民和苏丹媒体。阿布欧舍医院、医疗队、镇政

[①] 何道峰. 中国扶贫基金会经典案例 [M]. 北京：社会科学文献出版社，2017：305-316.
[②] 中国援助苏丹第一个医疗点阿布欧舍医院所在地。
[③] 捐赠方。
[④] 该项目由苏丹副总统塔哈夫人法蒂玛负责接洽，与中国相关负责人签署合作备忘录。
[⑤] 比尔特瓦苏慈善组织（英文名称 AL Birr & AL-Tawasul Organization，简称 BTO）是一家非营利组织，成立于 2000 年，于 2004 年正式注册。该组织的目标是通过满足苏丹妇女儿童服务水平，改善苏丹妇女儿童的生活条件。该组织是中国扶贫基金会在当地的合作伙伴。
[⑥] 负责承运援助物资到苏丹的企业。
[⑦] 负责在苏丹组装阿布欧舍医院彩钢房的建筑公司。
[⑧] 阿布欧舍镇所属的州。

府的圆圈较大，其他的较小。

第三步我们可以通过利益相关方分析矩阵（表7-4），进一步识别、阐述及传达他们之间的利益、能力及潜在行动。矩阵可以容纳更多关于利益相关方的权力、影响和潜在行动的额外数据，有利于辨别影响项目成功的潜在风险，从而可以让项目团队提前做好风险管控以及有针对性的沟通计划。在利益相关方矩阵中，我们要尽可能详细精确地描述相关主体，根据前期的调研成果，预测其之后可能采取的行动。

图 7-4　中国扶贫基金会援建苏丹妇幼保健系统示范项目利益相关方维恩图
（基于中国扶贫基金会工作小组角度）

表 7-4　中国扶贫基金会援建苏丹妇幼保健系统项目部分利益相关方分析矩阵[①]

利益相关方及基本特性	利益及它们如何被问题影响	带来变化的能力及动机	处理相关方利益的可能行动
阿布欧舍医院 ● 中国援苏丹第一个医疗点 ● 首都恩图曼友谊医院建成后曾撤离过，遭到当地民众强烈反对 ● 当地医疗基础设施严重匮乏，群众对医院依赖很深 ● 医院医疗设备老旧，经常停水停电 ● 中国驻苏丹大使建议援建这所医院	● 希望获得医疗设备捐赠 ● 急需派遣医疗队的支援 ● 基础设施条件差使得很多疾病无法医治 ● 妇产科医生需求最急切 ……	● 在当地声望高 ● 与中国驻苏丹大使馆关系密切 ● 越来越多的居民以及新疾病的出现对医疗设备、基础设施条件提出新要求 ……	● 与国内相关机构联系派遣医疗队支援 ● 开展当地医护人员培训项目 ● 援建医院基础设施，捐赠医疗设备 ……

---

① 何道峰. 中国扶贫基金会经典案例［M］. 北京：社会科学文献出版社，2017：305-316.

续表

利益相关方及基本特性	利益及它们如何被问题影响	带来变化的能力及动机	处理相关方利益的可能行动
中石油尼罗河公司 • 曾经援建过尼罗河州的法努几医院（但是存在移交后不能使用等问题） • 在当地投入 4 700 万美元修建公路、学校、桥梁等 • 在苏丹群众中形象欠佳（为了员工安全，禁止员工与当地群众随意接触） • 在苏丹上层社会声望高 • 总经理对中国扶贫基金会项目持肯定态度，有决策权	• 在苏丹当地建立良好的企业形象 • 关注如何让公益投资项目可以完成并投入使用 • 关注因执行环境法规所造成的成本 • 如何维持或增加企业利润 ……	• 拥有财务资源 • 曾经失败的公益项目促使其寻找好的合作伙伴 • 开发当地资源造成破坏受到当地居民反对 ……	• 基金会援助苏丹项目的可能投资者 • 基金会的成功品牌项目及官方背景是谈判的有利因素 • 承诺在项目开展中协调企业与当地居民关系 ……
BTO（当地非政府组织） • 理事会由高官夫人组成 • 致力于提高母婴生活水平 • 资源动员能力强（开道警车、飞机、媒体） • 官方背景，与政府关系好 • 注重档案记录、录制影像资料、以往项目可查 • 资料搜集能力差 • 时间观念不强	• 期望与国际非政府组织开展项目 • 打造苏丹母婴品牌项目 • 行动与政府规划保持一致 • 希望与中国驻苏丹大使馆保持良好关系 ……	• 拥有在苏丹开展项目的资源和经验 • 与政府关系好容易推动项目发展 • 同时开展很多项目，精力分散 ……	• 成为援苏项目的合作方 • 项目维护方的合适主体 • 通过其提供的资源，中国团队亲自调研 • 实时联系，跟踪对接项目 ……
……	……	……	……

3. 解决合作中的问题

项目利益相关方网络的构建和分析只是第一步，与利益相关方的实际互动才是真正的"重头戏"，这种互动将贯穿于整个项目的实施过程，对项目的顺利开展影响极大。项目越复杂，涉及的利益相关方网络越大，社会组织所受的牵制也越大。

为了维持与各利益相关方的关系，推动其积极参与项目，社会组织需要持续定期与各方进行沟通。首先，团队内部要分工明确，确定好负责沟通的工作人员，每一个任务都要有确定的问责人。其次，必须提前整理好需要沟通和汇报的内容等资料。再次，负责人要清楚可以采取什么样的方式与不同的利益相关方进行联系沟通、实时汇报，比如状态报告、定期会议、每月（季）更新报告、事件驱动沟通、关键问题会议、供应商会议、培训日程、推出日程等。采取什么样的办法要依据项目而定。若是小型项目，过于正式的沟通方法则会变成行政负担，影响其他的活动；若是大型项目，松散的沟通规划和临时的沟通决议则会带来灾难。最后，负责人还要向对方确认是否接收到信息，并注意收集各利益相关方的实时反馈，对项目的执行进行修正和改进。为了能让以上的信息更加清晰明了，可以借助图表工具对工作安排进行细致划分（表7-5）。

表7-5 与利益相关方沟通/汇报计划表

具体利益相关方	对接人/联系方式	需要沟通的内容	沟通方式	对接时间/频率	实时反馈	负责人员	需要知会人员

随着项目的开展，利益相关方的态度和行动可能会发生变化，从而对项目进度造成一定的影响，这就需要社会组织有良好的预防和应对风险的能力。在分析利益相关方网络时，工作小组就应该根据事前的调研，尽量标注出可能发生的风险事项，比如政府政策发生变化、当地合作伙伴的临时退出、当地居民反对项目的开展等。利益相关方"变卦"有三种情况：第一种情况是执行方和维护方的临时退出。执行方和维护方包括工作小组、志愿者、供应商、当地非政府组织、当地政府等。其中工作小组作为项目发起者，一般不会出现临时退出的情况。然而在实际操作过程中，其他的参与者则可能会因为各种原因而选择中途退出项目或者改变合作协议。对于这种情况，工作小组可以采取"合同式"的管理办法提前预防。一般社会组织会与合作的供应商企业和当地合作伙伴签订合同，与当地政府或相关部委签署备忘协议，但很多时候对于志愿者的管理却无法采取强制性的"合同式"管理，这时候可以选择采取"绩效承诺"和"定期报告"的方式对志愿者进行管理。比如在明确分工基础上，管理者要求志愿者做出清晰明确的个人承诺，在审核批准之后在组织内公开，并根据定期报告和最终任务成果对志愿者工作绩效进行评判，将结果纳入志愿者招聘网络。

第二种情况是管治方和影响方的决议变动，比如社会组织理事会对项目的执行情况产生怀疑、捐资人对项目的执行有新的要求、政府发布新的管制政策等。面对这样的情况，工作小组只能采取积极应对的态度和及时有效的措施去解决问题，因为管治方和影响方任何的决议变动都有可能让项目前期的努力付诸东流。比如2015年中国扶贫基金会成功在缅甸和尼泊尔注册海外办公室，并获得所在国颁发的等级证书。但由于当时国内对社会组织在海外开设分支机构并无明确规定，这两个办公室并没有获得国内相关部门的批准。2016年中共中央办公厅、国务院办公厅发布的《关于改革社会组织管理制度促进社会组织健康有序发展的意见》明确指出社会组织"确因工作需要在境外设立分支（代表）机构的，必须经业务主管单位或者负责其外事管理的单位批准"。这项规定的出台使本来正常运营的缅甸和尼泊尔办公室陷入了尴尬的境地，其资金运转和项目运作都受到了很大的影响。面对这样的情况，中国扶贫基金会采取了积极的应对态度，及时提交材料进行海外分支机构的补办审批。

第三种情况是使用方和从属方对项目态度的突然转变。但这种情况发生的可能性极低，因为在项目开展之前工作小组即应该对使用方和从属方的态度和需求进行深入的调研，若不能获得他们的认可，项目则无法开展。

此外，在项目的实际开展过程中，不同的利益相关方可能会产生意见分歧，各执一词，因此良好的协调能力是不可或缺的。面对各方的矛盾争端，工作小组可以根据之前的调研分析，对产生矛盾的利益相关方进行优先次序排列，综合考虑各方的利益需求和所能提供服务的能力，确定最佳解决方案。

以中国扶贫基金会"2015年尼泊尔地震救援项目"为例。面对大量无家可归的受灾群众，中国扶贫基金会团队拟在巴特岗建立安置社区营地。建造营地之前，在当地参与救援的国际非政府组织以及当地政府都表示不赞同。一方面是觉得营地一旦建立，受灾民众会长期驻扎，日后营地将难以撤除，影响城市管理；另一方面是建造安置营地需要提供医疗、卫生、饮水、粮食、安全等多方面的保障，花费巨大。此外，中国扶贫基金会紧急救援小组人手匮乏，不足以管理和支持社区的运营。然而考虑到解决受灾群众对安身之地的迫切需求是首要任务，中国扶贫基金会决定和尼泊尔当地非政府组织Prakriti Ko Ghar Nepal（以下简称PKGN）联合建立"中国扶贫基金会巴特岗博叠安置社区"，由扶贫基金会捐赠社区内受灾民众住宿所需的救灾帐篷及社区内安全保障、卫生消杀、办公用品等设施。PKGN负责社区建设与管理，包括社区选址，饮水、厨房、厕所、教育等公共设施建设，社区自治管理委员会组建，以及社区管理推进工作。其他的国际非政府组织，如巴哈拉布·昆达青年俱乐部、尼泊尔CES求救会、美国冲浪协会、三杰腾英救助团队、国际福佑机构、喜马拉雅十字有限公司、心理咨询机构、哥伦比亚西那特医疗中心、桥羽医院、泰国医疗组织、尼泊尔运动会、慈济慈善事业基金会等，则为营地提供其他相关的服务。

  经过多方协调，不同利益相关方提出的问题都得到了解决。首先，受灾群众得到了暂时的安身之所，解决了当前的燃眉之急。其次，通过与当地非政府组织合作，中国扶贫基金会解决了人手匮乏的问题，同时也避免了直接参与当地社区管理的不便。再次，多方国际非政府组织用其所长，行其所能，分别为营地提供了安全、医疗、卫生、环境、饮水、粮食等方面的保障，节约了资金和资源。最后，PKGN与安置社区的管理委员会达成协议，双方商定了营地的撤离时间，解决了当地政府所担心的"营地无法撤离，影响城市管理"问题。因此，要开展全球治理项目，中国社会组织必须培养和提升协调矛盾，综合统筹多方资源以及游说其他利益相关方的能力。

第八章

影响全球治理的议程设置

一、中国社会组织的国际交流

1. 国际交流的类型

社会组织的国际交流（international communication），是我国社会组织参与全球治理活动的一种重要形式。中国社会组织与国际非政府组织和外国政府开展交流往来，参与联合国等主要国际组织的多边活动，可以参与和影响全球治理国际规则的制定，也可以讲好中国故事，提升中国在全球治理领域的国际影响力。

民政部数据显示，截至 2017 年年底，全国共有社会组织 76.2 万个。其中，社会团体 35.5 万个，各类基金会 6 307 个，民办非企业单位 40.0 万个[1]。呈现出逐年增长的态势。这些社会组织涵盖科技、文化、体育、环保、卫生等领域，初步形成了覆盖全社会的服务体系。同时，中国的这些社会组织也在开展广泛地国际交流活动。中国社会组织国际交流是中国政府和非政府机构全方位对外交往体系的一部分，基于社会组织的非政府性、非营利性与自治性等基本属性[2]，参与国际交流比较多的主要有以下种类的社会组织：

第一类是援助性社会组织（表 8-1）。这类社会组织的对外交往主要承担一些国际援助工作，更加体现出慈善性，突出助贫扶弱的特点。中国社会组织公共服务平台显示，目前我国的援助性社会组织主要由红十字会、基金会、社会服务机构、社会团体组成，其中基金会的数量最多，占总体的 72.24%，例如中国红十字会总会、中国扶贫基金会、中华慈善总会等。这类社会组织国际交流的主要目的是分享援助经验、建立合作项目、筹措项目资金、争取国际上的政策支持、提升公众影响力等。

---

[1] 中华人民共和国民政部. 2017 年社会服务发展统计公报［EB/OL］. http://www.mca.gov.cn/article/sj/tjgb/2017/201708021607.pdf.
[2] 王名，刘培峰，等. 民间组织通论［M］. 北京：时事出版社，2004：7.

表 8-1　部分参与国际活动的援助性社会组织

序号	组织名称
1	中国扶贫基金会
2	中国青少年发展基金会
3	全球环境研究所
4	爱德基金会
5	壹基金
6	北京平澜公益基金会
7	中华慈善总会
8	中国红十字会总会
9	中国少年儿童发展基金会
10	中国海洋发展基金会

第二类是互益性社会组织（表8-2）。"互益"是指某一特定群体内的互助性利益，包括各类行业和专业协会、商会等。这类社会组织主要服务于内部会员，代表会员的利益与政府或其他社会组织联系，并促进组织内部的沟通①。这类社会组织在进行国际交流时，往往更侧重于代表会员利益，建立国际合作，开展共同研究，影响行业领域的国际规则等。

表 8-2　部分参与国际活动的互益性社会组织

序号	组织名称
1	中国钢铁工业协会
2	中国互联网协会
3	中国电力企业联合会
4	中国佛教协会
5	上海黄浦区侨（华）商会
6	中国地毯进出口协会

---

① 张磊. 互益性组织：现状及发展趋势［J］. 决策咨询通讯，2006（6）：47.

续表

序号	组织名称
7	中国对外经济贸易广告协会
8	中国港口协会
9	中国对外经贸合作企业协会
10	中国国际民间组织促进会

中国女企业家协会近年国际交流活动，如表 8-3 所示。

表 8-3　中国女企业家协会近年国际交流活动

序号	活动名称	活动规模
1	首届中国国际女性大健康产业发展论坛	8 个国家 200 余人
2	2018 女企业家国际高峰论坛	18 个国家 500 余人
3	第七届中国印度论坛	200 余人
4	2018 GTI 国际贸易投资博览会	50 余个国家 1 000 余人
5	2018 亚太经合组织妇女与经济论坛	300 余人
6	第二届中国—阿拉伯国家妇女论坛	150 余人
7	2018APEC 工商领导人中国论坛	数百人
8	与加蓬参议长米勒布会谈活动	20 余人
9	第二届中瑞论坛	200 余人
10	东北亚女性 CEO 经济论坛	300 余人

第三类是专业性社会组织（表 8-4）。"专业性"强调这类社会组织在开展国际活动时所发挥的治理作用，即社会组织同其他利益相关方合作管理相同事务，使不同利益得以调和，并采取联合行动达到持续效果[①]。在这类社会组织中，包括社会各个行业合作交流组织，例如，成立于 2009 年世界运河历史文化城市合作组织致力于共同探讨运河遗产保护利用之道，寻

---

① 俞可平. 治理与善治［M］. 北京：社会科学文献出版社，2000：270-271.

找运河文化促进城市发展之路，连续两年召开的世界运河城市论坛在运河治理方面提供了更好的思路与方案。世界泥沙研究学会的成立旨在促进世界各国在土壤侵蚀与河流泥沙等领域的科学研究、信息交流与技术合作，培训专门人才，为合理利用水土资源、防止土壤侵蚀、保护生态环境等提供咨询服务。

表8-4 部分参与国际活动的专业性社会组织

序号	组织名称
1	中国电视艺术家协会
2	世界运河历史文化城市合作组织
3	世界泥沙研究学会
4	世界旅游城市联合会
5	中国文学艺术界联合会
6	世界汉语教学学会
7	世界水土保持学会
8	世界旅游联盟
9	世界中医药学会联合会
10	世界中餐业联合会

第四类是枢纽性社会组织（表8-5）。"枢纽型社会组织"是中国社会组织的特色代表，指的是"由负责社会建设的有关部门认定，在对同类别、同性质、同领域社会组织的发展、服务、管理工作中，在政治上发挥桥梁纽带作用，在业务上处于龙头地位，在管理上承担业务主管职能的联合性社会组织"[①]。这类社会和群团组织在治理功能上具有综合性的特征，在对外交往中发挥枢纽性的作用，例如工会、共青团、妇女联合会、对外友好协会等。其会员中往往包含大量涉及不同领域的社会组织。枢纽型社会组织利用自己强大的政治资源和人才储备，为下属会员组织的国际交流提供引领作用和平台基础。

---

① 《关于构建市级"枢纽型"社会组织工作体系的暂行办法》第二条。

表 8-5　部分参与国际活动的枢纽型社会组织

序号	组织名称
1	中国人民对外友好协会
2	中国公共外交协会
3	中华全国总工会
4	中国共产主义青年团
5	中华全国妇女联合会
6	中华全国归国华侨联合会
7	中华全国新闻工作者协会
8	中华职业教育社
9	中国残疾人联合会
10	中国人民外交学会

北京妇女对外交流协会近三年国际交流情况，如表 8-6 所示。

表 8-6　北京妇女对外交流协会近三年国际交流情况

项目	2016 年	2017 年	2018 年
国际交流活动次数	3 次	11 次	12 次
涉及国家数量	埃及等 10 国	瑞士等 10 国	德国等 40 国
活动类型	论坛、节日嘉年华、签约会	访问、论坛、座谈会、签约会	研讨会、非政府组织对话会、赛事等 7 类
活动形式	双边：1 次 多边：2 次	双边：6 次 多边：5 次	双边：5 次 多边：7 次

根据目前中国社会组织开展国际交流活动的情况，我们将社会组织的国际交流途径分为四种：

第一种方式是一般性的双边交流访问。大多数开展国际交流活动的社会组织都会有一般性的交流访问活动，而且通常是由以双边活动为主。开展一般性交流访问，不仅有助于社会组织了解国外其他组织的活动情况，还有利于学习和借鉴它们的优秀成果以促进自身的创新与发展。援助性社会组织通过交流访问来考察援助对象的情况以有针对性地开展援助活动。而互益性社会组织一般开展出访活动，通过访问来学习外国优秀经验，分享社会组织的工作心得。例如中国女企业家协会近一年的国际交流活动中有 11.1%的活动为双边会谈。专业性社会组织则侧重于专业知识的考察调研，可以通过双边的访问了解对象国的相关情况以更好地开展治理活动，例如世界旅游城市联合会2018年11月应邀到访爱丁堡并与爱丁堡市市长弗兰克·罗斯先生会谈，双方就联合会活动和爱丁堡的旅游宣传推广进行了友好洽谈[①]。

第二种方式是在海外开展援助和治理项目过程中促进国际交流。在上述的社会组织分类当中，第二类援助性社会组织主要采用的就是在海外开展援助和治理项目的方式来发挥专长，用中国的治理经验为当地问题服务，发挥贡献全球治理、讲好中国故事的作用。

中国社会组织海外援助活动的领域非常广泛，有教育、卫生、环境、基础设施、社会民生等，例如北京平澜基金会在泰国开展的洞穴救援、全球环境研究所在缅甸开展的生态保护社区示范项目、中国青少年发展基金会在非洲开展的希望小学建设工程等。

第三种方式是参加国际组织的多边活动。通过这种方式，社会组织要发挥其倡议与游说的功能，直接影响国际社会、政府以及基层民众的政策倾向。国际多边会议既是国际问题的讨论平台，又是利益相关方齐聚的会场。社会组织可以根据其目标向各国政府、民众、各类国际组织乃至整个国际社会进行倡议和呼吁，以促进国际合作，影响相关领域的政策和议程[②]。

在上述各类社会组织中，中国的互益性社会组织和枢纽性社会组织相对来说在参加国际组织的多边活动方面有较多经验。仅以妇女组织来看，中国女企业家协会曾派代表团参加APEC工商领导人峰会以

---

① 世界旅游城市联合会.世界旅游城市联合会代表团会见爱丁堡市市长，深化合作关系[EB/OL].（2018-11-13）.http://cn.wtcf.org.cn/news/lhhxw/wzzw/201811133662941.html.
② 王杰,等.全球治理中的国际非政府组织[M].北京：北京大学出版社,2004:56.

及 2018 亚太经合组织妇女与经济论坛等活动，以参与到新时代经济发展与中国前程的探讨中。北京妇女对外友好交流协会在 2018 年开展的 7 次多边活动。在其他领域的枢纽性组织中，这样的参会案例不胜枚举。

第四种方式是举办国际会议和创建国际组织。随着中国社会组织提供信息与咨商服务、参与联合国各类筹备会议经验的增加，凭借着中国日益增强的国力和国际影响力，中国社会组织逐步具备举办国际会议乃至发起创建国际组织的能力。通过创立国际会议和国际组织，中国的社会组织无疑具备更强的国际影响力和议程设置的能力，有利于让国际社会听到中国声音，看到中国方案。以世界运河历史文化城市合作组织为例，该组织创办的"世界运河城市论坛"已经连续举办了两届，各位代表在分享运河遗产保护、探讨运河文化带建设等方面提出了专业的方法和思路。

2. 双边交流的效果

对于多数中国的社会组织来说，日常的双边交流访问仍然是其国际活动的主体。许多社会组织都有一定数量的国际往来，包括专业经验分享、文化交流、合作接触和谈判等。看似普通的国际交流，实际上蕴藏着学问。社会组织通过参观访问活动，在国际交流中学习外部经验，也让国际合作者了解本组织的发展情况和工作经验。其交流内容可以涵盖组织的运行与管理、项目情况、公共关系建设等。社会组织的国际交流往往也力求促进与合作伙伴在文化和价值观方面的沟通，寻找合作伙伴之间的共性，在共识的基础上展开合作。

文化交流是中国社会组织对外交往的传统常见形式。在这方面，中国人民对外友好协会（简称对外友协）的活动是典型的代表。对外友协有着丰富的文化交流经验，其下属的区域工作部、中国国际友好城市联合会、中国友好和平发展基金会、中国对外友好合作服务中心、民间外交战略研究中心、中友国际艺术交流院以及行政部门等部门，均开展不同形式的国际文化交流活动。许多活动具有悠久的历史传统。以《和平颂》世界巡唱特别活动为例。早在 1955 年，对外友协邀请中国著名画家齐白石领衔 14 位画家联袂为在芬兰赫尔辛基召开的世界和平大会创作了巨幅国画《和平颂》。2015年，为纪念中国人民抗日战争暨世界反法西斯战争胜利70周年，对外友协特别创作歌曲《和平颂》，向世界不同种族、不同信仰、不同肤色、不同语言的人们发出和平的呼唤。2016年，《和平颂》世界巡唱特别活动正式启动，首站走进巴以地区，用歌声呼唤和平[①]。除此以外，对外友协还开展了"重走丝路"主题活动，以"沿海上丝路 讲中国故事"为主题，为"一带一路"沿线国家和地区提供文化交流平台，促进不同文化的沟通和理解。

除了文化交往以外，社会组织需要通过双边接触来实现国际项目的合作。一般来说，谈判性质的国际交流秉承平等、自愿、机动灵活、时效等原则寻求达成共识。接触的结果往往是形成倾向性的合作备忘录，也可能是达成具有约束力的合同等。这种类型的国际交流往往指向务实性的合作，是判断一个社会组织国际交流深度的重要标准。

国际交流容易触及敏感的国际政治和文化问题。因此人们常说外事无小事。对于社会组织来说，无论是接待来访还是出国访问，都要符合中国的法律和纪律规定，注意以下原则：

首先是充分准备、遵守纪律。在活动开展前充分做好准备工作，双方共同商议，制订访问和接待计划。计划的内容包括参观项目、参观人数、行程安排、饮食住宿、费用预算等。周恩来总理早在中华人民共和国成立之初就多次强调涉外纪律的重要性。他指出，涉外工作中一切涉及政策的问题，都要事先请示，事后报告，不允许先斩后奏，更不允许斩而不奏和"心血来潮，忘乎所以"。这就要求社会组织，尤其是官方和半官方的社会组织在开展国际交流活动时遵守政治与组织纪律、涉外保密纪律、涉外财经和廉洁纪律等原则，以树立良好的社会组织形象。此外，社会组织也要爱惜羽毛，在保证达到活动目的的前提下，应轻车简从，厉行节约，保持良好的公众形象。

其次是尊重对方习俗和习惯。出访和接待来访都需要注意礼仪方面的问题，国际交流礼仪不仅与个体素养相关，还关乎社会组织在国际上的形象问题。如果我们在国际交流中"失礼"，不仅会影响个人和组织形象，也可能会影响国家的形象，给公务活动带来损失。但要准确把握国际交流的

---

① 中国日报网.《和平颂》世界巡唱在芬兰举行并首发明信片［EB/OL］.（2017-11-29）. http://cn.chinadaily.com.cn/2017-11/20/content_34771160.htm.

礼仪并不容易。不同社会的礼仪，受到历史传统、风俗习惯、文化心态、宗教信仰以及时代潮流等因素影响而有一定的差异。在国际交流中遵守礼仪规范，要避开文化差异的"雷区"，也要通过对文化和人性的洞察来灵活运用礼仪，不能一概套用死板的规矩。一般要秉持以下几个原则，才能不逾规矩：一是方便对方，通常在国内做接待工作，我们是主人；出访的时候，我们是客人。如果我们在国外举办活动，邀请当地人士参与，我们也是主人。作为客人，我们要注意"客随主便"，也就是人们常说的"入乡随俗"。作为主人，反过来我们就应该"主随客便"，要尽量照顾到客人的感受。当然，不是任何问题上都可以"随便"。在具体运用方便对方的原则的时候，一定注意灵活把握，维护好双方的形象和尊严。二是内外有别，要注意东方礼仪传统与西方礼仪传统的区别，避免触碰到对方的忌讳问题。三是求同存异，在国际交流中，我们如果感受到文化差异就需要尽量求同存异，在对方礼仪与己不同时，在风俗礼仪方面较有弹性的一方宜先做出调整或者让步。

最后还要注意用专业领域的交流讲好中国故事。在接待来访和外出访问的过程中，社会组织有责任将中国在本领域的发展情况、对世界本领域的影响做详细介绍。同时，还可以结合国家对社会组织的政策方针、对本领域发展的支持等内容做简单分享。例如援助类社会组织可以在活动中倾向于介绍在中国的援助经验分享，互益性社会组织可以就本行业在中国的现状做介绍，专业性社会组织则可以就专业性、技术性问题进行探讨，与对方分享本专业的中国治理经验，枢纽性社会组织则可以充分发挥其"枢纽"作用，在社会管理的模式、国家相关政策等行政管理经验方面进行介绍。

除了介绍专业领域的发展情况和中国的价值观，社会组织在国际交往中还有可能面对一些普遍的政治和文化偏见。这些问题往往超出专业范畴，需要事先心中有底，做好准备。研究表明，外国人对中国问题的偏见集中在一些焦点问题上。在这些焦点问题上有充分准备，就能在国际交流中敏感地察觉到问题，更自信地讲好中国的故事。这里我们列出了一些常见的敏感问题供读者参考（表8-7）：

表 8-7　外国人常问的政治、文化、经济商贸敏感问题

类别	典型问题
政治问题	中国是民主国家吗？
	中国和西藏自治区的关系怎么样？
	中国在用武力威胁中国台湾地区和东南亚国家吗？
	在中国为什么不能登录国外社交网站？
	中国政府为什么要计划生育？
文化问题	中国人真的吃狗肉吗？
	中国人为什么都沉默寡言？
	中国人都不信仰上帝吗？
	中文为什么很难学？
经济商贸问题	中国经济发展的秘诀是什么？
	中国的改革开放究竟是什么？
	中国的私营企业和非政府组织内部为什么要设立党委？
	中国政府操纵汇率和开展不公平贸易吗？
	中国是市场经济还是计划经济？

二、参与国际组织活动

1. 与联合国的合作

联合国作为最大的政府间国际组织，从建立之初就跟非政府组织保持联系。这种联系从非正式的、临时的咨询，后来发展到正式的咨商制度。20 世纪 90 年代以后，非政府组织对联合国会议的参与度和影响力迅速上升。国际非政府组织参与联合国多边活动的主要规章包括：

第一是《联合国宪章》。1945 年在美国旧金山签订生效的《联合国宪章》奠定了其与各类国际主体合作的法律依据。在《联合国宪章》第十章关于经济及社会理事会的约定中，明确对国际非政府组织在联合国体系中的地位做出了规定。其中第七十一条这样写道："经济及社会理事会得采取适当办法，俾与各种非政府组织会商有关于本理事会职权范围内之事件。此项办法得与国际组织商定之，关于适当情形下，经与关系联合国会员国会商后，得与该国国内组织商定之。"这就标志着国际非政府组织与联合国建立了正式的联系，地位获得了国际社会的认可，并且具有了参与联合国事务的合法性依据。

第二是关于咨商地位的系列法案。1946 年 2 月第一届联大发布的第 4 号决议确定了国际非政府组织的直接联系机构——经济及社会理事会，由此开启了国际非政府组织与经社理事会建立咨商关系的历史。在 1950 年 2 月经济及社会理事会第 10 次会议上通过了第 288B（X）号决议，对国际非政府组织的咨商地位做了明确规定。但因为这一时期国际政治大环境的影响，国际非政府组织与联合国关系进展缓慢。直到 1968 年 5 月，经济及社会理事会通过 1296 号决议，对国际非政府组织的咨商地位正式予以确认，决议中详细陈述了国际非政府组织申请获得咨商地位的流程和条件。至此，国际非政府组织与联合国的关系逐步密切起来，在更多的领域开展合作。这些组织的关注点不但集中在人权、环境和社会正义等非传统安全问题上，而且通过组织反战运动等，把活动范围还跨度到传统安全领域。

第三为 20 世纪 80 年代以后修正的咨商地位法案。随着联合国对非政府组织在多个领域发挥补充性作用的认识加深，自 20 世纪 80 年代以后，联合国有意识地吸收主动非政府组织参与其组织的活动，并且在 1992 年里约热内卢环境与发展会议上，通过了《21 世纪议程》，提出了审议非政府组织参与联合国体系的"正式程序和机制"[①]。到 1993 年 2 月，经济及社会理事会开始对 1296 号决议进行审查，并在三年后通过了 1996 年第 31 号决议，重申了三个等级的咨商地位并纳入了各国国内非政府组织。至此，广大的非政府组织不仅发展了与联合国专门机构的工

---

① United Nations. Agenda 21 [EB/OL]. https:// sustainabledevelopment. un.org/content/documents/Agenda21.pdf.

作关系，还通过联合国系统中的非正式渠道表达它们的诉求，争取在一些重大问题上形成全球议题并进行政策性讨论，进而发挥其更广泛的影响力。

根据这些法律文件，国际非政府组织与联合国的合作主要依赖于多个机制，我们将从经济及社会理事会咨商制度、联络机构、论坛、会议制度这四个方面来详细阐述：

（1）加入经济及社会理事会咨商制度

具有联合国经济及社会理事会"咨商地位"是一个非政府组织得到国际社会承认的重要标志。中国社会组织可以通过获取经济及社会理事会咨商地位来扩大参与全球治理地位的深度，建立权威性和影响力。根据联合国经济及社会理事会1996年第31号决议，授予非政府组织的咨商地位有三种：全面咨商地位（general consultative status）、特别咨商地位（special consultative status）和名册咨商地位（roster consultative status）。全面咨商地位只授予全球性或区域性、业务范围涉及多领域的非政府组织，这些组织关注广泛的经济社会问题，"活动范围与经济及社会理事会及其下属机构的大部分活动有关"[①]，可直接参加大会、经济及社会理事会及其下属机构的各种公开会议，并提出建议。特别咨商地位面向的是某一特定领域的非政府组织，这类组织只参加专门性或技术性问题的会议与活动；名册咨商地位授予边缘组织，它们被认为"对经济及社会理事会及其下属机构或其他联合国机关主管范围内的工作有时能做出有效贡献"[②]，可以被列入联合国咨询名单。在联合国秘书长提出要求时才参与有关的咨询活动。

中国的社会组织可以通过向联合国经济及社会理事会申请获得非政府组织咨商地位，需要进行以下几个步骤：

首先，申请任何一个咨商地位的社会组织需要满足成立时间至少两年，并且具有民主决策机制，其活动同经济及社会理事会的工作有着紧密关系，资金来源于下属组织、分会、个人和其他非政府渠道的捐赠。

其次，社会组织应登录联合国经济社会事务部非政府组织处官网在线

---

① 联合国经社理事会1996年第31号决议《联合国与非政府组织咨商关系决议》第三章第22条。
② 联合国经社理事会1996年第31号决议《联合国与非政府组织咨商关系决议》第三章第24条。

登记建档，提供组织的地址、联系方式、举办活动以及之前参加联合国会议情况等信息，然后等待工作人员的反馈邮件。

再次，收到同意提交申请材料的反馈邮件后，再进入非政府组织处官网进入"咨商地位申请"流程，按照具体步骤提交申请表、总结陈述，以及相应的申请材料（包括社会组织的组织法、章程、注册证书、财务报表、年度报告、出版物、文章声明、组织图等）。

最后，在完善所有申请材料以后，非政府组织处会将材料提交给非政府组织委员会审议，委员会每年召开两次会议确定向经济及社会理事会推荐已提交申请的组织名单，其间还需要社会组织回答委员会提出的问题。在非政府组织委员会确定推荐给经济及社会理事会审批的组织名单后，将发函通知这些组织。最终联合国经济及社会理事会同意非政府组织委员会的推荐名单，批准授予被推荐的组织咨商地位，经济及社会理事会秘书处将正式通知这些组织。

联合国其下设的经济及社会理事会通过授予"咨商地位"，与各类国际非政府组织建立合作关系，并发挥这些组织在国际事务中的作用。对于社会组织来说，拥有了联合国经济及社会理事会的咨商地位，相当于该组织拥有了出入联合国全球三大办事处：纽约办事处、日内瓦办事处、维也纳办事处的进门证。国际非政府组织就可以根据1996年第31号决议参与联合国的日常事务，包括出席会议、口头发言、书面陈述、开展政策倡导活动等[①]。

例如，在出席会议方面，1996年第31号决议第29、35条规定，具有咨商地位的社会组织可以指派授权代表以观察员身份列席理事会及其附属机构的公开会议。社会组织通过出席会议，一方面可以及时了解联合国的发展动向；另一方面可以在会议上发表意见和建议，供联合国参考或采纳。

在会议期间的发言方面，决议第32、38条规定，具有咨商地位的社会组织可以在会议期间进行口头发言。一般来说，需要口头发言的社会组织要在会议开始前一个星期的星期五日内瓦时间下午2点前在网上提交发言申请，随后经会议室服务台签字确认才能获得发言机会。会议期间所讨

---

① 联合国经社理事会1996年第31号决议《联合国与非政府组织咨商关系决议》第22~38条。

论的各项议题都会为社会组织口头发言留出一定的时间，供社会组织发表意见，而且时长基本在 2 分钟以内。发言内容可针对具体条款提出自己的修改意见和建议。社会组织在会议期间的发言比较容易被考虑，如果意见合理，决议主持国的国家代表会让社会组织将进一步的书面意见提交；如果意见得到了多数国家代表的赞同，则可能会直接影响决议条款的内容①。

在书面陈述方面，决议第 30、36 条的规定了有咨商地位的社会组织可以向联合国就某一议题提交书面意见。提交的书面意见应当为联合国官方语言。一般咨商地位的社会组织可以提交不超过 2 000 字的书面意见，特别咨商地位的社会组织可以提交不超过 1 500 字的书面意见②。

在开展政策倡导活动方面，拥有咨商地位的国际非政府组织可以利用联合国三大办事处的场地举行会议或者展览活动③。许多国际非政府组织提前一个月向理事会办公室提交会议举办申请，利用各理事会常务会议期间，在会议举办地开展组织的宣传、展览等活动，以便让更多的国际机构、组织了解自己，听到自己的声音。

（2）联络机构制度

大多数初创的社会组织在短时间内不够资格获得联合国经济及社会理事会咨商地位，但同样可以通过联络机构制度与联合国建立起机制性的联系。联络机构制度是指国际非政府组织在参与联合国事务的实践中，同联合国体系内机构建立起制度和工作上的联系④。具体机构包括联合国非政府组织联络服务中心、秘书处新闻部下设的非政府组织科以及经济社会事务部下设的非政府组织科、经济及社会理事会下设的非政府组织委员会、非政府联络服务处等。

联络机构制度不同于咨商机制，无论国际非政府组织是否获得经济

---

① 詹尉珍. 拥有联合国咨商地位的社会组织如何参与联合国机制［EB/OL］.（2018-09-16）. http://www.sohu.com/a/254139935_669645.
② 詹尉珍. 拥有联合国咨商地位的社会组织如何参与联合国机制［EB/OL］.（2018-09-16）. http://www.sohu.com/a/254139935_669645.
③ 詹尉珍. 拥有联合国咨商地位的社会组织如何参与联合国机制［EB/OL］.（2018-09-16）. http://www.sohu.com/a/254139935_669645.
④ 马方方，等. 国际非政府组织与联合国联系机制研究［EB/OL］. http://www.chinanpo.gov.cn/700101/92592/newswjindex.html.

及社会理事会的咨商地位，都可以与这些联合国各部门的下设机构建立联系。联合国的联络机构制度让联合国更广泛地、用灵活多样地方式联系非政府组织。以经济及社会理事会的秘书处为例，其下新闻部设非政府组织科，专门负责处理有关国际非政府组织的日常事务，它还通过与世界各地的联合国新闻中心以及联合国其他分支机构合作，评审希望同新闻部建立正式联系的非政府组织申请。该机构每年出版新闻部非政府组织年度名录，每年9月还在联合国总部举行为期三天的新闻部非政府组织年会，不但为国际非政府组织、联合国官员、各成员国代表和国际媒体之间提供了深入对话的机会，而且为相关组织代表参加有关会议提供了便利条件[①]。

（3）论坛会议机制

论坛机制是指在联合国召开国际会议的同时同地举行相同议题的非政府组织国际论坛[②]。在1972年斯德哥尔摩人类环境大会期间，召开了第一次与联合国的国际会议平行的非政府组织国际论坛，此后成为惯例，由此国际非政府组织在联合国比以往任何时候都更加活跃，其领域也遍及联合国事务的各个方面[③]。联合国环境与发展大会、人权大会、粮食大会、妇女大会等重要的国际会议都专门设立了平行的非政府组织论坛。近40年来，非政府组织国际论坛越来越成熟，有时规模甚至超过联合国主持的国际会议的本身，逐渐成为非政府组织讨论国际问题的重要场所。

除了论坛机制外，非政府组织还可以参与联合国的会议机制。会议机制是非政府组织通过加入联合国各类会议的筹备阶段活动，出席联合国各类会议，改变联合国议事日程，影响出席会议的主权国家和政府间国际组织代表立场等，来参与联合国的相关全球治理事务。

自1992年里约热内卢环境与发展大会上首次允许国际非政府组织积极参与会议筹备、联合国工作文件的起草、在联合国召开的大会上做正式发言之后，国际非政府组织的代表就积极寻求以正式或非正式的身份，参与联合国会议进程。在会议筹备阶段的活动中，国际非政府组织可以参加

---

① 马方方，等.国际非政府组织与联合国联系机制研究［EB/OL］. http://www.chinanpo.gov.cn/700101/92592/newswjindex.html.
② 马方方，等.国际非政府组织与联合国联系机制研究［EB/OL］. http://www.chinanpo.gov.cn/700101/92592/newswjindex.html.
③ 王杰，等.全球治理中的国际非政府组织［M］.北京：北京大学出版社，2004.

会议文件的起草、会议议程的设计安排；影响代表团成员的组成，如推举非政府组织代表参加官方代表团；为某些代表团提供工作报告和准备背景材料；参加会议准备小组以及成为会议报告的起草人等。在大会开始后，非政府组织代表还可以争取发言机会和或提交书面意见以表达组织的诉求[①]。

中国社会组织已经开始积极参加联合国的会议。例如，2002年11月9日至13日，中国联合国协会、中华全国妇女联合会、中国对外友好协会、中国光彩事业促进会、中国和平与裁军协会和中国国际交流协会都派代表出席了非政府组织会议在曼谷举办的亚洲公民社会论坛。在联合国的几轮气候大会谈判中，中国社会组织也开始扮演更重要的角色。通过这样的方式，中国社会组织可以在各种国际会议上充分利用各种机会，争取国际社会对中国立场的赞同，以此影响国际决策，并支援政府层面的多边外交。

2018年联合国对国际非政府组织开放报名的主要会议，如表8-8所示。

表8-8　2018年联合国对国际非政府组织开放报名的主要会议[②]

领域	会议名称
联合国内部	非政府组织年会/论坛
发展领域	"社区发展与消除贫困"的国际研讨会
	国际筹资发展会议
	社会发展首脑会议
人权领域	反对种族主义世界大会
	世界人权大会
妇女儿童领域	儿童权利委员会会议
	世界妇女大会
	联合国妇女地位委员会会议
网络领域	联合国—非政府组织非正式区域网络亚太地区研讨会
环保领域	全球民间社团组织论坛
	联合国气候变化会议

---

① 马方方，等. 国际非政府组织与联合国联系机制研究［EB/OL］. http://www.chinanpo.gov.cn/700101/92592/newswjindex.html.
② 笔者根据联合国2018年会议日历总结。

续表

领域	会议名称
卫生医疗领域	联合国大会艾滋病问题高级别会议
	世界艾滋病大会
环境领域	环境与发展大会
	联合国环境大会
人口领域	世界老龄问题大会
	全球人居环境论坛
	人口与发展会议
气候领域	国际气候变化会议
	联合国气候峰会
	全球气候行动峰会
教育文化领域	国际教育会议
	世界遗产大会
	世界全民教育大会
	世界科学大会

2. 提升影响多边议程的能力

越来越多的社会组织获得联合国咨商地位，广泛地参与到国际会议当中，尤其是在人权、可持续发展等领域，社会组织完成了从外交体系中的外围顾问到专业问题的高层次参与者的转变[①]。但要实现发出中国声音、影响国际组织决策的目标，中国社会组织还要提高联盟、游说和后续行动等方面的能力。

首先，在形成联盟方面，社会组织常常借助联合国会议的平台，通过举办社会组织之间的对话会来建立沟通网络，即与其他拥有相同立场的社会组织组成联盟来增强影响力[②]。如果一个社会组织能与其他组织结成联

---

① Peter W. From "Consultative Arrangements" to "Partnership": The Changing Status of NGOs in Diplomacy at the UN [J]. Global Governance, 2000（6）: 194.
② Clark A M, Elisabeth J F, Kathryn H. The Sovereign Limits of Global Civil Society: A Comparison of NGO Participation in UN World Conferences on the Environment, Human Rights, and Women [J]. World Politics, 1998（1）: 9.

盟，最大限度地汇集力量，那么它所提出的议题就很容易进入会议议程。而平行于联合国正式会议的非政府组织论坛为沟通网络的建立提供了便利。社会组织可以在该论坛上发表意见、提出草案以影响联合国决议的内容。一般来说，论坛会发表正式声明来阐述社会组织的立场，并且通过报纸、活动、举办讲习班和教育展览的形式辅助宣传。比较著名的由联盟发展成社会组织的是国际禁雷运动。禁雷运动是 1992 年由美国的越南老兵基金会和国际医疗组织、人权观察组织等 6 个社会组织共同组成的联盟。这一联盟此后通过举办国际禁雷会议游说美、英等国改变对禁雷的敌视态度，搭建起禁雷的立体式议题联盟网络，成功地设置了国际禁雷议程①。

其次，在影响议程方面，社会组织往往通过影响会议地主办者和决策者来影响讨论进程②。在这个过程中，社会组织要让会议参与者认为某个问题是重要的，还要能够塑造政府及公众对这个问题的观点，最终促使国际社会决定在这一问题上采取行动。在 20 世纪 60 年代的联合国会议中，社会组织在游说方面的作用是很有限的。一方面，能够参与到联合国会议中的社会组织代表数量很少。另一方面，会议中的各国政府代表考虑到社会组织可能会威胁到他们在谈判中的主导地位而不愿社会组织广泛地参与会议③。20 世纪 90 年代，随着联合国邀请更多的社会组织参与到国际事务之中，社会组织中的游说者主要以参与官方会议或走廊讨论的方式来游说。后者主要适用于把社会组织排除在外的会议。社会组织试图在会议间歇接触到参与会议的代表们以达到游说的目的。

社会组织还要能够通过游说来影响会议最终的文件和决定。社会组织游说的渠道包括参与国家和区域层级的会议筹备工作；在官方会议进行中展开游说；通过公开传播信息引导舆论增加对决策的影响力④。

---

① 韦宗友. 国际议程设置 [J]. 世界经济与政治, 2011 (10): 38-52.
② Clark A M, Elisabeth J F, Kathryn H. The Sovereign Limits of Global Civil Society: A Comparison of NGO Participation in UN World Conferences on the Environment, Human Rights, and Women [J]. World Politics, 1998 (1): 9.
③ Clark A M, Elisabeth J F, Kathryn H. The Sovereign Limits of Global Civil Society: A Comparison of NGO Participation in UN World Conferences on the Environment, Human Rights, and Women [J]. World Politics, 1998 (1): 10.
④ Clark A M, Elisabeth J F. Kathryn H. The Sovereign Limits of Global Civil Society: A Comparison of NGO Participation in UN World Conferences on the Environment, Human Rights, and Women [J]. World Politics, 1998 (1): 10.

社会组织通过参与国家和区域层级的会议筹备工作，利用其技术和人才优势为联合国正式会议提供咨询意见。以环境发展会议（UNCED）为例，非政府组织在正式会议之前会召开筹备会，相互听取前一天工作的简报，一起制定联合干预措施并讨论实质性问题。他们还会针对性地根据会议议程设立工作组，以此方式来影响国家在正式文件上的立场[1]。在接下来的会议中，社会组织就可以根据制定的干预措施来实现游说目标。在这一过程中，可能有其他社会组织成员加入。为了让中途参与的社会组织了解最新情况，游说工作还要包括发布工作手册来介绍会议进程和内容。例如，妇女环境与发展组织（WEDO）在联合国环境发展会议进程中还设立了妇女核心小组。该组织还曾主办最大规模的非政府组织联合国会议筹备会并拟定了《21世纪妇女行动议程》这一游说文件[2]。

社会组织还可以借助媒体来侧面发声、制造舆论。它们可以借助媒体的力量就某一问题或立场进行宣传从而引导公众的舆论，再借由公众之口去影响政府，媒体是宣传社会组织立场和态度的重要平台。借助媒体的渠道，社会组织的声音能够在最短时间内最大范围地得到传播。西方非政府组织常常在国际会议期间制造公众舆论，甚至是采用抗议、抵制、游行、罢工等办法来达到影响联合国会议决策的目的。

最后，社会组织不仅在设置议程上影响联合国会议决策，还通过参与联合国会议的后续行动来发挥持续的影响力。在20世纪90年代以后，联合国的各种决议背后，"民间社会行动者已经在各个层次参加了后续工作"[3]。社会组织的诉求最终落实就是依靠会议后续的行动计划及实施。而且社会组织的专业和人才资源在这一环节更具有优势。具体的后续行动包括：游说各国政府来执行联合国会议所达成的共识或行动计划；对这些共识和计划的落实情况进行监督；凭借社会组织所形成的沟通网络，帮助行动实施对象建立关系，弥补官方力量的不足以及积极准备下一次国际会议的议题。

---

[1] Clark A M, Elisabeth J F, Kathryn H. The Sovereign Limits of Global Civil Society: A Comparison of NGO Participation in UN World Conferences on the Environment, Human Rights, and Women [J]. World Politics, 1998（1）: 13.

[2] Clark A M, Elisabeth J F. Kathryn H. The Sovereign Limits of Global Civil Society: A Comparison of NGO Participation in UN World Conferences on the Environment, Human Rights, and Women [J]. World Politics, 1998（1）: 15.

[3] 联合国粮农组织《世界粮食安全委员会第25次会议文件》。

在上述方面，西方非政府组织有着丰富的经验。联合国的多边会议仍然是西方非政府组织占据话语和行动方面的优势。中国的社会组织刚刚开始走进联合国的决策体系中，需要一个学习和适应的过程，才能更好地在国际多边场合发出中国的声音、提出中国的方案、提供中国的智慧。

三、创建新的国际机制

1. 举办国际会议

随着国际国内环境的变化，中国的社会组织不仅参加国际组织的活动，也开始创设新的国际组织和相关国际机制。这些新创设的国际组织的总部设在中国，有利于提升中国在全球治理中的地位。面对新的、复杂的国际挑战，中国社会组织所创设的新机制也为全球治理注入新的力量。

社会组织通过举办国际会议，可以发挥在相关专业领域的领导作用，从中国的角度提出新问题、新视角、新方案，讲好中国故事。国际会议还可以逐步发展为新的国际机制，甚至建立新的国际非政府组织。因此，创设国际会议、坚持办下去，对于中国社会组织快速提升在相关领域的影响力具有重要作用。

一般来说，举办国际会议要考虑以下几个步骤：第一是由国内举办单位或发起单位向相关管理部门提出申请，在主管部门审批后可开始进行筹备。第二是成立会议组织委员会和相关机构，统筹会议的各项准备工作，确定会议的主题、规模、邀请范围、预算等，并预先安排好会议需要的场地、住宿、用餐、用车等事项。第三是邀请参会嘉宾，根据邀请情况调整确认会议议程。第四是举办会议，做好接待、会务、记录等工作，形成会议文件。第五是会议成果的宣传工作。第六是总结工作，将会议文字材料、重要照片、讲话录音和录像等应归档的材料及时归档，向主管主办部门提交总结，或向会议捐资方汇报，并了结相关的财务手续。

例如，"北京国际NGO对话会"就是北京市民间组织国际交流协会创办的、有代表性的非政府组织国际会议机制。北京市民间组织国际交流协会是由北京市各个领域具有开展国际交流和参与国际非政府组织活动能力的民间组织自愿联合发起成立的非营利性社会团体，成立于2007年8月，现有会员60余家。2017年9月21—22日，由北京市民间组织国际交流协会联合北京市科学技术协会、北京市志愿服务联合会、中关村"一带一路"产业促进会、北京国际汉语学院等社会组织共同举办的"2017NGO北京国际对话会"在北京举行。该会议共有37个国家的参会代表以及国内50个民间组织代表参加。其主题为"共叙丝路情·共筑发展路"，由一个主论坛和四个分论坛组成，各代表分别围绕"一带一路"与可持续发展、绿色发展与协同创新、青年志愿服务促进可持续发展、创新科技改变中国·"一带一路"联通世界、"一带一路"背景下国际汉语教学服务等主题进行讨论[①]。会议最后还通过了《NGO北京国际对话会倡议书》，倡议深化民心沟通、坚持可持续发展、加强人文交流。

此外，还有城市国际组织所举办的论坛。例如，扬州所举办的世界运河城市论坛。2017年9月8日，运河城市论坛在扬州举行，来自中国、法国、荷兰、加拿大的20个运河古镇的代表在论坛上就世界运河古镇的合作交流进行了讨论，与会代表一致倡议构建世界运河古镇合作机制，共同发起了《世界运河古镇合作扬州倡议》。该合作机制就是世界运河历史文化城市合作组织通过世界运河城市论坛这样一个国际性会议所创建的多边交流机制。其内容包括在世界运河历史文化城市合作组织专家委员会下建立运河古镇专家委员会，为古镇规划建设、文化旅游产业发展提供咨询服务；举办常态化合作机制会议，就共同关注的问题进行讨论，并相互学习交流古镇开发建设、运营管理、公共服务、形象推广等方面的经验、做法；建立世界运河古镇合作平台网站，推动信息互通共享，加强网上互动交流等。

2. 成立国际性组织

中国已经开始通过城市外交、民间外交的方式，建立总部设在中国的国际组织。常规的国际性会议有可能逐渐发展为新的国际性非政府组织。城市、社会组织、企业等也可以通过跨国的联合，成立新的国际性组织。在一般情况下，在中国要成立国际组织要考虑经过以下几个步骤：第一步

---

① 北京市科学技术协会.首届NGO北京国际对话会举办［EB/OL］.（2017-09-25）.http://www.bast.net.cn/art/2017/9/25/art_16644_366781.html.

是根据要建立的国际组织主要项目及业务范围确定自身的业务主管单位。在业务主管单位同意后再向登记管理机关提交申请。第二步为在登记管理机关审查批准后，发起人再收到组织成立登记通知的三个月内开展成立工作，召开成立大会、通过章程，产生执行机构、负责人和法定代表人，并在中国社会组织网上填报登记材料。第三步为网上审查通过后，向民政部提交纸质版材料并领取成立登记批复和社会团体法人登记证书并申请印章、组织机构代码证书、税务登记、开立银行账户等项目。具体申请资料可以参考《社会团体登记管理条例》①。第四步为开展国际组织业务内相关活动，其中作为国际组织，其业务范围一定要尽可能广，这就需要组织积极开展国际交流活动并举办国际会议以寻求实现在特定领域的目标。第五步为追求在国际舞台上的影响力，这就包括建立多边合作交流机制、与非政府间国际组织开展合作交流，最重要的是注重发展与政府间国际组织特别是联合国的关系，追求以获得联合国经济及社会理事会全面咨商地位为目标。

最后以近年来建立的、总部设立在中国的国际组织为代表性案例。

世界运河历史文化城市合作组织（World Historic and Cultural Canal Cities Cooperation Organization，缩写为 WCCO）是由世界各国运河城市和相关经济文化机构自愿结成的非营利性国际组织，成立于 2009 年，组织总部和秘书处设在中国江苏省扬州市。该组织秉承"以运河为纽带，促进运河城市间经济文化交流，共享发展经验，推动互利合作，促进运河城市共同发展和繁荣"的宗旨。致力于共同探讨运河遗产保护利用之道，寻找运河文化促进城市发展之路，致力于推动世界运河城市增进友谊、加强合作和共同进步。

世界旅游城市联合会于 2012 年 9 月 15 日在北京成立，由北京倡导发起，总部和秘书处均设在北京。它是中国携手众多世界著名旅游城市及旅游相关机构自愿结成的，世界首个以城市为主体的全球性国际旅游组织。自 2012 年至今，世界旅游城市联合会已经在北京、重庆、洛杉矶、拉巴特、非斯、青岛等 6 个城市连续举办 7 届旅游峰会，前三届峰会均在北京市举办，会上先后发布了《北京宣言》和《北京共识》，提出"旅游让城市生活

---

① 中华人民共和国中央人民政府. 申请成立社会团体办事指南［EB/OL］. http://www.gov.cn/fuwu/2015- 08/18/content_2914942.htm.

更美好"核心理念，推出了《世界旅游评价体系》，在多边会议的举办方面该组织拥有较为丰富的经验。2018世界旅游城市联合会青岛香山旅游峰会在中国青岛举行。峰会开幕式上联合会发布了《世界旅游城市发展报告（2018）》研究成果，公布了 2018 世界旅游城市发展排行榜综合排行和 6 个单项排行前 20 名城市。峰会还印发了《UNWTO/WTCF 城市旅游绩效研究》报告，这是由联合会与联合国世界旅游组织（UNWTO）联合推出的，选取了 15 个联合会会员城市，从目的地管理、经济方面、社会文化、环境视角以及技术与新业务模型等关键绩效领域展开研究，旨在分析世界旅游城市发展的成功经验，探索世界旅游城市发展的评价标准，为世界旅游城市的发展提供指南。

国际竹藤组织是第一个将总部设在中国的国际组织，成立于 1997 年 11 月 6 日，由中国、加拿大、孟加拉国、印度尼西亚、缅甸、尼泊尔、菲律宾、秘鲁和坦桑尼亚等 9 国共同发起，截至 2018 年 12 月，该组织的成员国数量达到 45 个。在过去的 20 余年，该组织吸纳了 40 多个来自南半球的会员国，在促进南南合作方面发挥了至关重要的作用。除了在北京的秘书处总部外，该组织还在印度、加纳、埃塞俄比亚和厄瓜多尔设有区域办事处。该组织的宗旨是以竹藤资源的可持续发展为前提，联合、协调、支持竹藤的战略性及适应性研究与开发，增进竹藤生产者和消费者的福利，推进竹藤产业包容绿色发展。作为唯一一家专门致力于竹藤可持续发展的国际机构，国际竹藤组织积极组织全球竹结构方面的专家发展有关竹结构国际标准。在建立国际竹藤标准方面，该组织发布了 3 项圆竹结构建筑国际标准，并于 2013 年成立了专门的竹结构工作组。从 2014 年开始，该组织还着手建立了竹藤标准化技术咨询委员会，这些都成为提升中国和成员国竹藤产业质量水平和国际竞争力的新平台。成立 20 多年来，该组织利用参与国际会议的机会，多次举办分会场活动，例如 2008 年在越南召开的亚太森林周的"竹子与气候变化"国际研讨会、联合国防治荒漠化大会（UNCCD）、联合国森林论坛（UNFF）以及世界林业大会（WFC）、亚太森林周、国际森林城市大会等世界性重大会议。值得一提的是，2018 年 6 月 25—27 日，该组织与中国国家林业和草原局在北京国家会议中心共同主办了首届世界竹藤大会（BARC2018）。这是该组织首次在国际层面举办的全球性竹藤领域高级别大会。

国际数字地球学会是由中国科学院发起，在中国、加拿大、美国、日本、捷克等10多个国家科学家的共同倡议下，联合国内外相关机构成立的非政府国际科学组织，总部设在北京。它是一个由国际会议发展而来的国际组织，在1999年11月29日至12月2日，中国科学院主办的第一届数字地球国际会议通过了《数字地球北京宣言》并通过了每两年举办一届国际会议的决议。次年，为推动数字地球的发展，成立了数字地球国际会议国际指导委员会及秘书处。直到2006年，国际数字地球学会正式在中国注册成立，确定了每两年一次的"国际数字地球会议"与"数字地球峰会"。同时，他们还出版学会的学术刊物——《国际数字地球学报》来促进数字地球学科的交流并宣传普及数字地球科学知识。这也是国际数字地球领域的第一本专业期刊。在国际交流与合作方面，该组织不断加强与国际组织、研究机构、专家学者的沟通与联络，建立了广泛的合作伙伴关系。特别是在2009年11月，国际数字地球学会被吸收为地球观测组织（Group on Earth Observations，GEO）正式成员，这为促进学会的国际组织间合作与交流铺垫了更加广阔的国际舞台。

第九章 推动总体外交的转型

一、提升外交统筹能力

1. 对社会组织国际活动的政治声援

社会组织参与全球治理，不仅会影响全球治理、改造自身的体制和能力，还会反过来促进中国总体外交的发展。中共十九大报告指出，中国特色大国外交开创了全方位、多层次、立体化的布局。因此，在中国特色大国外交的发展进程中，需重视并借助社会组织因素提升外交能力，拓展中国外交的活动空间，扭转对外关系中过度依赖政府间关系的传统方式，重视发挥社会组织因素及民间关系的积极作用[①]。而要让中国社会组织在中国的立体化外交布局发挥作用，就要解决如何打通政府、民间组织和其他外交主体之间的联动问题。真正的"立体化"，一定首先是"体系化"，不同层面的工作要形成有机的联系。社会组织开展的全球治理活动本身具有专业性，往往也要展现出政治中立的立场，才能获得国际合作伙伴和工作对象的接受。如何把社会组织的国际公益和民生合作，转化为政治和外交效果，绝不可草率直接，也不是自然而然，而需要一系列外交管理体制和工作方式的变化。

中国政府近年来明显加强了对中国社会组织国际活动的政治支持。政治支持有多种形式。所谓政治声援，区别于资金支持，也区别于政治管理。它是政府从官方角度对非政府机构的活动采取公开的肯定，这有助于扩大非政府组织的影响力，更重要的是，它把非政府组织不愿或不便进行的政治表态、政治解读等，由政府官方表达出来，并把中立的公益活动与国家的形象联系到一起。西方国家的领导人和外交官员非常频繁地参加和支持非正政府组织公开国际活动。这是发达国家运用公民外交体系的常见方式。

近年来，中国的最高领导人多次直接对社会组织的国际活动开展政治声援。根据不完全统计，2016年1月—2019年1月，国家主席习近平共致83次贺信，其中有3次是致社会组织或社会组织活动，充分肯定社会组织

---

① 孙海泳. 境外非政府组织因素对中国外交的影响及其应对[J]. 国际展望，2018（1）：65.

在全球治理领域的重要作用,并鼓励中外社会组织沟通交流。例如,2016年7月,二十国集团民间社会会议(C20)在青岛举办,提出"消除贫困、绿色发展、创新驱动与民间贡献",习近平总书记在贺信中说"此次会议听取社会声音、凝聚社会共识,在推动政府和民间良性互动、助力全球经济治理方面发挥了重要作用"①。2017年11月,习近平总书记在向首届丝绸之路沿线民间组织合作网络论坛致贺信中提及:"民间组织是推动经济社会发展、参与国际合作和全球治理的重要力量。建设丝绸之路沿线民间组织合作网络是加强沿线各国民间交流合作、促进民心相通的重要举措。"②另外还包括一次致中国国际发展知识中心启动仪式暨《中国落实2030年可持续发展议程进展报告》发布会,指出社会组织在促进国际发展合作、推动全球落实可持续发展议程上的潜在能量③。此外,中国社会组织的国际活动也出现在首脑外交的高光场合。例如中国扶贫基金会积极参与厄瓜多尔震后救灾活动,就成为习近平主席访问厄瓜多尔时提及的两国交往大事之一④。

外交部门也开始增加对社会组织活动的政治声援。例如,2018年6月23日,针对中国民间救援志愿者自发参与到泰国足球队搜救行动中的行为,外交部发言人陆慷在记者会上指出,这印证了中国有句话叫"一方有难、八方支援",更说明了"中泰一家亲"⑤。外交部发言人对完全没有官方背景的草根民间组织活动进行声援,这在以往的中国外交中是较为罕见的。

此外,中国政府宣传部门也开始积极介入中国民间组织国际活动的传播。2015年中国民间志愿者发起"中国志愿者非洲反盗猎项目",深入津巴布韦马纳普斯公园开展持久的动物保护行动。作为一项民间的公益活动,

---

① 新华网. 习近平致 2016 年二十国集团民间社会会议的贺信(全文)[EB/OL]. http://www.xinhuanet.com/politics/2016-07/05/c_1119168347.htm.
② 新华网. 习近平致首届丝绸之路沿线民间组织合作网络论坛贺信(全文)[EB/OL]. http://www.xinhuanet.com/politics/2017-11/21/c_1121988276.htm.
③ 新华社. 习近平向中国国际发展知识中心启动仪式暨《中国落实2030年可持续发展议程进展报告》发布会致贺信[EB/OL]. http://zj.people.com.cn/n2/2017/0823/c186327-30643365.html.
④ 新华网. 习近平同厄瓜多尔总统举行会谈[EB/OL]. http://www.xinhuanet.com/mrdx/2016-11/19/c_135842226.htm.
⑤ 外交部. 2018 年 7 月 3 日外交部发言人陆慷主持例行记者会[EB/OL]. https://www.fmprc.gov.cn/web/fyrbt_673021/jzhsl_673025/t1573569.shtml.

除了获得部分网络媒体的报道以外,并没有引发很大的关注。2018年新华社派遣摄制组,将中国志愿者参与动物保护活动的故事纳入大型纪录片《与非洲同行》,并在9月中非合作论坛北京峰会召开期间向全球同步播出,产生较大影响。该纪录片大多数故事都是讲中国大型企业和官方援助,对草根民间组织活动的肯定,是值得关注的新变化。

中国社会组织要在民间外交中发挥切实有效的作用,其中最重要的因素就是能够具有国际化的影响力[①]。政府关注社会组织,以合适和有力的方式声援社会组织,就会把社会组织的活动变为外交的助力。当然,政治声援也要把握好时、效、度,避免"政治化",影响社会组织的中立性和独立声誉。为此,政府除了直接声援以外,还应该建立间接声援的机制,通过行业协会、民间荣誉体系等充当传送带角色,既实现了民间外交的效果转化,又尊重了社会组织的公益性与独立性。

2. 多边外交中的立体配合

以国际会议为代表的多边外交场合,是国际非政府组织发挥影响、参与全球治理议程设置的主要舞台,也可以说是最能发挥非政府组织优势的外交场景。近年来,中国政府在举办国际会议期间,越来越有意识地发挥社会组织的作用。例如,2016年二十国集团杭州峰会期间,就同时安排了二十国集团民间社会(C20)会议,作为政府首脑外交的外围活动。C20会议通过的《2016年二十国集团民间社会会议公报》中,"敦促G20峰会和各国政府在这些领域尽快采取实际行动,加快制订落实《2030年可持续发展议程》的国别'行动计划'","民间组织也应在这一过程中积极建言献策,贡献自己的力量"[②]。该公报后递交至杭州二十国集团峰会筹委会,对政府多边外交活动发挥了影响。

北京市女性社会组织创设的巧娘项目,也配合了奥运会、残奥会和其他大型的国际会议活动。巧娘项目通过组织社区妇女参加传统手工制作,为退休、残障、失业等弱势妇女谋取额外收入来源,符合为女性经济赋权

---

① 吕晓莉.中国民间组织外交的基层力量——中国社会组织在民间外交中的作用研究[M].北京:中国政法大学出版社,2014:42.
② 中国日报网. 2016年二十国集团民间社会会议公报[EB/OL]. http://cn.chinadaily.com.cn/2016-07-06/ content_25989317.htm.

的全球治理理念。在北京奥运会、残奥会开闭幕式上,"北京巧娘制作的600万片红叶和代表四季更替的花卉梦幻般地绽放;北京巧娘制作的5 600条'吉祥手链'被馈赠给国际奥委会主席罗格等各国贵宾;巧娘制作的手工艺品一度成为奥运期间中外宾客钟爱的旅游纪念品"①。自2008年之后,巧娘这个社区女性项目就成了北京举办主场外交活动时重要的参观点和展示项目,为中国的主场外交提供了立体化的支持,同时反过来也提升了基层社会组织的国际交往能力和声誉。

此外,中国的地方政府也开始重视发挥社会组织对城市外交的配合。例如扬州创办的世界运河历史文化城市合作组织(WCCO),借助运河这一特殊"渠道",举办世界运河城市论坛,提升扬州在特色领域的话语权,发掘扬州城市外交的丰富资源,也为扬州未来发展创造更多机遇。扬州政府与 WCCO 之间建立了非常密切的配合关系。这种国际非政府组织依托城市、城市外交依靠国际非政府组织的模式,对于中国的城市来说,还是一种新的尝试。

近年来,中国主办多边外交活动的能力已经毋庸置疑,但主导多边外交议程的能力比起西方国家来说仍然存在诸多的短板。其中非政府组织活动能力不足,是急需解决的问题之一。这种不足体现在多个方面。第一是我国的社会组织确实在全球治理方面刚刚开始发挥作用,"做得不够多",参与国际会议的经验不足,所以"讲得不够好"。因此,中国社会组织的议程设置能力的提升需要一个发展过程。第二是许多政府部门对社会组织的工作还不够了解,对其作用还不够重视甚至不够信任,政府也需要有一个理念和工作方式转换的过程。第三是政府和社会组织配合参与多边外交,也需要理念的磨合。西方国家的政府和非政府组织都具备强大的外交能力,但二者的磨合却始终是个难题。二者有时候"唱双簧",有时候也"唱反调"。政府和社会组织必须在日常做好沟通工作,加强了解和信任,在国际场合之中才能形成交叉火力,既追求各自的目标,又走向共同的方向。

---

① 新华社."北京巧娘"惊艳四方[EB/OL]. http://www.gov.cn/jrzg/ 2013-06/29/content_2436647.htm.

3. 驻外使馆的支持网络

社会组织在海外活动面临多方面的挑战。政府驻外使馆一般会从领事服务的角度出发，为在当地活动的本国非政府组织人员提供支持。但仅仅从领事服务上对社会组织国际活动的支持是远远不够的。中国驻外使馆提供的领事协助与保护主要是针对"中华人民共和国公民"。驻外使馆一般设有专门的商务处，商务部派遣的专业官员会协助中国企业处理与业务相关的大量事务。但相比之下，中国的驻外使馆一般不设有专门对口服务社会组织的部门。社会组织要在当地开展治理活动和援助工作，也很少能得到专业的支持。

近年来，相关的政策已经在发生转变。2018年发布的《对外援助管理办法（征求意见稿）》指出："驻外使领馆（团）协助国际发展合作署办理与对外援助有关的政府事务，与受援方沟通援助需求并进行政策审核，负责援外项目实施的境外监督管理。"[①] 规定为驻外使领馆支持社会组织的工作奠定了法律基础。按照美国、日本等西方国家的经验，随着中央政府设立独立的对外援助部门国家国际合作开发署，重点使领馆有可能设立专门的国际援助事务官员甚至部门，实现前方的归口管理。这种机制的建立健全也将提升使馆对领事工作的统筹协调能力，以及"大领事"工作格局的逐步形成，更好地维护中国的海外利益与形象。

此外，社会组织的治理项目要精准发挥民间外交的作用，还要与当地中资企业、驻外媒体记者等利益相关方建立起相互配合的联动网络。企业是社会组织公益项目最重要的捐赠者之一。尤其是走出国门的中国企业，对社会组织来说是重要的合作伙伴。较之利用境外资金，利用国内企业的资金更符合政府对社会组织活动的监管要求[②]。中国民间组织也可以对中国企业在当地的发展起到补充的作用，尤其是已经开展海外投资项目、设立海外运营机构的公司，迫切需要加强在投资目的国的社会责任建设，实现

---

① 中华人民共和国民政部. 民政部关于《社会组织登记管理条例（草案征求意见稿）》公开征求意见的通知［EB/OL］. http://yjzj.mca.gov.cn：8280/consult/noticedetail.do？noticeid=52.

② Pauline H C，Aimei Y. Chinese Non-governmental Organizations，Media and Culture：Communication Perspectives，Practices，and Provocations［J］. Chinese Journal of Communication，2017，10（1）：6.

与当地社区的文化交流融合，树立良好的品牌形象①。

中国扶贫基金会与中石油尼罗河公司合作援建苏丹妇幼保健系统示范项目，就是社会组织通过自身活动帮助改善企业形象的典型案例。中石油因为缺乏当地信息，社会责任项目开展不顺。后来，双方建立联系并启动合作计划，迅速实现了援建项目的落地。2011年7月，中苏阿布欧舍友谊医院竣工，标志着中国首家民间组织跨出国门实施公益项目取得阶段性成果②。在这样的项目中，企业和社会组织是双赢的关系。专业社会组织的介入，会大大提升企业社会责任项目的执行效率，实现精准的公益目标，帮助改善企业形象，赢得当地政府和民众信任，实现经济效益、社区发展和环境保护的多赢局面，规避相关的政治和文化风险。反过来，社会组织通过完成当地中资企业委托的项目，也加快了走出去的步伐，提升了国际化的能力，提高了自己的声誉。

从中国的外交体制来看，驻外使领馆具有信息节点和指挥中心地位。未来驻外使领馆的公共外交能力，不仅是其自身在当地发生和影响舆论的能力，也是统筹当地中资企业、社会组织和其他非政府力量的能力。驻外使领馆要成为信息分发的平台，也要成为合作联络的中介，这需要建立一系列的机制保障。随着中国社会组织国际活动的增多，也会推动中国驻外使馆的管理机制变化，提升外交部门的公共外交管理和统筹能力。

二、对外援助体制的改革

1. 专门管理机构的建立

中国社会组织的国际活动，在相当程度上要受到国家对外援助体制的

---

① 全球环境研究所. 中国民间组织"走出去": 现状、挑战及政策建议［EB/OL］. http://www.geichina.org/_upload/file/report/NGO_Going_Out_CN.pdf.
② 吴文斌. 中国民间慈善组织国际合作的典范——中苏阿布欧舍友谊医院妇幼保健网络项目启动［EB/OL］. http://world.people.com.cn/n/2012/0705/c1002-18453650.html.

影响。首先，在资金上，政府的援外资金是社会组织的筹款渠道之一；其次，在管理上，政府对外援助的相关政策法规对社会组织项目的开展起到规范和指导的作用；最后，政府的对外援助部门，往往也是社会组织开展国际活动的"同路人"。像美国国际开发署、日本国际协力机构等能力强大的国家对外援助管理机构，对于其非政府组织的国际发展具有重要的支撑作用。

中国的社会组织加快开展全球治理项目也给中国对外援助管理体制的改革带来动力。中华人民共和国成立以来，中国的对外援助在维护国家利益、履行国际责任等方面积累了丰富的援助经验，但也显露出一些亟待解决的问题。

中华人民共和国成立初期，中国政府面临的主要任务是如何恢复和发展国民经济并巩固新生的人民政权。援外工作无论是在范围、对象还是物资规模上都处于初步探索阶段，主要任务均由中央政府直接下达各有关部门执行，并未建立起专门的主管部门。1952年8月，中央人民政府委员会第十七次会议通过了"关于调整中央人民政府机构的决议"，决定设立对外贸易部，由该部统一负责物资援助的管理及后续对外成套项目援助的谈判与缔约，具体的援助任务则由国家计划委员会按专业分工原则交由国务院有关部门执行[①]。该部门的成立标志着中央政府与国务院在援助决策与援助管理职权上开始出现相对分离。进入20世纪60年代，针对第三世界国家的援助任务日益繁重，分担压力、归口管理成为援外体制发展的新方向。中央政府于是在1960年召开的第二届全国人大常务委员会上设立对外经济联络总局，作为国务院直属机构，下设成套设备局和经济合作局，实现对全国对外经济技术援助工作的归口管理[②]。1964年，中央再次决定设立对外经济联络委员会，同时撤销对外经济联络总局[③]。1970年，对外经济联络委员会被更名为对外经济联络部，实行部门分管，并成立成套设备出口公司以专向负责成套项目管理。除此以外，中国许多的驻外使馆中也设立了如经济参赞处、商务参赞处等部门，负责管理国外援助的一线管理工作。

---

① 张郁慧.中国对外援助研究[M].北京：九州出版社，2006：108-109.
② 张郁慧.中国对外援助研究[M].北京：九州出版社，2006：109.
③ 曹俊金.中国对外援助管理体制改革：进程与前瞻[J].国际经济合作，2018（10）：52.

改革开放以后，中国对外援助的政策和格局也发生适时变化。1982年，国务院进行机构改革，决定组建对外经济贸易部来统筹协调对外援助工作随着市场化因素的逐步渗入，1993年3月又更名为对外贸易经济合作部，下设对外援助司，归口管理援外工作。这为对外援助在今后中国经济外交中扮演重要角色奠定了基础①。在这个过程中，中国援助工作始终是与中国市场经济体制改革和经济全球化的背景并行的，所以必须保证援外项目的实施与国际接轨。正是为了适应新的世界贸易形势，实现援外的规范化管理，中央政府于2003年正式组建商务部，其职能范围基本涵盖援外工作的全过程，并下设国际经济合作事务局等具体的执行部门。商务部针对援外工作也曾多次进行内部管理职能的调整和规划，并对执行机构践行监督与指导。2008年，为加强各部门间协调，商务部同外交部、财政部等有关部门和机构正式成立对外援助部际联系机制，并于2011年将其升级为部际协调机制。直到2018年3月《国务院机构改革方案》通过之前，对外援助工作均由商务部负责，在专业性和有效性方面大幅提升。

十八大以来，中国领导人在国际场合中多次强调中国承担更多国际道义和责任的意愿与决心。因而，如何实现援外工作的统筹性协调和规范化管理，也逐渐成为政府工作计划的重中之重。在体制变革之前，商务部在解决对外援助体系"碎片化"的问题上就曾有实施过相应的行动计划。2014年，中国商务部发起"援外改革年"，制定了首个对外援助的综合性部门规章《对外援助管理办法（试行）》，对援外项目的立项、执行、监督等各个环节都进行了制度化约束，商务部对外援助司又创新性引入了"项目管理+工程总承包"的实施管理模式，提高了项目的管理效率②。这是中国在对外援助管理方面颁布的第一个综合性的部门规章，大大推动了中国援外的制度化水平。2017年2月6日，中央全面深化改革领导小组第三十二次会议审议通过《关于改革援外工作的实施意见》等文件，强调要优化援外战略布局，改进援外资金和项目管理，改革援外管理体制机制，提升对外援助

---

① 刘方平，曹亚雄. 改革开放40年中国对外援助历程与展望[J]. 改革，2018（10）：52-59.
② IDC. 商务部解读《对外援助管理办法》[J]. 国际援助，2016（4）：46-53.

综合效应①。2018年3月，第十三届全国人民代表大会第一次会议上《关于国务院机构改革方案的说明》中提出，将商务部对外援助工作有关职责、外交部对外援助协调等职责整合，组建国家国际发展合作署（简称"国合署"），作为国务院直属机构，充分发挥对外援助作为大国外交的重要手段作用，加强对外援助的战略谋划和统筹协调，推动援外工作统一管理，改革优化援外方式，更好服务国家外交总体布局和共建"一带一路"等②。4月18日，中华人民共和国国家国际发展合作署正式挂牌成立，内设七个司，综合负责对外援助等工作，这是中国对外援助体制的一次重大改革，也标志着中国对外援助事业自此踏上新征程。组建国家国际发展合作署是对国务院下属各部委对外援助机构资源的内部整合，也是中国建立的一个独立的援外工作综合统筹单位，将为企业与社会组织等机构的对外合作搭建平台。

2. 对外援助管理模式的市场化

国际发展合作署的建立，标志着中国的社会组织的国际援助项目有了独立的管理部门。但是管理机构设立以后，有一个制度健全和能力建设的过程。社会组织参与全球治理活动的增加，可能影响到相关政策和体制的改革，从行政化的援助模式往市场化的援助模式发展。

传统的对外援助模式具有浓厚的行政化特征。中华人民共和国成立以后，根据中央《关于加强对外经济、技术援助工作的请示报告》，20世纪50—60年代的援外项目主要采取"总交货人部制"，即通过指定中央有关部担任总交货人，保证援外的人员选调、项目审定、预算编制、设备供应、调整运行等工作的顺利开展，并根据地方的工作特点和生产能力委托地方单位协助任务的完成。随着援助对象、规模和数量的不断扩大，中央于1970年放弃已经无法适应工作需要的"总交货人部制"，转而实行"承建部负责制"的新型援外管理体制。这种由承建部担负有关经济和技术的实施责任、

---

① 新华网. 习近平主持召开中央全面深化改革领导小组第三十二次会议［EB/OL］. http://www.xinhuanet.com//politics/2017-02/06/c_1120420090.htm.

② 方案中规定国家国际发展合作署的主要职责是：拟订对外援助战略方针、规划、政策，统筹协调援外重大问题并提出建议，推进援外方式改革，编制对外援助方案和计划，确定对外援助项目并监督评估实施情况等。援外的具体执行工作仍由相关部门按分工承担。参见：国家国际发展合作署. 国家国际发展合作署关于《对外援助管理办法（征求意见稿）》公开征求意见的通知［EB/OL］. http://www.cidca.gov.cn/2018-11/13/c_129992994.htm.

地方来具体实施工作的制度，旨在充分发挥中央和地方的积极性，实现各部门间的支持与配合。整体而言，前两种管理体制在这段时期能够最大限度地调动社会资源，实施援外项目和管理，但是行政化的管理方式在很大程度上限制了实施主体必要的自主权，也滋生出责任不落实等弊端。

改革开放以后，援助模式开始引入"经济思维"，试图打破单纯援外、只进不出的固有模式，试图通过政策调整扩大合作领域。1980年，先是试行"投资包干制"，将项目实施的全部工作承包给特定部门或地区，既承担技术责任又获得自主管理权限。1983年，中央开始全面实行"承包责任制"，即"由国务院等部门所属的国际经济技术合作公司或其他具有法人地位的国营企业、事业单位作为承包单位，实现政企分开，并引入部分项目招标的竞争机制，实现承包单位责、权、利相结合的管理模式"①。随着市场经济体制改革的推进，根据政企职责分开、政府转变职能的原则，到1983年中央便转而施行"企业总承包责任制"。该项制度规定："援外工作由行政部门集中行使管理职能，政府部门主要运用行政规章和经济手段对援外工作实行规范化的宏观管理，由总承包企业作为中国政府指定中方执行机构负责实施援外任务。"②实际上，这一时期是将原先"中央指令—部门执行"的援外管理模式转变为"中央指示—部门统筹—企业实施"的管理模式③。这种经济和行政手段相结合的管理体制不仅调动了承包单位的援外积极性，更是在推动其独立运营和盈亏自负的基础上严控项目建设周期，保证援外工作的高质量开展。直到现在，中国仍然采用这种能够发挥市场作用、调动社会资源、提升援外效率的管理模式，并辅之以相应的支持与优惠政策，保证援外工作的大范围、高质量、高效率开展。

国家国际发展合作署成立以后，将进一步突出专业化管理和市场化思维。从国家国际发展合作署的改革方向中可以看出，中国援外体制改革正在积极推动三个层次的配合与支撑，即从宏观上来说，中国的对外援助旨在顺应全球对外援助新形势，积极打造与对象国的合作伙伴关系，加强援外战略指导和宏观协调，以此推动中国全球治理念的落地生根；从中观上

---

① 张郁慧. 中国对外援助研究[M]. 北京：九州出版社，2006：156.
② 中国对外经济贸易年鉴编委会. 中国对外经济贸易年鉴1994[M]. 北京：中国社会出版社，1994：62-63.
③ 曹俊金. 中国对外援助管理体制改革：进程与前瞻[J]. 国际经济合作，2018（10）：52.

来说,过去由商务部、外交部、财政部牵头管理格局已经逐渐转变为国家国际发展合作署统筹、各部门协调、下属机构配合的全方位管理格局,调动各专业部委的积极性和专业性,搭建高效的援外管理体系;从微观上说,中国的对外援助项目继续遵循受援国不同需求的基础,通过适当的外交途径并且经过专家实地考察认定,根据调研实际结果最终制定"差异化方案",实现精准援助与技术合作。

除了层级之间的协调管理,国家国际发展合作署还极为强调顶层设计的细微夯实。例如,2018年12月,国家国际发展合作署发布援外综合性部门规章《对外援助管理办法(征求意见稿)》,并向社会公开征求意见,关注社会各界广泛的声音[1]。同时,在意见稿中不仅调整了援外规则制定、部际协调、协议签订、监督评估、资金管理、数据统计与研究方面的原有规定,还涉及地方政府职能角色、外派援外人员的待遇及安全等新内容。可以说,此举的目的是在援助体制进行重大改革的背景下,通过社会意见和细节改进而助推对外援助的工作思路的明晰化,从而加强援外工作的战略谋划、统筹协调和统一管理。这一系列措施的实施,都使中国的对外援助体系逐渐规范化、科学化、公开化。

总体来说,从美国等国的例证来看,独立援外管理机构一般具备完整的对外援助项目制定、方案设计、具体执行、资金管理、后期评估与检查等职能[2]。而国家国际发展合作署的成立,则是中国在援外体制改革道路上与国际社会援助理念的进一步贴合。在这种新的模式中,政府在决策中会更加依赖社会组织的专业人才,在项目上也会通过政府购买服务的方式建立市场化合作模式,并对社会组织的项目执行开展科学、透明的监督。可以说,社会组织项目管理的透明化,和国家国际发展合作署管理项目管理的规范化是相互促进的。

当然,社会上也存在不少对于国家国际发展合作署未来进行管理的建议。国家国际发展合作署建立市场化和透明化的管理,是属于简政放权的改革。但也要在实际工作中避免专业性不足带来的"力不从心"问题,精

---

[1] 国家国际发展合作署. 国家国际发展合作署关于《对外援助管理办法(征求意见稿)》公开征求意见的通知[EB/OL]. http://www.cidca.gov.cn/2018-11/13/c_129992994.htm.
[2] 赵裴. 援助外交体制研究及中国援助外交体制未来改革的可能选择[J]. 国际论坛,2016(1):53.

确找准自身地位、优化管理能力。国家国际发展合作署现阶段只是在实现政府内部的资源统筹，下一阶段则必然将关注点转向民间社会资源的整合，那么社会组织，包括纯粹的民间组织作为参与对外援助的重要主体，应当被纳入国家对外援助框架，并予以适当的政策和资金支持，以推动国家国际发展合作署、受援国相关政府部门、中国企业和中国社会组织等多方联动合作模式，实现项目质量控制和政治目标兼顾，建立更加科学规范的管理格局。

3. 对外援助管理理念的现代化

在进行机构和管理改革的同时，中国的援外理念也在出现新的变化。其中，最重要的是从"援助"的观念向"合作"的观念变化。比较2014年和2018年两个《对外援助管理办法》便可以发现，对外援助的指导思想引入了新的外交方针，强调"人类命运共同体"、共建"一带一路"等目标。在国家国际发展合作署的话语体系中，"合作成果""合作故事"等词语频繁出现，"发展合作"替代"援助"成为其主要使命。这种思想和语言层面的转变，体现出对工作模式与关系定位的变化。正如有的研究者所言，中国对"对外援助"的概念理解从单纯的"援助"转变为"合作"，目标从最初的"支援救助"转向"共同发展"，身份的塑造也从"友好睦邻"转向"负责任大国"，并在实践摸索中打造出一套中国特色的援助模式[①]。

未来，随着社会组织更多地参与援外项目乃至政策制定，社会组织会把全球治理和国际非政府组织的相关概念继续输入国家国际发展合作署的管理。比如，对外援助项目中的"不伤害"原则，即项目不但有益于受益人，而且同时不能不利于其他相关群体，会成为项目立项的重要标准。又如，联合国《2030年可持续发展议程》中提出的关键方向，也会通过社会组织的项目申报，引导中国对外援助的重心平衡，从以修路建桥为主的发展项目到人权、环保等主题的治理项目的转变。

此外，社会组织的项目常常不是以一己之力完成的，需要搭建当地乃至全球的伙伴关系网络。这也势必会逐渐影响国家国际发展合作署对项目的认识和管理方式。例如，近年来中国兴起的民间人道主义救援组织，在

---

① 刘晴，王伊欢. 全球治理视角下中国对外援助的理念与策略演变[J]. 湘潭大学学报（哲学社会科学版），2017（5）.

自然灾害等紧急时刻都奔赴前线，如何紧急申请资金，如何在当地使用资金，如何与第三方伙伴分享资源，乃至如何跨境汇款、进口物资等，都对国家对外援助管理提出了挑战。另外，如何实现委托性项目发包方式到竞争性的发包方式转变，如何保证招标单位的平等性和招标单位的公开性，如何推动资金管理、项目设计、执行分工、监督评估等环节的系统化和专业化，使对外援助更有效率、更有效益等，都是目前正在改善的方向。从思路转变可以看出，坚持与时俱进、不断进行调整与改革，是中国对外援助工作取得成效的不竭动力。

三、社会组织管理的进一步开放

1. 社会组织与全面开放新格局

2012年以来，从中共十八大提出"加快形成更高水平对外开放新格局"到十九大提出的"推动形成全面开放新格局"，更高水平、更全面的开放成为中国发展的大势所趋[①]。中国领导人多次在重要场合向世界传递了中国更加积极主动对外开放的坚定决心。例如，2018年11月，习近平主席在首届中国国际进口博览会开幕式主旨演讲中提出中国进一步扩大开放的五个举措：激发进口潜力、持续放宽市场准入、营造国际一流营商环境、打造对外开放新高地、推动多边和双边合作深入发展[②]。为进一步贯彻落实国家对外开放战略，扩大开放格局，各地方政府推出相应政策。例如，2018年，上海市推出《上海市贯彻落实国家进一步扩大开放重大举措加快建立开放型经济新体制行动方案（上海扩大开放100条）》[③]。2019年，吉林省也推

---

① 冯其予. 推动形成全面开放新格局[EB/OL]. http://cpc.people.com.cn/19th/n1/2017/1023/c414305-29603380.html.
② 习近平. 共建创新包容的开放型世界经济——在首届中国国际进口博览会开幕式上的主旨演讲[M]. 北京：人民出版社，2018.
③ 上海市人民政府. 市政府新闻发布会介绍并解读《上海市贯彻落实国家进一步扩大开放重大举措加快建立开放型经济新体制行动方案》相关情况[EB/OL]. http://www.shanghai.gov.cn/nw2/nw2314/nw2315/nw38613/u21aw1325493.html.

出《吉林省扩大开放100项政策措施》以加快形成内外并举，资源市场要素全方位开放新格局，推动吉林实现高质量发展①。海南在海南全岛建设自由贸易试验区和中国特色自由贸易港，等等。

不过，基于自身发展要求，这些地区的开放重点主要还是聚焦在经贸等领域，社会治理层面更大程度的开放可以推动全面开放格局的深入发展。在北京新的首都功能定位中，"国际交往中心"占据重要一席。北京的国际交往中心建设，就把国际组织的活动视作重要的标准，把开放的重心从单一的经济层面扩展到社会治理层面。

2013年9月，习近平主席在出访期间先后提出"丝绸之路经济带"和"21世纪海上丝绸之路"的重大倡议。其中关于"民心相通是'一带一路'建设的社会根基""加强沿线国家民间组织的交流合作，广泛开展教育医疗、减贫开发、生物多样性和生态环保等各类公益慈善活动，促进沿线贫困地区生产生活条件改善"等提法②。是从国家战略角度赋予社会组织参与国际活动的合法性。2016年3月16日第十二届全国人民代表大会第四次会议通过的《中华人民共和国慈善法》，将现行社会组织按照性质标准分为社会团体、基金会、社会服务机构三类，规范了它们的日常活动。其中，对于国内登记成立的社会组织寻求跨境或国外活动，则鼓励这类社会组织走出去。2016年8月，中共中央办公厅颁布《关于改革社会组织管理制度促进社会组织健康有序发展的意见》，对社会组织涉外活动予以规范。该文件中明确指出，"各地方各部门要引导社会组织有序开展对外交流，参加非政府间国际组织，参与国际标准和规则制定，发挥社会组织在对外经济、文化、科技、体育、环保等交流中的辅助配合作用，在民间对外交往中的重要平台作用"及"积极参与新建国际性社会组织，支持成立国际性社会组织，服务构建开放型经济新体制"③。2017年5月，习近平主席在"一带一路"国际合作高峰论坛的主旨演讲中再次提出建设更多民生项目的设想。2018年8月3日，民政部发布了"关于《社会组织登记管理条例（草案征求意

---

① 吉林省人民政府. 吉林省扩大开放100项政策措施［EB/OL］. http://www.jl.gov.cn/szfzt/100zccs/.
② 新华社. 推动共建丝绸之路经济带和21世纪海上丝绸之路的愿景与行动［EB/OL］. http://www.xinhuanet.com//world/2015-03/28/c_1114793986.htm.
③ 新华社. 中共中央办公厅、国务院办公厅印发《关于改革社会组织管理制度促进社会组织健康有序发展的意见》［EB/OL］. http://www.gov.cn/xinwen/2016-08/21/content_5101125.htm.

见稿)》公开征求意见的通知"。这项新的《社会组织登记管理条例》将取代现行《社会团体登记管理条例》《基金会管理条例》《民办非企业单位登记管理暂行条例》三大条例，并对社会组织参与社会管理做出更加细致的规定①。以上这些具体政策的提出体现了中国社会组织改革的大致方向，即在规范管理、政社分开、准入门槛、竞争机制、信息公开等方面开展工作，进一步贯彻落实国家对外开放的战略。除此以外，例如南南合作基金会、中促会等也在补充中国社会组织走出去的机制环节，推动主动、积极、全方位的"走出去"行动。

2. 规范在华国际非政府组织的管理

中国的社会组织要开展国际合作、各个地方的社会治理要扩大开放程度，就难免涉及对在华国际非政府组织的管理政策。20世纪80年代末，全球掀起了一股结社革命的浪潮，非政府组织逐渐在国际事务中发挥重要作用。改革开放初期的中国，也开始顺应时代潮流，主动邀请少数具有公益性质的境外非政府组织进入中国并开展一系列活动。如1984年，四川省畜牧局引进国际小母牛组织，在四川省大邑、雅安和乐至三个县开展扶贫项目；1986年，凯尔国际进入云南，在寻甸和鲁甸两个县开展援助项目；同年，在民政部的引荐下，香港宣明会在山东沂水县开展中国首个农村社区发展项目等。1995年，第四次世界妇女大会在中国北京举办，这成为境外非政府组织大量进入中国的重要转折点。一项针对48家组织的统计结果显示，近70%的社会组织于20世纪90年代后进入中国开展活动②。

在合作过程中，中国政府逐步完善相关管理制度和法律。2005年前后，外交部牵头的境外非政府组织协调机制正式运行。此时，与境外非政府组织相关的政策法律也明显密集起来③。例如《基金会管理条例》（2004年）、《外国专家来华工作许可办理规定》（2004年）、《介绍外国文教专家来华工作的境外组织资格认可办理规定》（2004年）、《关于基金会、境外基金会代表机构办理外国人就业和居留有关问题的通知》（2007年）、《国家外汇

---

① 中华人民共和国民政部. 民政部关于《社会组织登记管理条例（草案征求意见稿）》公开征求意见的通知［EB/OL］. http://yjzj.mca.gov.cn: 8280/consult/noticedetail.do? noticeid=52.
② 韩俊魁. 境外在华NGO：与开放的中国同行［M］. 北京：社会科学文献出版社，2011：21.
③ 王名，等. 中国社会组织（1978—2018）：社会共治——正在生成的未来［M］. 北京：社会科学文献出版社，2008：218-219.

管理局关于境内机构捐赠外汇管理有关问题的通知》（2010 年）等。尽管法律的制定在逐步完善，其适用范围也在逐步扩大，但是仍然无法满足实际活动的需求，很多境外非政府组织在华开展慈善、公益、治理等项目，还需要专门的法律来指导和支持。政策法规之间的不连贯性，也让相当数量的外国非政府组织在灰色地带生存，由此导致了一些由境外非政府组织主导的活动以非法方式渗入，带来了巨大的安全风险。

十八大以后，中央政府在深化改革、扩大开放的大方针之下开始重视国际非政府组织管理的规范化问题。2014 年，中共中央政治局研究决定中央国家安全委员会设置，并随之启动了针对境外非政府组织的摸底工作[①]。这是 21 世纪以来中国针对境外非政府组织管理态度和思路转变的重要事件。政府在一年内迅速完成摸底工作并推动《中华人民共和国境外非政府组织管理法（草案）》在全国人大的一读和二读[②]。同时为打消国内外对此轮摸底调查的疑虑，2015 年 7 月 25 日，外交部、公安部、民政部在上海共同召开境外非政府组织座谈会。国务委员、公安部部长郭声琨强调，中国政府高度赞赏境外非政府组织的积极作用，欢迎和支持境外非政府组织来华开展友好交流与合作，将进一步做好境外非政府组织服务管理工作，努力提供更多的便利和服务、更好的环境和保障[③]。2016 年 4 月 28 日，第十二届全国人民代表大会常务委员会第二十次会议通过了《中华人民共和国境外非政府组织境内活动管理法》，并于 2017 年 1 月 1 日正式实施，其中对国际非政府组织在华的活动范围、登记备案程序等做出规定。同时，2016 年年底，公安部还发布了《境外非政府组织在中国境内活动领域和项目目目录业务主管单位名录（2017）》，规定了境外非政府组织在中国境内活动的具体目录和对应的业务主管单位[④]。

这几项政策法规的制定进一步加强了对境外非政府组织的规范管理，允许其在中国境内依法开展活动，享有相应的法律保护和适度开放，也规

---

① 新华社. 中共中央政治局研究决定中央国家安全委员会设置 [EB/OL]. http://www.gov.cn/ldhd/2014-01/24/content_2575011.htm.
② 王名，等. 中国社会组织（1978—2018）：社会共治——正在生成的未来 [M]. 北京：社会科学文献出版社，2008：220.
③ 人民网. 郭声琨在境外非政府组织座谈会上强调：欢迎和支持境外非政府组织来华发展 [EB/OL]. http://cpc.people.com.cn/n/2015/0727/c64094-27366087.html.
④ 中华人民共和国公安部. 境外非政府组织在中国境内活动领域和项目目录、业务主管单位名录（2017）[EB/OL]. http://www.mps.gov.cn/n6557558/c5579013/content.html.

定了"其活动应当接受公安机关、有关部门和业务主管单位的监督管理"的内容，明确了管理的法律权限和关系①。除此之外，2013年修订的《外国商会暂行管理规定》，也规范了商会类组织的活动管理。而关于对在华工作外国人的管理，则表现为人力资源和社会保障部在2017年公布的多部委联合修订的《外国人在中国就业管理规定》，其中详细规定了外国人在中国工作的要求。对于在中国基金会、境外基金会代表机构工作的外国人，除上述要求外，《民政部外交部公安部劳动和社会保障部关于基金会、境外基金会代表机构办理外国人就业和居留有关问题的通知》还要求持外交护照的外籍人员"应当改持普通护照，并按照本通知有关规定办理就业及居留手续"②。

这些法律规定应该被统一起来看，体现了中国政府在扩大社会开放的过程中，加强管理规范化和法治化的努力。可以看出，中国政府在针对境外非政府组织管理目标体现在四方面：肯定作用、欢迎交流、依法活动、严惩恶行。自2017年1月1日，《中华人民共和国境外非政府组织境内活动管理法》实施以来，在华登记、活动的境外非政府组织数量急剧增加、业务内容也逐步拓展，活动区域遍及全国，主要得益于国家新的开放战略的推动。

截至2018年12月31日，已有441个境外非政府组织代表机构依法登记。其中在北京、上海、云南、广东和四川等地注册的境外非政府组织数量最多。在全国范围内开展活动的代表机构有146个，占比33.11%。在登记的机构中，经济、济困救灾、教育、卫生和环保类的非政府组织数量较多。除此之外，还有很多没有注册的国际非政府组织在中国依法开展活动，其在境外非政府组织办事服务平台上登记备案的临时活动达1381项③。

境外非政府组织代表机构在中国登记月统计图，如图9-1所示。境外非政府组织临时活动备案月统计图，如图9-2所示。在中国登记注册的境外非政府组织业务领域及范围统计表，如表9-1所示。

---

① 全国人民代表大会. 中华人民共和国境外非政府组织境内活动管理法 [EB/OL]. http://www.npc.gov.cn/npc/c30834/201711/80fc41d10c67424e964032426e4c524e.shtml.
② 中国社会组织公共服务平台. 民政部、外交部、公安部、劳动和社会保障部关于基金会、境外基金会代表机构办理外国人就业和居留有关问题的通知 [EB/OL]. http://www.chinanpo.gov.cn/6036/105843/index.html.
③ 境外非政府组织办事服务平台. 2018年度报告 [EB/OL]. http://ngo.mps.gov.cn/ngo/portal/view.do?p_articleId=174860&p_topmenu=3&p_leftmenu=1.

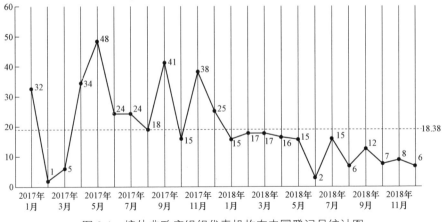

图 9-1 境外非政府组织代表机构在中国登记月统计图

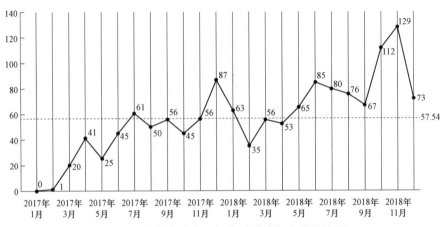

图 9-2 境外非政府组织临时活动备案月统计图

表 9-1 在中国登记注册的境外非政府组织业务领域及范围统计表

序号	业务领域及范围	注册机构数量/个	占比/%
1	经济领域	220	49.89
2	济困救灾领域	49	11.11
3	教育领域	49	11.11
4	卫生领域	27	6.12
5	环保领域	22	4.99
6	文化领域	19	4.31
7	科技领域	10	2.27
8	体育领域	3	0.68
9	其他领域	42	9.52
	合计	441	100

3. 社会组织走出去相关管理中的问题和挑战

随着对外开放战略的贯彻落实和"一带一路"建设的深入发展，中国对外开放的步子必将越来越大。对社会组织来说，开放意味着更多的施展空间和更充足的活动资源。尽管现有的开放格局前所未有，但在具体政策层面还有改进的空间。

首先，相关部门要进一步完善中国社会组织人员、资金以及分支机构"走出去"的政策支持。第一步要做的是"有法可依"，目前中国还没有制定具体的法律条例对社会组织人员出国手续办理、向海外捐赠资金以及设立海外分支机构等事项进行指导和管理。社会组织在"走出去"的时候无法可依，只能按照已经制定的其他领域的法律法规执行。比如社会组织人员出国手续的办理依照的是《中华人民共和国普通护照和出入境通行证签发管理办法》，若遇到国际紧急救援任务，团队要办理加急证件就比较麻烦；社会组织向海外捐赠资金依照的是《中华人民共和国外汇管理条例》《中华人民共和国企业所得税法》，若社会组织要向境外非政府组织或者海外分支机构直接汇款，则难免在汇款审批和免税问题上有所耽搁，不能使款项及时到账。此外，不同地方的政府部门对这些事项的管理也因事而异。不明确的管理标准既为社会组织参与国际项目造成了阻碍，也为社会组织总结经验以惠后来者带来了困难。

第二是应制定对社会组织国际活动普遍适用的管理办法。目前国家的一些条例公告或者法律法规对于对外援助金额的管理、社会组织出国人员管理、设立海外分支机构等都有所提及，但是其只针对一些特殊的部门和组织，不是社会组织"走出去"普遍适用的管理办法。比如国家税务总局、国家外汇管理局发布的《关于服务贸易等项目对外支付税务备案有关问题的公告》中规定"我国省级以上国家机关对外无偿捐赠援助资金"不需向所在地主管国税机关进行税务备案[①]。而其他社会组织若向境外单笔支付等值5万美元以上，都需要向相关部门进行税务备案。而2018年7月13日施行的《民政部直管社会组织重大事项报告管理暂行办法》则明确规定了

---

① 国家税务总局、国家外汇管理局《关于服务贸易等项目对外支付税务备案有关问题的公告》第一条：境内机构和个人向境外单笔支付等值5万美元以上（不含等值5万美元，下同）下列外汇资金，除本公告第三条规定的情形外，均应向所在地主管国税机关进行税务备案，主管税务机关仅为地税机关的，应向所在地同级国税机关备案。第三条（十一）：我国省级以上国家机关对外无偿捐赠援助资金。

民政部直管社会组织在境外开展业务活动、执行合作项目、设立分支机构、出国人员交流等事务方面需要提交的具体申请材料①。但对于其他的非民政部直管社会组织而言，相关方面的规定仍然缺失。《中华人民共和国红十字会法》规定了执行救援、救助任务并标有红十字标志的人员、物资和交通工具有优先通行的权利②，但其他的社会组织开展救援项目时则没有这样便利高效的"特权"。虽然这些零散的规定确实加强了部分社会组织开展国际治理项目的管理，但若要适应即将到来的全面开放新格局，政府应该制定系统的、完善的、普遍适用的关于"社会组织参与国际治理"的法律法规，更好地规范社会组织的国际化管理。

第三，要在党建等工作中建立内外有别的管理机制。近年来，党中央对于社会组织的党建工作愈发重视，"明确要求要在社会组织中开展党建工作，达到党组织全覆盖和党的工作全覆盖，并要求在社会组织登记、年检和评估等管理工作中，同步开展党建工作"③。根据民政部2018年1月发布的《社会组织信用信息管理办法》，未按照有关规定设立党组织的社会组织将被列入活动异常名录④。规范的党建工作为社会组织活动的有序开展提供了重要保障，从长远来看，二者的目标是一致的。

但社会组织走出国门时，面对的是复杂的舆论环境，党建工作就成为某些西方媒体开展意识形态抹黑的焦点。中国社会组织在与国际社会开展交流合作的过程中，时常因为设有党支部而被质疑，从而阻碍了工作的顺利开展。"贵组织是否存在党支部？""你们有政府背景吗？""你们援助的物资是政府给的吗？"等问题层出不穷，屡见不鲜。因问题本身所带有复

---

① 《民政部直管社会组织重大事项报告管理暂行办法》第十二条：直管社会组织报批第五条第（七）项所列事项，应当提前3个月提交申请。在境外开展业务活动、执行合作项目的，申请内容主要包括：活动目的、开展方式、参与人员范围、合作方基本情况等；在境外设立分支（代表）机构的，申请内容主要包括：必要性分析、分支（代表）机构基本情况、业务范围、主要负责人情况等；组织出国（境）开展交流活动或参加会议、论坛、培训的，申请内容主要包括：出国（境）事由、目的、邀请单位、出访人员、日程安排、停留时间、往返路线和经费来源等。直管社会组织应当于活动结束后1个月内提交总结报告。
② 《中华人民共和国红十字会法》第十二条：在战争、武装冲突和自然灾害、事故灾难、公共卫生事件等突发事件中，执行救援、救助任务并标有红十字标志的人员、物资和交通工具有优先通行的权利。
③ 中华人民共和国民政部.《民政部关于社会组织成立登记时同步开展党建工作有关问题的通知》有关问题解读[EB/OL]. http://www.mca.gov.cn/article/gk/jd/shzzgl/201609/20160915001816.shtml.
④ 中华人民共和国民政部. 社会组织信用信息管理办法[EB/OL]. http://www.mca.gov.cn/article/gk/fg/shzzgl/201801/20180115007671.shtml.

杂的政治敏感性，一些社会组织工作人员又缺乏必要的公共外交素养，这样的场景常常使他们陷入有口难言的窘境。给中国社会组织加上"中国共产党""中国政府"的背景，其活动的公益性、中立性就会受到质疑，打击其全球治理项目的影响力。

面对这个问题，中国社会组织既要发挥党建工作的宏观管理优势，也要注意在国际活动中保持工作的专业性和灵活性。从民间外交的角度来看，淡化"走出去"社会组织的政治色彩是必不可少的。与此同时，对于一线的社会组织工作者而言，应当学习国际非政府组织的话语技巧，做好向他人解释中国社会组织党建工作的功课，避免外部利用意识形态偏见攻击中国社会组织。

最后，对于境外非政府组织的管理要继续保持与时俱进。虽然中国政府已经在逐步加大社会治理方面的开放程度，但仍然有很大的改革空间。《中华人民共和国境外非政府组织境内活动管理法》的具体执行和相关政策落实，还有必要根据现实来细化完善。例如，中国人在海外成立的组织在境内活动时，也会摇身一变成为境外非政府组织，在国内的活动管理成本的难度都会加大[①]。此外，国际社会针对中国的境外非政府组织管理政策总是怀有戒心，一些国际非政府组织会借此以开放、人权、环保等问题向中国发难。比如2016年《境外非政府组织境内活动管理法》出台后，国外媒体对该法口诛笔伐，抨击中国打压境外非政府组织，封闭国内社会治理市场。在未来的全面开放新格局中，中国需要进一步降低门槛，吸引更多的国际非政府组织"走进来"，了解中国、改变对中国的看法，贡献于中国的发展，更重要的是，只有国际非政府组织的活跃发展，才能让中国成为全球治理的中心，领导和推动人类命运共同体建设。

尽管如此，在现阶段，中国对在华境外非政府组织的管理仍然不能过度松弛。由于经验不足和自身能力的缺乏，中国社会组织在一些国际问题上话语权缺失，无法与其他成熟的国际非政府组织进行同水平的辩论者或对一些攻击性的话语给予有力的响应和回击。例如，在苏丹达尔富尔问题上，美国政府曾借2008年北京奥运会之机对华施压，以迫使中国与之协调立场，为此美国政府资助众多在中国境内的非政府组织开展相关活动，这

---

① 王名，等. 中国社会组织（1978—2018）：社会共治——正在生成的未来[M]. 北京：社会科学文献出版社，2008：229.

些非政府组织很快就将北京奥运会与达尔富尔问题挂钩①。之后形势恶化，大赦国际指责正是中国的军售使该地人权状况恶化。在这种尴尬的对抗关系中，中国社会组织尚没有足够的能力进行回应与维护国家利益，因此中国政府必须在境外非政府组织管理问题上留有足够的管控空间，为中国本土社会组织留出成长的庇护之地。

---

① 龙小农，陈阅. NGO与中国在非洲国际影响力及话语权的建构［J］. 现代传播，2013（7）：58.

结论：几点公共外交理论分析

关于中国社会组织参与全球治理的背景和影响，我们在前面的章节中已经做了分析。最后，我想从公共外交的理论角度再做一些更有理论抽象意义的总结。

我们在第二章提出了公共外交和民间外交的差别。公共外交体现了国家的战略意图。中国社会组织的"走出去"是民间外交的一部分，但对中国的外交局面也会产生战略性影响。中国社会组织的民间外交，对中国公共外交的发展也有意义，甚至我们可以说对建立中国特色大国外交的理论有启发。

第一，社会组织的国际活动扩展了我们对公共外交方式的认识。西方传统的公共外交理论认为，公共外交主要是国家通过传播和交流的手段，改变别的国家民众对本国的认知。在这个意义上，我们要重视对外话语体系建设，讲好中国故事，展现真实、全面、立体的中国。但是，国际交流不止是狭义的信息传播和文化交流。社会组织开展国际公益和民生项目，参与全球治理活动，也会直接走到外国民众中去，改变受益群体、国际媒体和非政府组织对中国的认知，甚至比单方面的"讲故事"更深入人心。社会组织、企业的国际活动，从事或影响的是国际公共事务，塑造的是中国承担国际责任形象，传播的是中国构建"人类命运共同体"的价值观。这本书研究中国社会组织与全球治理的关系，实际上也在研究社会组织与公共外交的关系。我们有必要在理论上更清楚地阐释这种关系。

第二，中国社会组织与全球治理的关系证明了公共外交所产生的影响是双向的。中国社会组织的活动会对外产生影响，同样也会受到外部的影响。我们在导论中从权力和功能的角度定义了"影响"。现有的公共外交理论也强调双向沟通和相互影响。但是，这本书的分析证明，所谓的双向影响并不止是"增进相互了解"这么简单。公共外交的双向影响有更复杂的机制。双向影响包括影响彼此的话语/思维方式，影响双方各自或共同的政治议程设置，也包括影响实现功能的机制。而这一切都会改变彼此的看法和认同。打一个比方说，公共外交不但是一场能够增进相互了解的约会，而且要走入更深入的友谊乃至婚姻。

第三，社会组织的案例可以启发我们更深入地理解公共外交发挥政治作用的机制。在现有公共外交的研究中，我们把主要的关注点放在如何影响外国公众的认知上，却很少研究怎样让认知影响政策。社会组织为我们对后一个问题的理解提供了案例，尤其是在公共外交和多边外交的关系上几乎是最典型的样本。社会组织通过制造和传播某个专业领域的知识、观点和价值，也通过自身在国际机制中的游说和咨询活动，直接或间接影响着国际公共政策的制定，而这些政策影响到各个国家的利益。在双边情景中，社会组织在一个国家开展公益民生和治理项目，会影响到地方利益分配，也时常会卷入当地的政治决策，甚至推动机制和观念的转变。在社会组织的国际活动中，我们观察到的实际上不是笼统的"展现国家责任"或"提升国家形象"，而是融入当地公共政治生活规则而产生的具体的政治影响。这无疑会增进我们对公共外交作用机制的理解。

当然，无论在理论上还是在实践上，社会组织参与全球治理的活动在更大的程度上都是一种民间外交活动。它首先不是服务于国家的战略目的，而是服务于人类和世界的福祉。西方非政府组织将此归纳为全球公民社会理论。我在本书的第四章分析了这种理论本身的缺陷和矛盾。但对于中国的社会组织和民间外交来说，如果我们不是立足于西方的公民社会理论，那么我们也许就需要一个关于人类命运共同体的理论。在这方面，我们还有很多思考和创造的空间。

致　　谢

这本书的出版有赖于北京理工大学出版社的大力支持。李炳泉副社长和她的团队在两年前造访我所在的北京外国语大学公共外交研究中心，告诉我他们对公共外交领域的关注，让我喜出望外，并感到志同道合。这本书成书以后，王佳蕾为这本书的顺利出版做出巨大的付出，并尽量满足我超出常例的要求。潘昊是高效和细致的责任编辑。我感恩因这本书而与上述优秀的出版者结下的缘分。

这本书在写作的过程中，得到了很多人的指点，尤其是社会组织的工作者和学界的同行。感谢接待我调研的中国扶贫基金会、北京市妇女联合会等社会组织。在这里不能一一列举。金灿荣和韩志立两位教授帮助审阅了书稿。我的学生付琳琳、杨然、黄嘉莹、张天宇、崔婧、吴雯萱、李莹参加了研究和写作的全过程。其中，黄嘉莹和付琳琳后期做了很多艰苦的工作。对这一切我都深表感谢。

最后，我要感谢我的亲人、同事和亲近的朋友。他们容忍了我在写作期间的不近人情。长篇写作就像驾舟远航，需要记得返航的时候谁总会在岸边等着你。

这是一本探索性的书。所有的疏漏都由我负责。

周鑫宇

参 考 文 献

一、中文文献

(一) 中文专著

[1] 卡尔.20年危机(1919—1939):国际关系研究导论[M].秦亚青,译.北京:世界知识出版社,2005.

[2] 扬.世界事务中的治理[M].陈玉刚,薄燕,译.上海:上海人民出版社,2007.

[3] 鲍德温.新现实主义和新自由主义[M].杭州:浙江人民出版社,2001.

[4] 德鲁克.非营利组织的管理[M].吴振阳,等,译.北京:机械工业出版社,2007.

[5] 陈宝文.国际非政府组织与国际关系[M].大连:大连海事大学出版社,2016.

[6] 陈家刚.全球治理:概念与理论[M].北京:中央编译出版社,2017.

[7] 霍金斯,等.国际组织中的授权与代理[M].白云真,译.上海:上海人民出版社,2009.

[8] 邓德隆.2小时品牌素养[M].北京:机械工业出版社,2011.

[9] 非营利组织信息咨询中心.NPO能力建设与国际经验[M].北京:华夏出版社,2003.

[10] 冯虹,等.北京社会组织发展研究[M].北京:社会科学文献出版社,2015.

[11] 拉斯韦尔.政治学:谁得到什么?何时和如何得到?[M].北京:商务印书馆,2000.

［12］韩俊魁. 境外在华 NGO：与开放的中国同行［M］. 北京：社会科学文献出版社，2011.

［13］何道峰. 中国扶贫基金会经典案例［M］. 北京：社会科学文献出版社，2017.

［14］何增科. 公民社会和第三部门［M］. 北京：社会科学文献出版社，2000.

［15］皮朗. 中世纪欧洲经济社会史［M］. 乐文，译. 上海：上海人民出版社，2001.

［16］胡多克. 非政府组织［M］. 江明修，译. 台北：智胜文化事业有限公司，2003.

［17］黄梅波，等. 南南合作与中国的对外援助案例研究［M］. 北京：中国社会科学出版社，2017.

［18］黄晓勇. 中国社会组织报告（2018）［M］. 北京：社会科学文献出版社，2018.

［19］江明修. 志工管理［M］. 台北：智胜文化事业有限公司，2003.

［20］江汛清. 与世界同行——全球化下的志愿服务［M］. 杭州：浙江人民出版社，2005.

［21］康晓光，等. 中国第三部门观察报告（2016）［M］. 北京：社会科学文献出版社，2016.

［22］萨拉蒙，等. 全球公民社会——非营利部门视界［M］. 贾西津，等，译. 北京：社会科学文献出版社，2002.

［23］弗里德曼. 美国历史上的慈善组织，公益事业和公民性［M］. 徐家良，译. 上海：上海财经大学出版社，2016.

［24］李本公. 国外非政府组织法规汇编［M］. 北京：中国社会出版社，2003.

［25］李慎明，等. 2003 年：全球政治与安全报告［M］. 北京：社会科学文献出版社，2003.

［26］梁其姿. 施善与教化——明清的慈善组织［M］. 石家庄：河北教育出版社，2001.

［27］刘洪武，黄梅波，等. 中国对外援助与国际责任的战略研究［M］. 北京：中国社会科学出版社，2013.

[28] 刘培峰. 结社自由及其限制[M]. 北京：社会科学文献出版社，2007.

[29] 基欧汉. 霸权之后：世界政治经济中的合作与纷争[M]. 苏长和，信强，等，译. 上海：上海人民出版社，2012.

[30] 罗辉. 非营利组织管理[M]. 北京：北京大学出版社，2018.

[31] 吕晓莉. 中国民间组织外交的基层力量——中国社会组织在民间外交中的作用研究[M]. 北京：中国政法大学出版社，2014.

[32] 格拉德威尔. 引爆点[M]. 钱清，等，译. 北京：中信出版社，2006.

[33] 马尔蒂尼埃罗. 多元文化与民主：公民身份，多样性与社会公正[M]. 尹明明，等，译. 北京：社会科学文献出版社，2015.

[34] 马克思，恩格斯. 共产党宣言[M]. 北京：人民出版社，2015.

[35] 弗雷施曼. 基金会——美国的秘密[M]. 上海：上海财经大学出版社，2013.

[36] 亨廷顿. 文明的冲突与世界秩序的重建[M]. 周琪，等，译. 北京：新华出版社，1998.

[37] 盛红生，等. 当代国际关系的"第三者"——非政府组织问题研究[M]. 北京：时事出版社，2004.

[38] 巴雷特. 合作的动力：为何提供全球公共产品[M]. 黄智虎，译. 上海：上海人民出版社，2012.

[39] 王栋，曹德军. 再全球化：理解中国与世界互动的新视角[M]. 北京：社会科学文献出版社，2018.

[40] 王辉耀，苗绿. 全球化 vs 逆全球化：政府与企业的挑战与机遇[M]. 北京：东方出版社，2017.

[41] 王建芹. 非政府组织的理论阐释——兼论我国现行非政府组织法律的冲突与选择[M]. 北京：中国方正出版社，2005.

[42] 王杰，张海滨，张志洲. 全球治理中的国际非政府组织[M]. 北京：北京大学出版社，2004.

[43] 王名，刘培峰，等. 民间组织通论[M]. 北京：时事出版社，2004.

[44] 王名，等. 中国社会组织（1978—2018）：社会共治——正在生成的未来[M]. 北京：社会科学文献出版社，2018.

[45] 王名. 社会组织概论[M]. 北京：中国社会出版社，2010.

[46] 王绍光. 多元与统一[M]. 杭州：浙江人民出版社，1999.

[47] 王晓东. 菲律宾非政府组织研究：发展轨迹，企业化与倡导失灵[M]. 厦门：厦门大学出版社，2015.

[48] 布洛克曼，等. 中世纪欧洲史[M]. 乔修峰，等，译. 广州：花城出版社，2012.

[49] 吴晓萍. 国际公共产品的软权力研究——以美国，中国参与世界贸易组织为例[M]. 北京：世界知识出版社，2018.

[50] 习近平. 共建创新包容的开放型世界经济——在首届中国国际进口博览会开幕式上的主旨演讲[M]. 北京：人民出版社，2018.

[51] 习近平. 决胜全面建成小康社会 夺取新时代中国特色社会主义伟大胜利——在中国共产党第十九次全国代表大会上的报告[M]. 北京：人民出版社，2017.

[52] 徐以骅，等. 宗教与美国社会——多元一体的美国宗教[M]. 北京：时事出版社，2008.

[53] 徐以骅，等. 宗教与美国社会——宗教非政府组织[M]. 北京：时事出版社，2008.

[54] 杨丽，丁开杰. 全球治理与国际组织[M]. 北京：中央编译出版社，2017.

[55] 卡尔松，兰法儿. 天涯成比邻——全球治理委员会的报告[M]. 赵仲强，等，译. 北京：中国对外翻译出版公司，1995.

[56] 俞可平. 治理与善治[M]. 北京：社会科学文献出版社，2000.

[57] 奈. 权力大未来[M]. 王吉美，译. 北京：中信出版社，2012.

[58] 罗西瑙. 没有政府的治理：世界政治中的秩序与变革[M]. 张胜军，刘小林，等，译. 南昌：江西人民出版社，2001.

[59] 张郁慧. 中国对外援助研究[M]. 北京：九州出版社，2006.

[60] 张远凤，等 非营利组织管理：理论，制度与实务[M]. 北京：北京大学出版社，2016.

[61] 张中秋. 中华法系国际研讨会文集[M]. 北京：中国政法大学出版社，2007.

[62] 植村邦彦. 何谓"市民"社会——基本概念的变迁史[M]. 赵平，等，译. 南京：南京大学出版社，2014.

［63］中共中央文献编辑委员会.周恩来选集（下卷）［M］.北京：人民出版社，1984.

［64］中国对外经济贸易年鉴编委会.中国对外经济贸易年鉴1994［M］.北京：中国社会出版社，1994.

［65］中国民间组织年志编辑委员会.中国民间组织年志：上［M］.北京：中国社会出版社，2005.

［66］中国人权研究会.构建人类命运共同体：南南人权发展的新机遇［M］.北京：五洲传播出版社，2018.

［67］中国社会科学院社会政策研究中心.慈善蓝皮书：中国慈善发展报告（2018）［M］.北京：社会科学文献出版社，2018.

［68］周俊，张冉，等.社会组织与慈善组织管理［M］.北京：北京大学出版社，2017.

［69］朱凯.西班牙—拉美文化概况［M］.北京：北京大学出版社，2010.

［70］资中筠.财富的归宿：美国现代公益基金会述评［M］.上海：上海人民出版社，2006.

（二）中文报刊

［1］IDC.商务部解读《对外援助管理办法》［J］.国际援助，2016（4）：46-53.

［2］蔡勤禹，孔祥成.近代民间组织兴起及与政府关系述论［J］.南京社会科学，2014（5）：150-156.

［3］曹俊金.中国对外援助管理体制改革：进程与前瞻［J］.国际经济合作，2018（10）：52.

［4］崔晶.越南对外国非政府组织的管理模式及对中国的启示［J］.经济社会体制比较，2010（6）：127-134.

［5］张翼.改革开放40年：我国农村贫困人口减少7.4亿人［N］.光明日报，2018-09-04（12）.

［6］韩俊魁.1949年以来中国社会组织分类治理的发展脉络及其张力［J］.学习与探索，2015（9）：25-29.

［7］黄浩明.民间组织国际化的趋势——兼谈中国的现状，挑战与对策［J］.中国非营利评论，2011（2）：181-191.

［8］ 黄梅波，吴仪君. 2030年可持续发展议程与国际发展治理中的中国角色［J］. 国际展望，2016（8）：17-33.

［9］ 康晓. 利益认知与国际规范的国内化——以中国对国际气候合作规范的内化为例［J］. 世界经济与政治，2010（1）：66-83.

［10］ 蓝煜昕，等. 话语与行动范式变迁：国际发展援助中的NGO［J］. 中国非营利评论，2018（1）：1-21.

［11］ 李超. "深系澜湄"和"城市+"两大重点项目正式发布［N］. 深圳晚报，2017-12-18（A10）.

［12］ 李慧媛. 试论非政府组织与联合国的关系［J］. 文教资料，2006(19)：57-58.

［13］ 李小林. 谱写民间外交事业的新篇章——学习习近平主席关于民间外交的重要讲话［J］. 求是，2014（15）：55-57.

［14］ 李玉栓. 中国古代的社、结社与文人结社［J］. 社会科学，2012（3）：174-182.

［15］ 林兴龙. 论汉代的民间互助组织［J］. 历史教学问题，2009(1)：83-84.

［16］ 刘方平，曹亚雄. 改革开放40年中国对外援助历程与展望［J］. 改革，2018（10）：52-59.

［17］ 刘锋. 中国社会组织国际化现状、困境及策略［J］. 理论视野，2019（2）：55-58.

［18］ 刘家和. 基督教的起源及其早期历史的演变［J］. 历史教学，1959（12）：12-16.

［19］ 刘晴，王伊欢. 全球治理视角下中国对外援助的理念与策略演变［J］. 湘潭大学学报（哲学社会科学版），2017（5）：152-155.

［20］ 刘振国，罗军. 社会组织"走出去"参与全球治理问题探析［J］. 中国民政，2016（12）：40-42.

［21］ 龙小农，陈阅. NGO与中国在非洲国际影响力及话语权的建构［J］. 现代传播，2013（7）：58.

［22］ 罗豪才. "2015·北京人权论坛"开幕式致辞［J］. 人权，2015（5）：3-5.

［23］ 戴维斯. 中国对非洲的援助政策及评价［J］. 世界经济与政治，2008（9）：38-44.

[24] 门洪华. 应对全球治理危机与变革的中国方略 [J]. 中国社会科学, 2017（10）: 36-46.

[25] 苏淑民. 新中国民间外交发展的三个阶段 [J]. 人民论坛, 2016（8）: 136-139.

[26] 苏淑民. 新中国民间外交思想的发展及其渊源 [J]. 人民论坛, 2014（8）: 182-184.

[27] 苏晓慧, 杨艳花. 近十年来我国社会组织发展及演变趋势研究 [J]. 新西部, 2018（27）: 22-23.

[28] 孙海泳. 境外非政府组织因素对中国外交的影响及其应对 [J]. 国际展望, 2018（1）: 65.

[29] 孙茹. 凯尔国际 [J]. 国际资料信息, 2002（7）: 38-41.

[30] 唐小松, 王义桅. 从"进攻"到"防御"——美国公共外交战略的角色变迁 [J]. 美国研究, 2003（3）: 74-86.

[31] 唐小松, 王义桅. 美国公共外交研究的兴起及其对美国对外政策的反思 [J]. 世界经济与政治, 2003（4）: 22-27.

[32] 唐小松, 王义桅. 试析美国公共外交及其局限 [J]. 现代国际关系, 2003（5）: 27-30.

[33] 王莉英. 在喀什播下社工的"火种" [N]. 深圳特区报, 2016-10-11（A6）.

[34] 王名. NGO 及其在扶贫开发中的作用 [J]. 清华大学学报（哲学社会科学版）, 2001（1）: 75-80.

[35] 韦宗友. 国际议程设置 [J]. 世界经济与政治, 2011（10）: 38-52.

[36] 吴立斌. 简论毛泽东的"世界革命"战略 [J]. 福建党史月刊, 2010（12）: 4-7.

[37] 许海云, 等. 冷战时期美国非政府组织发展及其特点分析 [J]. 当代世界与社会主义, 2013（1）: 183-188.

[38] 杨和焰. 全球结社革命的现实背景分析及其对发展中国家的启示 [J]. 理论与改革, 2004（3）: 30-33.

[39] 杨义凤. 中国 NGO 国际化的现状, 挑战与对策 [J]. 湖南师范大学社会科学学报, 2014（3）: 74-79.

[40] 叶江, 崔文星. 联合国千年发展目标实绩评析——兼谈后 2015 全球

发展议程的争论[J].上海行政学院学报,2014(2):27-38.

[41] 叶江."共同但有区别的责任"原则及对2015年后议程的影响[J].国际问题研究,2015(5):102-115.

[42] 俞新天.论新时代中国民间外交[J].国际问题研究,2013(6):40-55.

[43] 博尼.国际NGO发展与研究述评[J].杨丽,等,译.中国非营利评论,2018(2):22-53.

[44] 张宝珍.日本环保政策的国际化[J].世界经济与政治,1995(5):38-42.

[45] 张磊.互益性组织:现状及发展趋势[J].决策咨询通讯,2006(6):47-48.

[46] 张胜军.民间外交的内涵与特征:以新中国的基本经验为考察[J].当代世界,2017(4):16-19.

[47] 张胜军.新世纪中国民间外交研究:问题、理论和意义[J].国际观察,2008(5):12-18.

[48] 张严冰,黄莺.中国和西方在对外援助理念上的差异性辨析[J].现代国际关系,2012(2):41-47.

[49] 张钟汝,范明林,王拓涵.国家法团主义视域下政府与非政府组织的互动关系研究[J].社会,2009(4):167-194.

[50] 赵裴.援助外交体制研究及中国援助外交体制未来改革的可能选择[J].国际论坛,2016(1):53.

[51] 赵泉民.国家与社会关系视野下的近代民间组织[J].中国图书评论,2005(7):19-22.

[52] 赵洲."保护的责任"的规范属性及其所塑造的治理结构[J].南京社会科学,2016(2):98-106.

[53] 赵洲.保护责任的核心原则、要素在全球治理中的共生与普适[J].广西社会科学,2012(11):69-73.

[54] 周鑫宇."新兴国家"研究相关概念辨析及其理论启示[J].国际论坛,2013(2):67-72.

[55] 周鑫宇.公共外交的"高政治"探讨:权力运用与利益维护[J].世界经济与政治,2015(2):96-110.

[56] 周鑫宇.全球治理视角下中国民间外交的新动向[J].当代世界,2018

（5）：32-35.

[57] 周鑫宇. 新兴国家崛起与国际权力结构变迁[J]. 太平洋学报，2010（8）：29-41.

（三）相关中文网站

[1] 泰蒙资本."财神爷"梁锦松怎么为"小母牛"找钱[EB/OL].（2013-09-26）. http://blog.sina.com.cn/s/blog_c8b723a40101r9f0.html.

[2] 曹宇. NGO/NPO 微博营销案例——中国扶贫基金会[EB/OL].（2010-06-17）. https://socialbeta.com/t/case-study-ngo-social-media.html.

[3] 青海格桑花教育救助会. 格桑花西部助学[EB/OL]. https://exhibits.stanford.edu/chinese-ngos/catalog/pj147nr3561.

[4] 北京师范大学珠海分校宋庆龄公益慈善教育中心. 公益慈善事业管理专业方向本科生培养方案[EB/OL].（2015-11-12）. http://ecop.bnuz.edu.cn/info/1016/1078.htm.

[5] 北京市规划和自然资源委员会. 北京城市总体规划（2016年—2035年）[EB/OL].（2017-09-29）. http://ghgtw.beijing.gov.cn/col/col5096/index.html.

[6] 北京市科学技术协会. 首届 NGO 北京国际对话会举办[EB/OL].（2017-09-25）. http://www.bast.net.cn/art/2017/9/25/art_16644_366781.html.

[7] 北京新阳光慈善基金会. 大事记[EB/OL]. http://www.isun.org/index.php?m=content&c=index&a=lists&catid=199.

[8] 北京新阳光慈善基金会. 信息公开[EB/OL]. http://www.isun.org/index.php?m=content&c=index&a=lists&catid=14.

[9] 黄愉婷. 募款是资源的动员，更是一场"交换"[EB/OL].（2018-01-29）. http://www.chinadevelopmentbrief.org.cn/news-20883.html.

[10] 习近平. 在中国国际友好大会暨中国人民对外友好协会成立60周年纪念活动上的讲话[EB/OL].（2014-05-15）. http://www.xinhuanet.com//politics/2014-05/15/c_1110712488.htm.

[11] 陈光. 漫谈缅甸的国际 NGO 与中国社会组织的国际化[EB/OL].

（2018-01-20）. http://www.sohu.com/a/217913650_721774.

[12] 楚图南. 从事人民外交工作的回忆［EB/OL］.（2009-10-09）. http://www.hprc.org.cn/gsyj/wjs/mjdw/200910/t20091009_32381_1.html

[13] 樊欢欢. 对外国社会组织规范管理的国际比较研究［EB/OL］. http://www.chinanpo.gov.cn/700108/92675/newswjindex.html.

[14] 冯其予. 推动形成全面开放新格局［EB/OL］. http://cpc.people.com.cn/19th/n1/2017/1023/c414305-29603380.html.

[15] 凤凰公益. 国家扶贫倒计时：站在风口的"小母牛"［EB/OL］.（2016-05-06）. https://gongyi.ifeng.com/a/20160506/41604631_0.shtml.

[16] 高嘉亦. 详解中国慈善"问责第一单"［EB/OL］.（2011-03-22）. http://www.chinadevelopmentbrief.org.cn/news-3226.html.

[17] 张明敏. 中国扶贫基金会联合抖音发起视频征集助力脱贫攻坚［EB/OL］.（2018-10-23）. http://www.gongyishibao.com/html/gongyizixun/15136.html.

[18] 公益中国. 中国志愿者非洲反盗猎图片展暨平澜公益发展合作国际论坛在北外举行［EB/OL］.（2018-06-11）. http://www.appbw.com/news/articles-2241.html.

[19] 观察者. 中国追加1 000万援助菲律宾又引外媒议论［EB/OL］.（2013-11-15）. https://www.guancha.cn/politics/2013_11_15_185827.shtml.

[20] 广州市社会科学院. 广州蝉联UCLG联合主席城市［EB/OL］.（2016-10-19）. http://www.xinhuanet.com/city/2016-10/17/c_129325926.htm.

[21] 林凌. 习近平：民间外交的舞台将更加广阔［EB/OL］.（2012-05-15）. http://news.cri.cn/gb/27824/2012/05/15/2225s3684215.htm.

[22] 国务院办公厅. 国务院办公厅关于政府向社会力量购买服务的指导意见［EB/OL］.（2013-09-26）. http://www.gov.cn/xxgk/pub/govpublic/mrlm/201309/t20130930_66438.html.

[23] 国务院新闻办公室. 中国的对外援助（2014）［EB/OL］. http://www.scio.gov.cn/zfbps/ndhf/2014/Document/1375013/1375013.htm.

[24] 国新网. 中国落实2030年可持续发展议程《方案》政策解读［EB/OL］. http://www.scio.gov.cn/34473/34515/Document/1536557/1536557.htm.

［25］郭嫒丹. 中国民间组织"走出去"背后的故事［EB/OL］.（2018-10-19）. http://www.huanqiu.com/www/coprdata/hqsb/2018-10/13301906.html？agt=1.

［26］黄浩明，石忠诚，张曼莉，等. 我国社会组织国际化战略与路径研究［EB/OL］.（2015-12-28）. http://www.chinanpo.gov.cn/700103/92507/index.html.

［27］吉林省人民政府. 吉林省扩大开放100项政策措施［EB/OL］. http://www.jl.gov.cn/szfzt/100zccs/.

［28］教育资助网. 资助网简介［EB/OL］. http://www.ceezz.cn/article.php?id=102.

［29］境外非政府组织办事服务平台. 2018年度报告［EB/OL］. http://ngo.mps.gov.cn/ngo/portal/view.do?p_articleId=174860&p_topmenu=3&p_leftmenu=1.

［30］小淳. 蚂蚁森林新增"电子稻草人"：随时查看林地实景照片［EB/OL］.（2019-04-04）. http://news.mydrivers.com/1/621/621690.htm.

［31］马方，等. 国际非政府组织与联合国联系机制研究［EB/OL］. http://www.chinanpo.gov.cn/700101/92592/newswjindex.html.

［32］观察者. 外媒称中国救援菲律宾台风灾民不大方［EB/OL］.（2013-11-13）. https://www.guancha.cn/Neighbors/2013_11_13_185368.shtml.

［33］人民网. 郭声琨在境外非政府组织座谈会上强调：欢迎和支持境外非政府组织来华发展［EB/OL］. http://cpc.people.com.cn/n/2015/0727/c64094-27366087.html.

［34］人民网. 什么是枢纽型社会组织［EB/OL］.（2013-10-28）. http://opinion.people.com.cn/n/2013/1028/c159301-23343017.html.

［35］吴文斌. 中国民间慈善组织国际合作的典范——中苏阿布欧舍友谊医院妇幼保健网络项目启动［EB/OL］. http://world.people.com.cn/n/2012/0705/c1002-18453650.html.

［36］桑伟林，等. 法治视野下的我国网络社团监管研究［EB/OL］.（2015-12-28）. http://www.chinanpo.gov.cn/700105/92460/preindex.html.

［37］上海市人民政府. 市政府新闻发布会介绍并解读《上海市贯彻落实国家进一步扩大开放重大举措加快建立开放型经济新体制行动方

案》相关情况［EB/OL］. http://www.shanghai.gov.cn/nw2/nw2314/nw2315/nw38613/u21aw1325493.html.

［38］腾讯公益. 印度全球最大"免费午餐"计划 日供给120万儿童［EB/OL］.（2014-02-28）. https://gongyi.qq.com/a/20140228/010785.htm.

［39］外交部. 2018年7月3日外交部发言人陆慷主持例行记者会［EB/OL］. https://www.fmprc.gov.cn/web/fyrbt_673021/jzhsl_673025/t1573569.shtml.

［40］谢家琛, 等. 公益慈善组织运行新模式研究［EB/OL］. http://www.chinanpo.gov.cn/700105/92466/newswjindex.html.

［41］新华社. 习近平向中国国际发展知识中心启动仪式暨《中国落实2030年可持续发展议程进展报告》发布会致贺信［EB/OL］. http://zj.people.com.cn/n2/2017/0823/c186327-30643365.html.

［42］新华社. 推动共建丝绸之路经济带和21世纪海上丝绸之路的愿景与行动［EB/OL］. http://www.xinhuanet.com//world/2015-03/28/c_1114793986.htm.

［43］新华社. 中共中央政治局研究决定中央国家安全委员会设置［EB/OL］. http://www.gov.cn/ldhd/2014-01/24/content_2575011.htm.

［44］新华网. "一元购画"筹得1 500万元后停止 活动方回应质疑［EB/OL］.（2017-08-30）. http://www.xinhuanet.com/fortune/2017-08/30/c_1121566323.htm.

［45］新华网. 习近平同厄瓜多尔总统举行会谈［EB/OL］. http://www.xinhuanet.com/mrdx/2016-11/19/c_135842226.htm.

［46］新华网. 习近平致2016年二十国集团民间社会会议的贺信（全文）［EB/OL］. http://www.xinhuanet.com/politics/2016-07/05/c_1119168347.htm.

［47］新华网. 习近平致首届丝绸之路沿线民间组织合作网络论坛贺信（全文）［EB/OL］. http://www.xinhuanet.com/politics/2017-11/21/c_1121988276.htm.

［48］新华网. 习近平主持召开中央全面深化改革领导小组第三十二次会议［EB/OL］. http://www.xinhuanet.com//politics/2017-02/06/c_1120420090.htm.

［49］钟悠天. 用故事展现真实、立体、全面的中国［EB/OL］.（2018-11-08）.

http://www.xinhuanet.com/politics/2018-11/08/c_1123680864.htm.

[50] 新华网. 中共中央印发《关于加强和改进党的群团工作的意见》[EB/OL]. (2015-02-03). http://www.xinhuanet.com/politics/2015-02/03/c_1114241174.htm.

[51] 新华网. 中共中央印发《深化党和国家机构改革方案》[EB/OL]. (2018-03-21). http://www.xinhuanet.com/2018-03/21/c_1122570517.htm.

[52] 中国扶贫基金会. 中国扶贫基金会援助苏丹项目介绍[EB/OL]. (2011-05-10). http://gongyi.sina.com.cn/gyzx/2011-05-10/155626258.html.

[53] 新浪网. 汇丰与海惠·小母牛年内最大扶贫项目在恩平启动[EB/OL]. (2016-03-18). http://jiaju.sina.com.cn/news/20160318/6117504433606951892.shtml#wt_source=pc_qwss_search.

[54] 灵子. 中国扶贫基金会转制之路：行政级别全部取消[EB/OL]. (2010-11-10). http://news.sina.com.cn/c/sd/2010-11-10/093221446556.shtml.

[55] 熊光清. 网络社团的兴起与当代中国政治发展[EB/OL]. (2012-03-01). http://www.aisixiang.com/data/50709.html.

[56] 央视网. 习近平在周边外交工作座谈会议上发表重要讲话[EB/OL]. (2013-10-25). http://news.cntv.cn/2013/10/25/ARTI1382712117095880.shtml.

[57] 俞灵. 援助非洲，爱德在行动[EB/OL]. (2018-09-07). http://www.mzb.com.cn/html/report/180930276-1.htm.

[58] 詹尉珍. 拥有联合国咨商地位的社会组织如何参与联合国机制[EB/OL]. (2018-09-16). http://www.sohu.com/a/254139935_669645.

[59] 张明敏. 公益元年后资助型基金会的"八年之道"[EB/OL]. (2016-05-18). http://www.gongyishibao.com/html/yaowen/9748.html.

[60] 张强, 陆奇斌. 我国社会组织走出去的路径与挑战[EB/OL]. http://www.chinareform.org.cn/society/organise/practice/201511/t20151116_238378.htm.

[61] 张志洲. 推进中国特色民间外交理论的构建[EB/OL]. (2017-05-16). http://world.people.com.cn/n1/2017/0516/c1002-29279197.html.

[62] 中非合作论坛. 中国扶贫基金会捐建非洲水窖项目竣工仪式举行[EB/OL]. (2017-06-12). https://www.fmprc.gov.cn/zflt/chn/zxxx/t14

69374.htm.

[63] 中国慈善家网. 这家国际NGO进入中国30余载, 助13万农户脱贫, 他却为其合法身份费尽心力［EB/OL］.（2017-11-13）. http://www.philanthropists.cn/2017/1113/5935.html.

[64] 中国扶贫基金会. 国际公益项目［EB/OL］. http://www.cfpa.org.cn/project/ GJProject.aspx? id=56.

[65] 中国公益慈善项目交流展示会. 如何为公益慈善事业培养专门人才［EB/OL］.（2018-06-19）. http://www.cncf.org.cn/cms/content/11432.

[66] 中国共产党新闻网. 习近平: 坚定不移走和平发展道路 坚定不移促进世界和平与发展［EB/OL］.（2013-03-19）. http://cpc.people.com.cn/n/ 2013/0319/c64094-20842963.html.

[67] 中国好公益平台. 六成公益产品没有商标注册？公益产品应该怎么做品牌保护「EB/OL］.（2018-11-15）. http://www.haogongyi.org.cn/Home/ Resource/articleDetail/article_id/5.html.

[68] 中国喀什特区. 援疆工作如何助力南疆打赢脱贫攻坚战？系列报道之四［EB/OL］.（2018-05-03）. http://www.kstq.gov.cn/xwpd/tqxw/201805/00003851.html.

[69] 中国南南合作网. 第二届联合国南南合作高级别会议在阿根廷召开［EB/OL］.（2019-03-20）. http://www.ecdc.net.cn/news/detail.aspx？ContentID=3447.

[70] 中国青年志愿者网. 民间公益救援队: 救灾中一抹亮丽的色彩［EB/OL］.（2016-08-17）. http://zgzyz.cyol.com/content/2016-08-17/content_13639743.htm.

[71] 中国日报网.《和平颂》世界巡唱在芬兰举行并首发明信片［EB/OL］.（2017-11-29）. http://cn.chinadaily.com.cn/2017-11/20/content_ 34771160.htm.

[72] 中国日报网. 2016年二十国集团民间社会会议公报［EB/OL］. http://cn.chinadaily.com.cn/2016-07/06/content_25989317.htm.

[73] 中国社会组织公共服务平台. 民政部、外交部、公安部、劳动和社会保障部关于基金会、境外基金会代表机构办理外国人就业和居留有关问题的通知［EB/OL］. http://www.chinanpo.gov.cn/6036/ 105843/

index.html.

[74] 中国社会组织网.中国社会组织促进会获得联合国经社理事会特别谘商地位[EB/OL].(2015-07-24).http://www.chinanpo.gov.cn/1938/88857/index.html.

[75] 中国新闻网.徐工集团"非洲之角"公益项目第一口水窖竣工[EB/OL].(2016-11-11).http://www.chinanews.com/business/2016/11-11/8060104.shtml.

[76] 中华人民共和国公安部.境外非政府组织在中国境内活动领域和项目目录、业务主管单位名录(2017)[EB/OL].http://www.mps.gov.cn/n2254314/n2254409/n4904353/c5579013/content.html.

[77] 中华人民共和国民政部.《民政部关于社会组织成立登记时同步开展党建工作有关问题的通知》有关问题解读[EB/OL].http://www.mca.gov.cn/article/gk/jd/shzzgl/201609/20160915001816.shtml.

[78] 中华人民共和国民政部."捐一元·献爱心·送营养"项目[EB/OL].(2018-09-30).http://mzzt.mca.gov.cn/article/zt_zhcsr2018/10zhcsj/hjzxjsj/201809/20180900011637.shtml.

[79] 国家国际发展合作署.国家国际发展合作署关于《对外援助管理办法(征求意见稿)》公开征求意见的通知[EB/OL].http://www.cidca.gov.cn/2018-11/13/c_129992994.htm.

[80] 中华人民共和国中央人民政府.社会组织资金监管机制正式成立[EB/OL].http://www.gov.cn/xinwen/2017-08/18/content_5218449.htm.

[81] 中华人民共和国中央人民政府.申请成立社会团体办事指南[EB/OL].http://www.gov.cn/fuwu/2015-08/18/content_2914942.htm.

[82] 中华人民共和国中央人民政府网."北京巧娘"惊艳四方[EB/OL].http://www.gov.cn/jrzg/2013-06/29/content_2436647.htm.

[83] 中青在线.蓝天救援队20万志愿者践行新时代雷锋精神[EB/OL].(2018-03-02).http://news.cyol.com/co/2018-03/02/content_16985379.htm.

[84] 熊争艳.美国总统奥巴马夫人米歇尔在北京大学演讲[EB/OL].(2014-03-22).http://politics.people.com.cn/n/2014/0322/c70731-24709083.html.

[85] 新华社. 中共中央关于加强和改进党的群团工作的意见 [EB/OL]. (2015-07-09). http://www.gov.cn/xinwen/2015-07-09/ content_2894833.htm.

[86] 国家税务总局, 国家外汇管理局. 关于服务贸易等项目对外支付税务备案有关问题的公告 [EB/OL]. (2013-07-09). http://www.chinatax.gov.cn/n810341/n810765/n812146/n812333/c1081158/content.html.

二、英文文献

（一）英文专著

[1] Adam F. An Essay on the History of Civil Society [M]. Cambridge: Cambridge University Press, 1995.

[2] Annelise R. The Network Inside Out [M]. Ann Arbor: University of Michigan Press, 2001.

[3] Benjamin B. Jihad VS McWorld [M]. New York: Random House, 1995.

[4] Cambridge Studies in International Relations. Governance without Government: Order and Change in World Politics [M]. Cambridge: Cambridge University Press, 1992.

[5] David Q, Ryan A N. England's Sea Empire 1550-1642 [M]. London: George Allen & Unwin, 1983.

[6] Frederic P, Martin R. International Relations [M]. 2nd ed. New York: Random House, 1988.

[7] Joe B, Jackie S. Coalitions across borders: transnational protest and the neoliberal order [M]. Washington DC: Rowman & Littlefield, 2004.

[8] John B, Goege T. Constructing World Culture: International Non-Governmental Organizations since 1875 [M]. Stanford, CA: Stanford University Press, 1999.

[9] Nicholas C. The Cold War and the United States Information Agency: American Propaganda and Public Diplomacy, 1945-1989 [M]. Cambridge: Cambridge University Press, 2008.

［10］ Peter D. Managing the Non-profit Organization：Principles and Practices［M］. New York：Harper Business，2006.

［11］ Peter M. Akehurst's Modern Introduction to International Law［M］. 7th ed. London：Roatledge，1997.

［12］ Samuel H. The Clash of Civilizations and the Remaking of World Order［M］. New York：Simon & Schuster，1996.

［13］ Schermers H G，Blokker N M. International Institutional Law［M］. 4th ed. Boston：Martinus Nijhoff Publishers，2003.

［14］ Susan E，Katherine C. By the People：A History of Americans as Volunteers［M］. San Francisco：Jossey-Bass Publishers，1990.

［15］ Thomas G. Dynamic International Regime［M］. Berne：Peter Lang Publishing Group，1994.

［16］ Walter P，Richard S. The Nonprofit Sector A Research Handbook［M］. 2nd ed. New Haven：Yale University Press，2006.

（二）英文报刊

［1］ Brook L. Is China the World's New Colonial Power？［N］. New York Times，2017-05-02.

［2］ Cedric de Coning. Adaptive Peace-building［J］. International Affairs，2018，94（2）：301-317.

［3］ Charlotte D. Janus-Faced NGO Participation in Global Governance：Structural Constraints for NGO Influence［J］. Global Governance，2014（20）：419-436.

［4］ Clark A M，Elisabeth J F，Kathryn H. The Sovereign Limits of Global Civil Society：A Comparison of NGO Participation in UN World Conferences on the Environment，Human Rights，and Women［J］. World Politics，1998（1）：1-35.

［5］ Dianne O. Nongovernmental Organizations in the United Nations System：The Emerging Role of International Civil Society［J］. Human Rights Quarterly，1996，18（1）：107-141.

［6］ Erin M G，Breanna D. Crowdfunding for Nonprofits［J］. Stanford Social

Innovation Review, 2014 (5).

[7] Goran H. Civil Society, Social Capital and Development: Dissection of a Complex Discourse [J]. Studies in Comparative International Development, 1997, 32 (1): 3-30.

[8] Jackie S. Bridging Global Divides: Strategic Framing and Solidarity in Transnational Social Movement Organizations [J]. International Sociology, 2002, 17 (4): 505-528.

[9] James M. International Affairs: Citizen Diplomacy [J]. The American Political Science Review, 1949, 43 (1): 83-90.

[10] Michael W. Education, Democratic Citizenship and Multiculturalism [J]. Journal of Philosophy of Education, 1995, 29 (2): 181-189.

[11] Michele B, Elisabeth C. NGO Influence in International Environmental Negotiations: A Framework for Analysis [J]. Global Environmental Politics, 2001, 1 (4): 65-85.

[12] Pauline H C, Aimei Y. Chinese Non-governmental Organizations, Media and Culture: Communication Perspectives, Practices, and Provocations [J]. Chinese Journal of Communication, 2017, 10 (1): 6.

[13] Peter W. From "Consultative Arrangements" to "Partnership": The Changing Status of NGOs in Diplomacy at the UN [J]. Global Governance, 2000 (6): 194.

[14] Richard P. Reversing the Gun Sights: Transnational Civil Society Targets Land Mines [J]. International Organization, 1998, 52 (3): 613-644.

[15] Valentine M. Transnational Feminist Networks: Collective Action in an Era of Globalization [J]. International Sociology, 2001, 15 (1): 57-85.

[16] Vivien C. Non-Governmental Organizations, Power and Legitimacy in International Society [J]. Review of International Studies, 2006, 32 (3): 453.

(三) 英文网站

[1] Discover Diplomacy. You are a Citizen Diplomat [EB/OL]. https://www.state.gov/discoverdiplomacy/references/169794.htm.

［2］ IIP Publications. The NGO Handbook—Handbook Series［EB/OL］. https://publications.america.gov/publication/the-ngo-handbook-handbook-series/.

［3］ International Peace Institute. Sustaining Peace in Practice：Building on What Works［EB/OL］.（2018-02-26）. https://www.ipinst.org/2018/02/sustaining-peace-in-practice-building-on-what-works.

［4］ Martin K, Blame D. not China, for Copenhagen failure［EB/OL］.（2009-12-28）. https://www.theguardian.com/commentisfree/cif-green/2009/dec/28/copenhagen-denmark-china.

［5］ Millennium Declaration. Millennium Summit of the United Nations［EB/OL］.（2000-09-08）. http://www.un.org/en/development/devagenda/millennium.shtml.

［6］ The world Bank. Net official development assistance received（current US$）［EB/OL］. https://data.worldbank.org/indicator/DT.ODA.ODAT.CD?end=2017&start=1960 &view=chart.

［7］ OECDiLibrary. OECD Detailed Aid Statistics［EB/OL］. https://www.oecd-ilibrary.org/development/data/oecd-international-development-statistics/official-and-private-flows_ data-00072-en.

［8］ UN.Transforming our world：the 2030 Agenda for Sustainable Development［EB/OL］. https://sustainabledevelopment.un.org/post2015/transformingourworld.

［9］ The Center for Citizen Diplomacy. Understanding Citizen Diplomacy［EB/OL］. https://www.centerforcitizendiplomacy.org/about-us/understanding/.

［10］ World Bank Group. Executive Summary of Pathways for Peace：Inclusive Approaches to Preventing Violent Conflict［EB/OL］. https://olc.worldbank.org/content/pathways-peace-inclusive-approaches-preventing-violent-conflict.

［11］ UNDP. Millennium Development Goals［EB/OL］. https://www.undp.org/content/undp/en/home/sdgoverview/mdg_goals.html.